集人文社科之思　刊专业学术之声

集 刊 名：中国佛学
主办单位：中国佛学院

THE CHINESE BUDDHIST STUDIES

总 顾 问：演 觉
顾　　问：楼宇烈　杨曾文
责任编辑：思　和

编辑委员会（以姓氏笔画为序）

可 潜	圣 凯	向 学	行 空
纪华传	李四龙	宏 度	张 军
张风雷	昌 如	明 杰	明 海
宗 性	宗 舜	性 朴	思 和
觉 灯	觉 深	通 贤	济 群
理 证	黄夏年	清 远	湛 如
路 攀	源 流	魏道儒	

地　　址：北京西城区法源寺前街 7 号
邮　　编：100052
电话 / 传真：010-83517500
电子邮箱：zhongguofoxue@126.com

二〇二三年总第五十一期

集刊序列号：PIJ-2011-046
集刊主页：www.jikan.com.cn/ 中国佛学
集刊投约稿平台：www.iedol.cn

中文社会科学引文索引(CSSCI)来源集刊
AMI（集刊）入库集刊
中国知网 CNKI 收录
社会科学文献出版社（CNI）名录集刊
集刊全文数据库（Jikan.com.cn）收录

《中国佛学》编委会 编

中國佛學

二〇二三年总第五十一期

社会科学文献出版社
SOCIAL SCIENCES ACADEMIC PRESS (CHINA)

中国佛学

总第五十一期
2023年12月出版

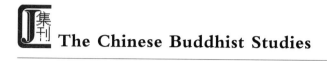

The Chinese Buddhist Studies

Issue 51

December 2023

Buddhism in Chinese Tradition

I History Studies

II Theoretical Studies

5~6世纪敦煌高昌比丘尼的写经与信仰*

周玉茹

【内容提要】 写（抄）经供养是佛教信仰者修行实践的重要方式。在众多写经者中，女众是其中最重要的群体之一。现存佛教写经绝大多数出土于敦煌和高昌。本文以5~6世纪敦煌高昌地区有明确纪年的23例比丘尼写经题记为研究对象，对比丘尼写经时代背景、经目种类、出现频次、受福对象和祈愿内容等进行了探讨，认为比丘尼写经受到当时敦煌高昌社会文化环境的影响，较高的经济地位为她们写经供养提供了物质基础，写经经目选择、题记的书写体、当时比丘尼面临的性别焦虑和生存环境具有密切关系。

【关键词】 敦煌　吐鲁番高昌　比丘尼写经　转女成男

【作　者】 周玉茹，陕西省社会科学院宗教研究所副研究员。

写（抄）经供养是佛教信仰者修行实践的重要方式，敦煌吐鲁番地区曾出土了大量中古时期的写经文本。多年来，马德（2001）、赵青山（2009、2013、2014）、聂葛明（2007）、魏郭辉（2009）等学者对敦煌写经题记史料价值、社会意义等诸多方面进行了研究考察。① 众多写经者中，女众是其中最重要的群体之一。关于敦

　＊　本文系国家社科基金后期资助项目"两晋南北朝佛教出家女众的信仰与社会"（项目号：FZJB02016）的阶段性研究成果。

　①　马德：《敦煌写经题记的社会意义》，《法源》2001年，第74~89页。赵青山：《敦煌写经题记的史料价值》，《图书与情报》2013年第1期，第138~140页；《从敦煌写经题记所记"七世父母"观看佛教文化对中土文化的影响》，《兰州大学学报》（社会科学版）2009年第6期；《佛教与敦煌信众死亡观的嬗变——以隋唐宋初敦煌写经题记为中心》，《新疆师范大学学报》（哲学社会科学版）2014年第3期，第63~69页。聂葛明：《敦煌西魏写经及题记管窥》，《敦煌研究辑刊》2007年第4期，第310~318页。

煌地区女众写经情况，邓小南（1999）、陈丽萍（2002）和魏郭辉（2009）有所涉及。① 高昌也出土了相当数量的佛教写经，但对于这一地区写经题记研究还比较薄弱。5～6世纪敦煌高昌写经散见于各类金石资料汇编和文献汇编，其中以池田温《中国古代写本识语集录》（东京：东洋文化研究所，1994）（以下简称《识语》）、王素《魏晋南北朝敦煌文献编年》（台北：新文丰出版公司，1997）、王素《吐鲁番出土高昌文献编年》（台北：新文丰出版公司，1997）、《吐鲁番出土文书》（文物出版社，1983）、荣新江等《新获吐鲁番出土文献》（中华书局，2008）、施萍婷《敦煌遗书总目索引新编》（中华书局，2000）等最为集中。本文通过对以上文献资料的梳理考索，整理出书写于5～6世纪之间共计23例比丘尼写经题记（有确切纪年的题记15例，无明确纪年的题记8例），并结合敦煌高昌地区经济、社会和文化背景的变迁，对比丘尼写经时代背景、写经种类、题记内容所反映女性佛教信仰倾向和心理进行了探讨。

一 5～6世纪敦煌高昌的社会历史演变与佛教发展

（一）5～6世纪敦煌高昌的历史演变

敦煌位于河西走廊最西端，地处甘肃、青海、新疆三省（区）交界处，党河和疏勒河下游最大的绿洲上，是西出玉门关和阳关的主要门户。从春秋战国到秦汉时期，敦煌先后为乌孙、月氏和匈奴人占据。西汉武帝元鼎六年（前111）设置敦煌郡，是为河西四郡之一。东汉时敦煌经济和战略地位更加重要，这里成为统辖西域的军政中心。十六国时，敦煌、晋昌、高昌三郡和西域都护、戊己校尉、玉门大护军三营合一，改称沙州，以敦煌为治所。隆安四年（400）敦煌太守李暠在敦煌建立"西凉国"，自称凉公，以敦煌郡城为都城。北魏太平真君三年（442）西凉王李暠的孙子占领敦煌，后为北魏招安，北魏开始实际控制敦煌，在此置敦煌镇，扩大管辖范围，后置瓜州，北魏、西魏和北周时期，先后有元荣、邓彦和于义担任瓜州刺史

---

① 邓小南：《六到八世纪的吐鲁番妇女：特别是她们在家外的活动》，《敦煌吐鲁番研究》第4卷，北京大学出版社，1999，第215～237页；陈丽萍：《敦煌女性写经题记及其反映的妇女问题》，《敦煌佛教艺术文化国际学术研讨会论文集》，兰州大学出版社，2002，第429～449页；魏郭辉：《敦煌佛教写本佛经题记研究：以唐宋写经为中心》，博士学位论文，兰州大学敦煌学研究所，2009。

一职。杨隋立国，仍以瓜州下辖敦煌郡。

历史上的高昌地区和今天新疆吐鲁番所辖范围基本重合。从十六国到隋唐之际，该地先后经历了高昌郡（327~443）、高昌大凉政权（443~460）、高昌国（460~640）三个历史阶段。高昌位于敦煌西北，原系车师前部地，西汉初元元年（前48），汉元帝派士卒携家属往车师前部屯田，且耕且守，官长曰戊己校尉，治于高昌，主管屯田和军事。汉元帝时，在高昌国其地建筑军事壁垒，因其"地势高敞，人庶昌盛"，称为高昌壁，又称高昌垒。前凉建兴十五年（327）张骏废戊己校尉，改设高昌郡及高昌、田地等县，隶属凉州敦煌郡。北魏太延五年（439），拓跋焘军队攻占姑臧（即今甘肃省武威市），北凉灭亡，沮渠氏残部在沮渠无讳带领下西奔至高昌，建立起流亡政权，号曰"大凉"，改元"承平"。承平十八年（460），柔然攻灭沮渠氏，立阚伯周为高昌王，是为高昌建国之始。北魏景明二年（501）国王马儒被杀，长史麴嘉被拥立为王，改元承平，至此开始麴氏在高昌国的统治。唐贞观十四年（640），侯君集率领唐军攻破高昌城，国王麴智盛递交降表，麴氏王族徙往长安洛阳等地安置，以其地置西州，治高昌（今新疆吐鲁番市东南，今作哈拉和卓故城）属安西都护府管辖。

（二）5~6世纪敦煌高昌的地理位置

尽管敦煌高昌在空间上距离遥远（两地治所相距近一千公里），但在地理位置、气候、人文氛围上有很多相似之处。

敦煌高昌地区虽然僻处西域，无论是人口结构还是文化传统和中原汉地都相当接近。公元6世纪时高昌居民包括从河西及中原迁来的汉族，和从西域等地移居高昌的其他民族如粟特人，其中汉族人口约占当地人口总数的70%~75%。①

从地理位置上看，两者都处于亚洲大陆腹地，东亚和西域的交通要冲，具有重要的军事和区位价值，《后汉书·西域传》云：

> 敦煌西出玉门、阳关，涉鄯善，北通伊吾千余里，自伊吾北通车师前部高昌壁千二百里，自高昌壁北通后部金满城五百里。此其西域之门户也，故戊己

① 杜斗城：《高昌王国的民族和人口结构》，胡之德主编《兰州大学丝绸之路研究论文集》，兰州大学出版社，1992，第129页。

校尉更互屯焉。伊吾地宜五谷、桑麻、蒲萄。其北又有柳中，皆膏腴之地。故汉常与匈奴争车师、伊吾，以制西域焉。[①]

两汉至隋唐时期，内地通往西域主要有南北两条路线，一是南道出敦煌，经过白龙堆、鄯善，沿昆仑山北麓和塔克拉玛干沙漠南缘，经且末、于阗到达莎车，翻越葱岭通往大月氏和安息。北道出敦煌沿西北行到达高昌，继续西行沿天山山脉南麓经过焉耆、龟兹到达疏勒，由此越过葱岭，进抵大宛和康居。可以说，控制了敦煌和高昌，就控制了西域东部和河西走廊，进一步控制了中原内地和广大西域中亚的联系。

（三）5～6 世纪敦煌高昌的佛教发展

作为东西交通的要冲，敦煌和高昌佛教同时受到来自西域佛教和中原内地汉传佛教的影响，在佛教传承上，两者都有深受中原佛教西传影响的特点，大乘佛教居于主导地位。[②]

两汉之际，佛教传入敦煌，魏晋时期，开始有僧侣在敦煌活动的记载，魏晋南北朝时期，敦煌成为译经僧人修习活动的重要基地，来自印度河西域的高僧与敦煌本地僧人一起，造就了敦煌佛教的辉煌。早在西晋时期，敦煌就有了具规模的寺院和僧团，并涌现了以竺法护为首的佛教义学僧团。北凉时，沮渠氏大崇佛教，造像和译经在河西地区风行一时，"敦煌地接西域，道俗相得，其旧式村坞相属，多有塔寺"[③]。

佛教何时传入高昌地区现已不可考，较多的学者认为公元 1 世纪时佛教已经开始在高昌传播，沮渠无讳在高昌统治期间，继续崇佛政策，麹氏高昌时期，佛教迅速发展，"像庙星罗，僧榄云布"，土文书中所出现的大小佛寺近 180 座。[④] 特别是 6 世纪中期以来，"高昌王带头崇信佛法，大力写经以修功德。这也与高昌臣属于北魏有关，北魏自胡太后专权以后，以佛教为国教，于是，高昌国内也佛教大盛，家寺普遍出现"[⑤]。

平民的日常生活也深受佛教影响。已出土高昌随葬衣物疏常常有自称是"持佛

---

① （刘宋）范晔：《后汉书》，中华书局，1965，第 2914 页。
② 高昌虽地处西域，但在佛教传承上西域与其他地区如车师、龟兹等地不同，其受凉州佛教影响更大，见陈世良《从车师佛教到高昌佛教》，《西域佛教研究》，新疆美术摄影出版社，2008，第 113～124 页。
③ （北齐）魏收：《魏书》卷 114《释老志》，中华书局，1974，第 3032 页。
④ 殷晴：《3—8 世纪新疆寺院经济的兴衰》，《西域研究》1997 年第 2 期。关于曲氏高昌时期的佛寺具体数量，众说不一。町田隆吉认为有 165 所，杜斗城认为有 145 所。总体而言大多认为在 150 所以上，僧尼则有数千之多，这一数字相对高昌人口总数"户八千、口三万三千七百"来说，确实是比较惊人的。
⑤ 陈国灿：《从吐鲁番出土文献看高昌王国》，《兰州大学学报》（社会科学版）2003 年第 4 期，第 7 页。

五戒，常行十善"的佛弟子，僧人经常受请协助亡者家人处理后事。①

高昌占人口多数的汉人一般信奉大乘佛教，大乘佛教经典在高昌广为流行。前秦建元十八年（382），车师国师鸠摩罗跋提前往长安朝拜苻坚时进献"大品（大品般若）一部"②。北凉沮渠京声在高昌时曾获得大乘经典《观弥勒菩萨上生兜率天经》和《观世音观经》各一卷。③ 大乘佛教之外，小乘佛教在高昌有所传播，特别是来自西域的昭武九姓胡人和客商，大多信仰小乘佛教。

敦煌和高昌都是佛教自西往东传播进入中原内地的重要节点，东来西去僧人一方面受到西域僧人和西域文化的濡染，同时有受到来自中原内地乃至西南和东南文化的影响。④

二 比丘尼写经的经济基础和社会背景

（一）5～6世纪敦煌高昌比丘尼的经济基础

和造像一样，写经需要适当的经济实力作为支撑，特别是有的经卷卷秩繁多，耗费纸张和人力较大，而请经生抄经花费不赀。法国国家图书馆藏 P.2912 号文书佛弟子康秀华为抄写一部《大般若经》向寺院供养了"银盘子三枚，共卅五两；麦壹百硕、粟五十硕、粉肆斤"，寺僧张金炫和尚将 4 斤胡粉以每两 4 石至 5 石粟麦的价格出卖，得到粟麦 300 石。⑤ 这些供养的实物由寺院变卖后用于"充写经直"（即作为抵付给写经生的报酬），此外功德主还需为经生提供纸墨笔等。对于大多数人来说，数额如此大的花费确实需要"割减所资"或"减割衣钵之资"才能负担。虽然比丘尼整体财富拥有量远逊于男众，但她们中的部分人群仍然具有比较强的经济实力。敦煌高昌地区出家女众的财富主要来源于俗家财产分配和供养、富有檀越的布施以及自己参与生产等三个方面。

中古时期，敦煌高昌一带寺院经济发达，出土资料表明，中古时期敦煌吐鲁番地区贵族官僚家庭出身的比丘尼往往在出家后仍然拥有较强的经济能力。⑥

---

① 《吐鲁番出土文书》第 2 册，文物出版社，1981，第 60～65 页。
② （梁）僧祐：《出三藏记集》卷 8《摩诃钵罗若波罗蜜经抄序》，中华书局，1995，第 289 页。
③ （梁）僧祐：《出三藏记集》卷 14《沮渠安阳侯传》，第 511 页。
④ 宋晓梅：《高昌国：公元五至七世纪丝绸之路上的移民小社会》，中国社会科学出版社，2003，第 213～255 页。
⑤ 郑炳林：《晚唐五代敦煌康氏家族与归义军瓜州刺史康秀华考》，《敦煌研究》2018 年第 3 期，第 15 页。
⑥ 殷晴：《公元 3—8 世纪时新疆寺院经济的兴衰》，《西域研究》1997 年第 2 期，第 33 页。

敦煌高昌佛教都受到了地方精英的大力扶持，高昌和敦煌曾有许多著名的尼寺，如高昌都郎中寺、樊寺、张武寺、敦煌永晕寺等，都受到当地豪族的护持。地方大家族一方面作为佛教外护存在，另一方面也有可能将家族中的人送到寺院出家成为僧伽的一分子。无论是经济往来还是其他问题上，西域僧尼都与俗家保持了密切的联系。[1] 西域地区有相当多的大族女眷出家，最有代表性的当属鸠摩罗什之母龟兹王女耆婆年轻时曾和当地贵族妇女和贵族出身的比丘尼一起供养本地高僧，进而剃发为尼。龟兹尼寺往往修饰华丽，规模宏大，住众多则近二百人，少则三五十人，且多是王侯贵族家庭的女眷。[2] 此外还有龟兹国王女阿竭耶末帝也在此出家，"博览群经特深禅要，云已证二果闻法喜踊"[3]；后凉吕光子吕绍（隐王）妻张氏出身为奉佛已久的敦煌大族，吕绍死后，张氏出家为尼。[4]

出身高贵的比丘尼受到自己俗家的各种财物支持，拥有可以自由支配的个人财产，包括土地、果园（葡萄园）、牲畜以及宅舍等。《高昌延寿四年（627）参军氾显佑遗言文书》中提到其出家的女儿"师女"也作为氾显佑遗产的继承人出现，和家族其他成员一起参与析产。[5] 此外，僧尼所拥有的产业享有比平民负担轻得多的"道役"[6]。

该地区比丘尼财富的另一个重要来源则是信众的广泛供养。吐鲁番阿斯塔那墓与哈拉和卓墓出土文献中有相当多记载了僧尼接受施主财物供养的文书数据，如阿斯塔那 50 号墓出的土高昌重光三年（622）虎牙氾某墓《传供食账》供养题记第二行记载，十八前五日，次虎牙氾传，细面三斛，糜米六斗，粟米一斗半，供襄邑夫人前尼道师……[7]这位襄邑夫人就是隋大业八年（612）隋炀帝以宗室女联姻麹伯雅的华容公主宇文氏。[8] 在麹氏政权的庇护下，襄邑夫人无比尊贵，活跃身侧的"尼道师"也得到了高昌贵族的礼敬，有机会获得价值不菲的施赠。

---

① 姚崇新：《在宗教与世俗之间：从新出土吐鲁番文书看高昌国僧尼的社会角色》，《西域研究》2008 年第 1 期，第 45～60 页。

② （梁）僧祐：《出三藏记集》卷 11《比丘尼戒本所出本末序第十》，第 411 页。

③ （梁）慧皎撰《高僧传》卷 4《鸠摩罗什》，中华书局，1992，第 48 页。

④ （唐）房玄龄等撰《晋书》卷 96《列女传》"吕绍妻张氏"条，中华书局，1974，第 2526 页。

⑤ 《吐鲁番出土文书》第 5 册，第 70～71 页。

⑥ 阿斯塔纳 99 号墓出土《高昌侍郎焦朗传尼显法等计田承役文书》中记载："氾寺主法兴左官渠俗役常田二亩，听入道役，永为业。"见《吐鲁番出土文书》第 4 册，第 64 页。

⑦ 《吐鲁番出土文书》第 3 册，第 203～204 页。

⑧ 宋晓梅：《高昌国：公元五至七世纪丝绸之路上的移民小社会》，第 350 页。据作者宋晓梅考证，宇文氏先嫁麹伯雅，麹伯雅死后，从高昌旧俗改适麹文泰。

中古时期敦煌和高昌地区寺院经济较为发达，特别是高昌，从出土文书可以看出，当地僧尼几乎全方位介入世俗经济活动中。部分尼寺和僧寺一样拥有田产和其他固定资产，寺产包括田产、奴仆和碾硙等。不少寺院还得到王室和过往商旅丰厚的赏赐和供养。高昌和敦煌地区的比丘尼也亲自参与到社会经济活动中，如丝织业等。《高昌某岁诸寺田亩官绢帐》载："都郎中寺①绢一绵一。"②《高昌年次未详田地城僧尼入绵历》中写道："十月十六日，宣恭师入绵卅九斤半，十一月三日，宣恭师入次绵一斤。十一月廿二日，尼法华入次绵五十二斤半。次绵一斤半，次绵十二两。"③ 从比丘尼法华和宣恭二人向寺院缴纳的丝绵数量来看，其所在寺院丝织业规模不小。

（二）战乱、疾疫与比丘尼写经

中古时期，敦煌高昌一带长期处于外来政权的威胁和压迫下，特别是高昌，作为孤悬碛外的割据政权，长期为柔然、高车、突厥等游牧势力控制、威胁和压迫。在外来势力的干预下，高昌政权多次更迭，政变时有发生，百余年内，高昌政权先后四次易姓。④ 医疗技术落后和公共卫生体系的阙如，使古人常常面临各种传染病的威胁。6世纪最后二十年，敦煌高昌一带发生了严重的瘟疫和战乱，断断续续，前后迁延数十年。这一事件，史籍无载，在两地写经题记中可以看到若干零星信息。

开皇二年（582），突厥气候失调，冬无雨雪，旱灾蝗灾同时发生，随之而来的是瘟疫，人畜死亡过半。次年，隋文帝利用突厥灾疫严重之机对其发动军事打击。⑤ 战争进一步加剧了疫情，敦煌高昌也受到了波及。

这年五月廿八日，曾任会稽县（治所在今甘肃玉门西北赤金堡附近）令、武侯帅都督的敦煌宋氏家族成员宋绍（又作宋绍演）在为亡母超荐的写经中如是发愿：

① 此寺为尼寺，有冯姓比丘尼，详见王小明校注《比丘尼传校注》卷4《高昌都郎中寺冯尼传》，中华书局，2006，第189页。
② 《吐鲁番出土文书》第5册，第181页。
③ 〔日〕池田温：《中国古代籍帐研究》，龚泽铣译，中华书局，2007，第389页。
④ 王欣：《高昌内徙与西域政局》，《中国边疆史地研究》2011年第3期，第80～88页；荣新江：《阚氏高昌国与柔然、西域的关系》，《历史研究》2007年第2期，第4～14页。
⑤ 开皇三年（583），隋文帝杨坚下诏："（突厥）去岁四时，竟无雨雪，川枯蝗暴，卉木烧尽，饥疫死亡，人畜相半。……斯盖上天所祚，驱就齐斧，幽明合契，今也其时。故选将治兵，赢粮聚甲，义士奋发，壮夫肆愤，愿取名王之首，思拔单于之背，云归雾集，不可数也。"（唐）魏征撰《隋书》卷84《北狄·突厥传》，中华书局，1973，第1866页。

"愿亡者神游净土，永离三途八难，恒闻佛法。又愿家眷大小，福庆从心，诸善日臻，诸恶云消。王路开通，贼寇退散，疫气不仟（干），风雨顺时。"① 宋绍写经题记中的"王路开通，贼寇退散，疫气不仟（干），风雨顺时"直接反映了隋王朝对突厥的军事行动和由突厥带来的严重瘟疫对敦煌民众的影响。

几年后，高昌一带再次发生严重疫情。高昌延昌廿九年（589），突厥侵扰高昌，破四城，双方死伤惨重，大量伤病和尸体因未能及时处理引起了瘟疫的流行。此次瘟疫史籍无载，从相关写经题记可以看出，严重的疾疫威胁到了麹氏高昌政权的统治。在此期间，麹氏高昌第七代国王麹乾固在人生的最后十年抄写供养了多达一百五十部《仁王般若经》，以祈愿灾疫消除，政权安稳，他在延昌卅一年（591）十二月廿五日《仁王般若经》卷上题记中写道：

> ……今国处边荒，势迫间摄，疫病既流，有增无损。若不归依三宝，投诚般若者，则何以然？恶征于将来，保元吉于兹日哉。是以，谨寻斯趣，敬写《仁王经》一百五十部。冀受持者发无上之因，讽诵者证涅槃之果。庶以斯庆，愿时和岁丰。国疆民逸，寇横潜声，灾疫辍竭，身及内外疹患除，还年却老。福筭（算）延眼，胤嗣安吉。②

此次瘟疫一再蔓延，"疫病致流，有增无损"，不得已，两年后（593）麹乾固再次写经祈愿。身居高位的统治者面对疫情尚且如此哀恸无奈，只好求助于神灵的庇佑，瘟疫对于平民尤其是出家女众的影响更是不言而喻。这一时代背景在比丘尼写经中有明显的印记，附表所列 23 例写经题记中，以念佛忏悔为主要特征的《大通方广经》（全称《大通方广忏悔灭罪经》）出现了 3 次（第 4、5、22 号）。③

---

① 《〈大集经〉卷第十八武侯帅都督宋绍题记》，〔日〕池田温：《中国古代写本识语集录》，东京：东洋文化研究所，1994，第 140 页。

② 《〈仁王般若波罗蜜〉卷上高昌王麹乾固题记》，〔日〕池田温：《中国古代写本识语集录》，第 143 页。

③ 梁陈二代统治者热衷于忏仪，陈文帝以该经为基础创制的《大通方广忏文》的时代背景就是为了阻止疾疫的蔓延。道宣律师在《续高僧传》卷 29《兴福篇论》中谈到了《大通方广忏文》的创制背景："梁初《方广》，源在荆襄，本以厉疾所投，祈诚悔过。哀兹往业，悲恸酸凉。能使像手摩头，所苦欻然平复。同疾相重，遂广其尘，乃依约诸经抄撮成部，击声以和，动发恒流，谈述罪缘，足使汗垂泪泻。"《大正藏》第 50 册，第 699 页下。

三　敦煌高昌比丘尼写经的品类

敦煌藏经洞出土有明确纪年的佛教写经前后跨越六个世纪，上起西凉建初二年（406）《十诵比丘戒本》，最晚者是北宋咸平二年（999）写《敦煌王曹宗寿编秩子施入报恩寺疏》，[①]共有1009件，其中5～6世纪共78件，约占藏经洞全部写经题记的7.6%。高昌写经最早为20世纪初出土于吐峪沟的西晋元康六年（296）竺法护所译的《诸佛要集经》，[②]截止到高昌延寿十六年（639）麴氏高昌灭亡，所写汉文佛教经典共66种349号。[③]

从写经品类来看，比丘尼写经品类众多，包括经藏和律藏。附表列23例写经题记，所抄写供养的佛典除了戒律之外，大多属于大乘经典，包括《大般涅槃经》《法华经》《无量寿经》《胜鬘经》《放光般若经》《仁王经》《大通方广经》《药师经》《大集经》《华严经》《十善经》《药王药上经》《佛名经》等，其中《大般涅槃经》的出现频次最高。高昌地区密教类陀罗尼则有大方等陀罗尼等，律藏则主要是各种比丘尼戒本。

从经目出现频率来看，频次最高的是《大般涅槃经》，共8次，《无量寿经》《法华经》《大通方广经》等各3次，《药师经》《入楞伽经》《胜鬘经》《仁王经》的出现频率均为2次，《大集经》、《华严经》、《十善经》、《药王药上经》、《千佛名迭》（疑即《十方千五百佛名经》）、《佛名经》[④]、《大方等陀罗尼》、《佛说决罪福经》、《佛说欢普贤经》等各1次。

23例比丘尼写经题记中，《大般涅槃经》出现频次最高，一定意义上反映了该

---

① 〔日〕池田温：《中国古代写本识语集录》，第80页、第544页。
② 〔日〕池田温：《中国古代写本识语集录》，第74页。
③ 姚崇新：《略论高昌国的佛教与佛教教团》，《敦煌吐鲁番研究》第4卷，第50～52页。
④ 佛名类佛经是《大正藏》经集部重要的佛经种类，《佛名经》有多个译本。《出三藏记集》卷2《新集撰出经论录第一》收录有西晋竺法护译《贤劫经》七卷（第32页），东晋竺昙无兰译《贤劫千佛名经》一卷（第47页）等，《十方佛名》一卷，《百佛名》一卷，梁时已亡佚（第40、41页）；同书卷四《新集续撰失译杂经录》记载有《八部佛名经》二卷，《三千佛名经》《五十三佛名经》《南方佛名经》各一卷等（第127页），现皆收录于《大正藏》第14册。此外，敦煌藏经洞曾出土过一批题名为《十方千五百佛名经》或类似名称的佛名类典籍写卷，详参曹凌《敦煌写本十方千五百佛名经杂考》，《敦煌研究》2014年第4期，第71～78页；刘溪《敦煌本早期〈佛名经〉写本研究》，硕士学位论文，浙江师范大学，2016。

经在敦煌高昌一带比丘尼教团中的流行程度。同一时期的众多敦煌写经中，《大般涅槃经》是卷号最多的一部佛经，有近 860 个卷号。[①] 出土资料显示，5～7 世纪中叶，高昌写经文本中《大般涅槃经》数量达到 64 次，位列所有写经种类的第二（排名第一的是《妙法莲华经》，81 次），[②] 特别是 6 世纪中叶以后，《大般涅槃经》写经数量（47 次）甚至比《妙法莲华经》多了 1 次。诵持《大般涅槃经》也是当地尼众重要的修行方式，活跃在 6 世纪的高昌尼众领袖都郎中寺冯尼"诵《大般涅槃经》，三日一遍"[③]。

律藏戒本的书写供养是南北朝比丘尼写经供养最重要的品类之一。21 例写经题记中出现了 7 例与之相关的题记，比例高达 30.43％。其内容涵盖了五部大律中三部大律：僧祇律、十诵律和四分律。其中《大比丘尼羯磨经》和《大比丘尼羯磨》属于四分律部，《摩诃衍僧祇比丘尼戒本》卷九属于僧祇律部，《十诵比丘尼波罗提木叉戒本》和《比丘尼戒经》则属于十诵律部。这种抄写供养戒本分属不同部派戒律的情况，一定程度上反映了敦煌高昌地区并没有如后世唐宋以后戒律定于一尊（四分律）的情况，在此间数百年里，各个比丘尼教团所依止的戒律并不相同。到了唐代，随着中原内地佛教独尊《四分》局面日益形成，这一情况得到了根本改变，吐鲁番柏孜克里克石窟出土的汉文佛教典籍中，比丘尼律藏的写经经目变成了以四分律藏为主，四分比丘尼戒本占到各部戒本总数的 1/3，四分律的写本也是五部大律写本数量最高的，达 6 件之多；[④] 2002 年交河故城出土文献中，律藏部只有两件，其中就有一部四分比丘尼戒本。[⑤]

传世敦煌写本中多有疑伪经，附表所列比丘尼所写经卷中，《佛说决罪福经》、《大通方广经》和《十方千五百佛名经》都属此类。[⑥] 这些经卷虽被判为疑伪经，但在民众信仰实践中扮演了重要角色，这是因为，其所描写帝释、天王巡察人间善恶、除罪增寿之说，迎合了久行于民间的道教中的延寿益算之信仰，在民间具有较大影

① 崔峰：《〈大般涅槃经〉写经在北周和隋代的流行》，《牡丹江大学学报》2009 年第 3 期，第 56 页。
② 姚崇新：《略论高昌国的佛教与佛教教团》，《敦煌吐鲁番研究》第 4 卷，第 50 页。
③ 王小明校注《比丘尼传校注》卷 4《伪高昌都郎中寺冯尼传》，第 189 页。
④ 吐鲁番研究院主编《吐鲁番柏孜克里克石窟出土汉文佛教典籍》（上），文物出版社，2008，第 225～245 页。
⑤ 荣新江等主编《新获吐鲁番出土文献》，中华书局，2008，第 239 页。
⑥ 王孟：《敦煌佛教疑伪经综录》，博士学位论文，上海师范大学，2016。

响力。①

第 8 号西魏废帝二年（553）比丘尼道建辉所写《佛说决罪福经》（上、下卷），梁僧祐，隋法经、彦琮和唐静泰等人皆将其判定为本土僧尼所造的疑伪经，② 该经在敦煌遗书和吐鲁番文书中保存有 11 号，其中保存在日散 1159 号背（书道 144 号背）的经卷"佛说决罪福经卷下"即附表所列比丘尼道建辉所写经卷。道建辉所写的这部经后来传入日本，并被收入《大正藏》第 85 册经 2868 号。

《大通方广经》，"又名《大通方广忏悔灭罪庄严成佛经》《方广灭罪成佛经》。中国人假托佛说所撰经典。作者不详。三卷。……此经系《佛名经》之亚流。谓持诵佛名、忏悔发愿可灭罪得福云云。自《法经录》以下，历代经录均判伪经。陈文帝有据此经而作的《大通方广忏文》，据此，当产生于南北朝时期"③。隋《法经录》和唐《开元释教录》等多部经录均判为疑伪经，历代《大藏经》均未收录，后亡佚，房山石经、日本写经、敦煌遗书和吐鲁番文书都有保存，幸赖敦煌藏经洞保存了多部该经残卷。④ 该经在公元 6 世纪中期已经在南北方佛教信众中广为流通，并广泛用于佛教仪式中。写于西魏大统十一年（545）S4494 敦煌遗书"愿文陀罗尼集平等寺道养题记"中的《祈请文》就是根据《大通方广经》而来。由此可以确定，《大通方广经》在 545 年前就已经在河西一带流通。《广弘明集》收录陈文帝（559～566年在位）创制"大通方广忏文"即源于该经。

比丘尼写经题记中有同时写多部经来修福的情形，如第 11 号比丘尼天英写经包括了《大集经》和《楞伽经》等 2 种；第 4、5 号比丘尼建晖两次写经经目均达 7 种之多；第 21 号比丘尼道明胜写经包括了大方等陀罗尼在内的 7 种。

四　比丘尼写经的受福对象和祈愿内容

附表所列 23 例题记中，有 10 例没有写明受福对象和供养人的发愿内容，仅仅注明"××敬写"云云，尽管没有相关文字，但从其所供养的经典都竭力渲染抄经供

---

① 殷光明：《敦煌的疑伪经与图像（上）》，《敦煌研究》2006 年第 4 期，第 8～14 页。
② （梁）僧祐《出三藏记集》卷 5；（隋）法经：《众经目录》卷 4《众经疑惑五》；（隋）彦琮《众经目录》卷四《五分疑伪》；（唐）静泰：《众经目录》卷 4《众经疑惑五》，《大正藏》第 55 册。
③ 季羡林：《敦煌学词典》，上海辞书出版社，1998，第 733～734 页。
④ 曹凌：《中国佛教疑伪经综录》，上海古籍出版社，2011，第 103～108 页。

养的功德看来，功德主"减割衣资"用于写经供养的行为本身就已经功德无量。

（一）受福对象

通过对其他 11 例题记中题记的解读发现，比丘尼写经受福对象包括自身、七世父母、先死亡后（指供养人先后亡故的诸眷属），现在家眷、同学、十方六道众生等。如第 4、5 号比丘尼建晖写经受福对象包括七世师长、父母和己身；第 6 号比丘尼贤玉写经受福对象为"十方世界""六道众生"；第 7 号比丘尼道容写经受福对象为"己身""七世父母""先死亡后""现在家眷"等；第 8 号比丘尼道建辉写经受福对象为"师长""父母""先死后亡"；第 9 号比丘尼乾英写经受福对象为"七世父母"、"所生父母"、"现在家眷"和"己身"；第 11 号尼天英写经受福对象为"七世师宗""父母""法界众生"；第 12 号比丘尼道英写经受福对象为"师宗父母""眷属""同学"；第 14 号尼僧愿写经受福对象为"七祖之魂""考妣"；第 21、22 号比丘尼道明胜写经受福对象为"旷世师宗""七世父母""有形之类""众生"等。与造像记受福对象相比，写经题记涵盖的对象范围要小得多。造像记受福对象除了上述人物以外，还包括皇帝陛下、国家社稷、州郡官长、香火邑义等和功德主没有直接关系的人物或组织。

（二）祈愿内容

1. 对于转成男身的执念

转女身为男身是南北朝比丘尼写经题记中最重要的祈愿内容之一。第 4、5 号比丘尼建晖两次写经，虽然时隔二十七年之久，但两次写经都有"使得虽女身后成男子"的祈愿，同时认为自己"窠形女秽，婴罹疾病，抱难当今"。第 7 号比丘尼道容将此生女身身份归结为前世不行善业的结果，"往行不修，身处女秽"。第 21 号比丘尼道明胜与比丘尼道容有相似态度："自惟往殒不纯，生遭末代，沉罗生死，难染道化，受秽女身，昏迷长祸。"

对女身的厌离和男身的向往，是困扰中古时期佛教女众的难题，中古时期的汉译佛教佛典有许多对女性性别否定和如何实现转女成男的内容。[①] 如第 4、5 号比丘尼建晖的愿望又呼应了药师第八大愿："愿我来世得菩提时，若有女人，为女百恶之所逼恼，极生厌离，愿舍女身；闻我名已，一切皆得转女成男，具丈夫相，乃至证

---

① 唐嘉：《东晋宋齐梁陈比丘尼研究》，巴蜀书社，2011，第 347～350 页。

得无上菩提。"厌离女身不仅是出家女众的心愿，在清信女（在家女众）中也有很大的影响。北周大定元年（581）敦煌清信女张阿真在其所供养抄写的《大集经》卷十题记中为自己和两个早夭的女儿表达了生为女身的遗憾："自唯往业作因，身居女秽，有女阿华、训华等，并奄女刑（形），（？）年损折，遂为减割衣资，敬写大集经一部……"①

2. 超度亡者

通过写经造像立塔建幢等功德实践为亡者追福是中古时期佛教女众信仰时间的重要形式，② 附表 23 例题记中，书写供养《大般涅槃经》的供养者大多具有通过供养诵读该经使得自己以及亲人眷属得以远离地狱之苦的祈愿，有 10 例题记祈愿对象中含有"七世父母""师长""先亡后死"等亡者群体，祈愿文则希望通过写经功德使亡者免除来世落入恶道之苦，往生西方或弥勒净土。第 9 号题记比丘尼乾英祈愿："七世父母、所生父母、现在家眷，及以己身，弥勒三会，悟在首初，所愿如是。"第 14 号题记比丘尼僧愿将这一祈愿表达得非常明确："……写涅槃一部。兼读诵者获涅槃之乐，礼观者济三涂之苦。复以斯福，愿现身康疆（强），远离苦缚七祖之魂，考妣往识，超升慈宫诞生养界。"第 21 号和 22 号都是比丘尼道明胜写经，她表达了对累世父母师长往生净土的祈愿："愿七世父母、师长、父母所生因缘，往生西方净佛国土。若误洛（落）三途，使镬汤止流，刀山以为宫殿，现在之身，尘罗之蔽，云飞雨散。胜善之果，日晕重集。有（又）一切众生，一时成佛。"

并非只有出家女众有如此祈愿，在家女众乃至男性信众也多有通过书写供养《大般涅槃经》表达对亡者死后去处的强烈关怀，所不同的是，出家女众祈愿关怀的范围相对于在家女众更为广大，不仅限于己身，更扩大至一切众生，而在家女众则往往所祈愿的受福对象更关注于亲缘和血缘的关系。如优婆夷郭法姬在为亡夫所写的《大般涅槃经》题记中写道："为亡夫杨群豪敬写《大般涅槃经》一部，冀使三乘三观，四趣同归，诸缘此福，敬使此姬身延算现辰，福润将加，道心日进，普及含生，齐正觉。"③ 清信女令狐阿咒为亡夫所写的《大般涅槃经》题记则表达了希望

---

① 《大集经卷十清信女张阿真题记》，〔日〕池田温：《中国古代写本识语集录》，第 138～139 页。
② 邵正坤：《追福与荐亡：造像记所见北朝追荐之风》，《山西大同大学学报》2016 年第 2 期，第 26～28 页；李志生：《立塔写经与内外之际：唐代妇女的佛教功德活动》，《中国社会历史评论》第 17 卷下，天津古籍出版社，2016，第 25～49 页。
③ 王素、李方：《魏晋南北朝敦煌佛教文献编年》，台湾新文丰出版公司，1997，第 268 页。

亡夫因此功德往生净土的愿望："神游净乡，历侍众圣。"①

五 《大般涅槃经》流行的理论基础和现实意义

（一）《大般涅槃经》流行的理论基础

《大般涅槃经》进一步发展了大乘佛教的女性解脱观念，为 5~6 世纪敦煌高昌地区女性解脱提供了新的精神资源。

从原始佛教到大乘佛教，佛教经典对于女性能否解脱，如何实现解脱的论述经历了巨大的演变。尽管不同的部派对于女性性别和修道严厉的态度略有差异，但大多认为"女人五障"，不得成佛，且女众加入僧伽导致佛法走向衰亡，在整个原始佛教和部派佛教时期，对于女众歧视的状况并没有得到根本改变。② 到了大乘佛教初期，以《龙施女经》《道行般若经》等为代表的大乘经典提出转女身为男身进而得以往生净土佛国，大乘佛教的般若空系进一步确立了"无男无女"的平等女人观。③《大般涅槃经》一方面承认部派经典对女身秽恶的论述，又以"菩萨为方便故示现女身"作为折中调和，认为通过佛教修行，不仅可以成就罗汉果位，还能"位阶十地，安住不动"，"得自在力，能化坐佛"。

《大般涅槃经》进一步通过对"佛性"和"女身"的阐释将女性解脱议题推向一个新的高度。《大般涅槃经》主张"一切众生定当得成阿耨多罗三藐三菩提，……一切众生乃至五逆犯四重禁及一阐提悉有佛性"。这里的"一切众生"自然包括女众。"一阐提"，意为"断善根"或"信不具"，即不具信心、断了成佛善根者。既然犯了五逆重罪的和一阐提都具有佛性，身为人道的女众自然比前两者更具备成佛的可能。在佛性论的基础上，《大般涅槃经》还进一步提出了"女身"皆为诸佛菩萨为了度化众生而"方便示现"的理念，如此一来，"女身"就不是早期佛教所言的由"恶业"所致，而乃佛菩萨以慈悲心示现的结果。佛陀通过示现贫妇掘金的故事，向大众展示了"善方便者即是如来，贫女人者即是一切无量众生，真金藏者即

---

① 〔日〕池田温：《中国古代写本识语集录》，第 161 页。
② 古正美：《佛教与女性歧视》，《当代》1987 年总第 11 期，第 27~35 页。
③ 林欣仪：《舍秽归真：中古汉地佛教法灭观与妇女信仰》，台湾稻乡出版社，2008，第 189~199 页。

佛性也"① 的道理，《大般涅槃经》还通过对"佛性"的解释消解了男女性别在"相"上的差别。

> 所谓佛性，若人不知是佛性者则无男相。所以者何？不能自知有佛性故。若有不能知佛性者，我说是等名为女人。若能自知有佛性者，我说是人为丈夫相。若有女人能知自身定有佛性，当知是等即为男子。②

《大般涅槃经》通过"佛性"的定义和解释，将原始佛教和部派佛教经典对于女性解脱有限性的规定重新阐释，身为女相固然是业报的果，但此"恶业"并非一成不变，成佛成为现实可能。

持诵《涅槃经》的灵验事例也在北朝末年女众中有一定影响，《续高僧传》记载，北齐中，赵州头陀沙门僧安聚徒讲《涅槃》，有一只雌雉也来听讲，三卷将毕即从畜生道转生为人道，后出家为尼，亦以《涅槃》讲诵为业。

> 释僧安……齐文宣时，在王屋山，聚徒二十许人讲《涅槃》。始发题，有雌雉来座侧伏听。僧若食时，出外饮啄，日晚上讲，依时赴集。三卷未了，遂绝不至。众咸怪之。安曰：雉今生人道，不须怪也。武平四年，安领徒至越州行头陀。忽云：往年雌雉应生在此。径至一家，遥唤雌雉。一女走出，如旧相识，礼拜歌喜。女父母异之，引入设食。安曰：此女何故名雌雉耶。答曰：见其初生，发如雉毛。既是女，故名雌雉也。安大笑，为述本缘。女闻涕泣，苦求出家，二亲欣然许之。为讲《涅槃》，闻便领解，一无遗漏。至后三卷，茫然不解。于时始年十四。便就讲说，远近咸听，叹其宿习，因斯躬劝，从学者众矣。③

（二）《大般涅槃经》流行的现实意义

5～6 世纪的敦煌高昌女性面临着严酷的生存环境。出土的高昌 5～6 世纪 41 方

---

① （北凉）昙无谶译《大般涅槃经》卷 7《如来性品》，《大正藏》第 12 册，第 407 页。
② （北凉）昙无谶译《大般涅槃经》卷 9《如来性品》，《大正藏》第 12 册，第 422 页中。
③ （唐）道宣撰《续高僧传》卷 35《感通篇中》，《大正藏》第 50 册，第 657 页上。

砖志表明，高昌时期的社会文化环境中，女众绝大多数情况是作为男性的附属存在。① 这些墓志中，没有专为女性所作的墓志，这和中原地区有较大的不同，② 大多数砖志书写简略，仅限于交代墓主的最基本信息如某某人之妻，何时去世，享年多少等。即使是在生活条件较好的高昌国中上层社会，女性人均寿命为 59.33 岁，比男性人均寿命（66.33 岁）少了 7 岁。③

从文化传统来说，敦煌高昌地区虽然并不属于儒家文化的核心区，但儒家礼制和思想在此间仍具有强大的社会影响力，礼仪制度多与中原汉地相同。"（高昌）风俗政令，与华夏略同。兵器有弓、刀、箭、楯、甲、矛。文字亦同华夏，兼用胡书。……其刑法、风俗、婚姻、丧葬，与华夏小异而大同。"④ 高昌国王麹嘉曾向北魏孝明帝请求赐予五经、诸史，并请国子助教刘燮为博士。⑤ 敦煌和高昌的世家大族大多来自中原和河西一带，如敦煌曹氏家族、张氏家族、索氏、令狐氏等。这些初入敦煌的中原汉姓家族以儒学为业，举孝廉，进仕宦，奠定了其敦煌大族的地位。⑥ 儒家代表人物根据天人合一的理论构建了"阳尊阴卑""男贵女贱"的价值模式，将女性定位于家庭关系和纲常化的礼法规范下，将顺从辅佐男性为己任的女子视作符合社会价值标准的女性。⑦

尽管魏晋以来礼教已大为松弛，但动荡不安的河西地区，女性的性别身份仍然使她们处于"卑贱"的社会现实中。面对强权的迫害，女众往往完全没有抵抗力。后赵石虎对于统治下的妇女随意处置，"大发民女二十已下、十三已上三万余人，为三等之第，以分配之。郡县有希旨，务于美淑。夺人妇者九千余人。民妻有美色，豪势因而协之，率多自杀"⑧。前述吕绍之妻张氏在丈夫死后投身寺院为尼得以暂时保全，但在面对吕隆的步步强逼时，她不得不口持佛号跳楼以明其志。

---

① 米婷婷：《高昌墓砖对女性的记述》，《吐鲁番学研究》2014 年第 1 期，第 67～69 页；邓晓南：《六至八世纪的吐鲁番妇女：特别是她们在家庭以外的活动》，《敦煌吐鲁番研究》第四卷，第 230～232 页。

② 赵超：《汉魏两晋南北朝墓志汇编》（天津古籍出版社，2011）收录的北朝时期 487 通墓志中，专为女性撰写者达到 106 通之多，对女性志主生平事迹美德的描写相当详尽，吐鲁番出土的砖志，直到西州时期才出现类似的倾向。

③ 裴志国：《试论 6—8 世纪吐鲁番地区人口平均年龄》，《新疆师范大学学报》（哲学社会科学版）2005 年第 3 期，第 20 页。

④ （唐）李延寿：《北史》卷 97《西域传·高昌》，中华书局，1974，第 3213 页。

⑤ （唐）李延寿：《北史》卷 97《西域传·高昌》，第 3213 页。

⑥ 杜斗城、孔令梅：《简论十六国北朝的敦煌大族与佛教》，《敦煌研究辑刊》2010 年第 4 期，第 49 页。

⑦ 彭华、杜邦云：《儒家女性角色伦理的三个理论视角》，《哲学动态》2013 年第 10 期，第 51 页。

⑧ （北齐）魏收：《魏书》卷 95《石勒传·石虎》，第 2051 页。

在此大社会文化环境下，以《大般涅槃经》为代表的大乘佛教女性解脱观念无异于一阵新风，自卑无助的出家女众冀望于通过写经供养得以改变性别，转身为男，获取来世的幸福曙光。

结　语

写经供养作为中古时期佛教功德福田的实践形式之一，参与者几乎覆盖了所有的社会阶层。出家僧尼的写经供养行为，一方面既是对社会大众信仰实践的示范，同时也是个人人生经历和社会大环境的投射。5~6 世纪的敦煌高昌地区经历了剧烈的社会变动，佛教在剧烈的社会变动中迅速发展，敦煌高昌地区佛教受到了中亚文化和中原内地文化的影响，特别是中原的汉传佛教和儒家文化的影响成为这一地区主体居民最主要的精神资源。这一时期敦煌高昌比丘尼在宗教信仰之外，广泛参与世俗经济和社会活动，尼寺与其他寺院一样，不仅是宗教单位，还是经济单位，发挥了宗教与世俗的双重作用。

5~6 世纪敦煌高昌一带比丘尼写经供养数量在该区域整个中古写经比例中不算太高，通过对比丘尼写经品类和题记中祈愿的分析，可以发现，比丘尼写经深刻地反映了当时宗教、社会和自然环境的历史现状和尼众由于自身的性别体现的特别关怀。

持续不断的战乱、频繁更迭的政权、持续的瘟疫给这一时期高昌敦煌广大人民带来了深重的苦难，对疾病和战乱的恐惧、亲人的离散和丧命都使民众急需精神上的安慰和解脱，而佛教正好满足了这种需要。众多写经品类中，《大般涅槃经》受到了比丘尼的特别关注。同一时期中原内地智识阶层热衷于对《大般涅槃记》义学问题的探讨，有大量的注疏宣讲，形成了绵延至初唐时期的涅槃学研究热潮。[①] 对于敦煌高昌地区识字不多的比丘尼来说，按照经文的精神进行宗教实践，如抄写、读诵、造像获取功德福田，显得更为直接和有效。通过对《大般涅槃经》的抄写供养，既表达了她们为亡者超荐祈福的愿望，又抒发了她们此世身为女身的遗憾以及转生为男身的期待。

---

① 圣凯：《〈大般涅槃经〉在两晋时代的传承与流行》，《南京晓庄学院学报》2011 年第 2 期，第 34 页；郭迎春：《〈涅槃经〉的汉译及涅槃信仰研究》，博士学位论文，四川大学文学院，2005，第 125~161 页。

附 5～6世纪敦煌吐鲁番出家女众写经一览表

说明：

1. 资料来源：池田温《中国古代写本识语集录》，王素、李方主编《魏晋南北朝敦煌文献编年》《吐鲁番出土高昌出土文献编年》，黄永武《敦煌宝藏》。

2. 写经题记的定名主要依据池田温《中国古代写本识语集录》，并参考其他资料。

3. 表中8例无明确纪年的题记，主要依据来自池田温《中国古代写本识语集录》对年代的判断。

序号	供养人	题名	时间	题记愿文	受福对象	所写经卷	卷号
1	比丘尼法敬	佛说欢普贤经比丘尼法敬供养题记	萧齐永明元年（483）正月	永明元年正月谨写用纸十四枚比丘尼释法敬供养		佛说观普贤经	藏日本书道博物馆（编号173）
2	比丘尼元晖	十六国北魏比丘尼元晖供养经	公元500年前			十诵比丘尼波罗提木叉戒本	
3	比丘尼道晴	尼道晴供养《大般涅槃经》卷九题记	北魏景明二年（501）六月十二日	景明二年太岁辛巳六月水亥朔十二日甲戌比丘尼道晴所造供养		大般涅槃经卷九	藏上海图书馆（编号043）
4	比丘尼建晖①	比丘（尼）建晖写入楞伽经卷二题记	北魏永平二年（509）八月四日	……是以比丘（尼）建晖，既集因殖，窠形女秒，婴罹病疾，抱难当今。仰（？）惟此若无由可拔迹，故减割衣资，为七世师长父母，敬写……因此微善，使得虽女身后成男子，法界众生，一时成佛	七世师长父母己身	入楞伽一部、法华一部、胜鬘一部、无量寿一部、仁王一部、方广一部、药师二部	藏北京图书馆（编号1276）
5	比丘尼建晖②	西魏尼建晖写大般涅槃经卷十六题记	西魏大统二年（536）四月八日	夫至妙冲玄，则言辞莫表，惠深理固，则凝然常寂。淡泊夷净，随缘改化。凡夫想识，岂能穷达；推寻群典，崇善为先。……因此微福，使得虽女身后成男子，法界众生，一时成佛	七世师长父母己身	涅槃一部、法华二部、胜鬘一部、无量寿一部、方广一部、仁王一部、药师一部	原卷藏日本书道博物馆
6	比丘尼贤玉	比丘尼贤玉写大比丘尼羯磨经一卷题记	西魏大统九年（543）七月六日	……愿此功德，普及一切十方世界。六道众生，心开意解，发大乘意。……大圣玄心，使崇此愿，又得成就，果成佛道。三恶众生，应时解脱	十方六道众生	大比丘尼羯磨经一卷	原卷 S.0736

序号	供养人	题名	时间	题记愿文	受福对象	所写经卷	卷号
7	比丘尼道容	尼道容写大般涅槃经卷十二题记	西魏大统十六年（543）四月廿九日	……佛弟子比丘尼道容，往行不修，身处女秽。自不尊崇妙旨，何以应其将来之果。故减彻身口衣食之资，敬写……又愿现身住念（恬念）无他苦疾。七世父母，先死亡后，现在家眷，四大胜常，所求如意……	己身七世父母先死亡后现在家眷	大般涅槃经卷十二	原卷 S. 4366 敦煌宝藏第 35 册 515 页
8	比丘尼道建辉	佛说决罪福经下卷尼道建辉题记	西魏废帝二年（552）三月四日	自惟福浅，无所施造。窃闻经云：修福田莫若立塔写经。今怖崇三宝，写……又愿师长父母，先死后亡，所生知识，尽蒙度招。远离三途八难之处，恒值闻佛法，发菩提心，遇善知识。又愿含华众，普同斯愿	师长父母先死后亡所生知识	佛说决罪福经上下二卷	原卷藏日本书道博物馆
9	比丘尼乾英	比丘尼戒经法渊及尼乾英题记③	西魏恭帝二年（555）九月六日	夫玄门重阁，非四目之所窥，旨理冲壑，岂素竹之所铅……当斯之运，孰不耀者哉……以斯微善，愿……弥勒三会，悟在首初，所愿如是	七世父母所生父母现在家眷己身	比丘尼戒经一卷	原卷藏上海博物馆
10	比丘尼英秀	摩诃衍僧祇比丘尼戒本英秀题记	西魏恭帝三年（556）三月十三日	三年三月十三日写讫大比丘尼戒英秀所供养		摩诃衍僧祇比丘尼戒本卷九	松元文三郎旧藏
11	比丘尼天英	入楞伽经卷九比丘尼天英题记	武成二年（558）十月卅日	岁次戊寅十月卅日，比丘尼天英敬写……为七世师宗父母、法界众生、三途八难，速令解脱，一时成佛	七世师宗父母法界众生三途八难	大集经一部、楞伽经一部	甘肃省博物馆藏

续表

序号	供养人	题名	时间	题记愿文	受福对象	所写经卷	卷号
12	比丘尼道英	大般涅槃经卷卅一比丘尼道英题记	北周保定元年（561）	谨惟常乐幽玄，我净难识，故割衣资，敬写……愿佛性沿神，永踬苦域。师宗父母，眷属同学，悉如此契，齐获无为	师宗父母眷属同学	大涅槃经卷三十一	原卷三井八郎右卫门藏
13	比丘尼慧瑸		北周天和四年（569）	永晕寺尼智瑸受持供养比丘庆仙抄讫（该比丘庆仙曾于天和四年在莫高窟428东壁南侧有供养题名）		大比丘羯磨	S.2935 敦煌宝藏24册第559页
14	比丘尼僧愿	大般涅槃经比丘尼僧愿题记	延昌十七年（577）④ 二月八日	……读诵者获涅槃之乐，礼观者济三涂之苦。复以斯福，愿身康疆（强），远离苦缚。七祖之魂，考妣往识，超升慈宫诞生养界……	七祖之魂考妣往识	大涅槃经一部	大谷文书3616号
15	比丘尼明晖		开皇十六年（596）	佛说佛名经卷第五，比丘尼明晖供养		佛说佛名经	S.635 敦煌宝藏第5册第231页
16	比丘尼昙咏	大方广佛华严经卷二尼昙咏题记⑤	年代未详约6世纪	比丘尼昙咏所供养		大方广佛华严经卷二	藏上海市图书馆（编号032）
17	比丘尼梵守	放光般若波罗蜜经卷十七比丘尼梵守题记	年代未详约6世纪	比丘尼梵守所供养		放光般若波罗蜜经卷十七	S.3552 敦煌宝藏29册第430页
18	比丘尼□□	妙法莲华经卷九比丘尼□□题记	年代未详约6世纪	比丘尼□□通□		妙法莲华经卷九	S.0258 敦煌宝藏二册第498页
19	比丘尼庆辉	大般涅槃经卷五比丘尼庆辉题记	年代未详约6世纪			大般涅槃经卷五	敦煌宝藏第98册第120页
20	比丘尼慧智	大般涅槃经卷十二比丘尼慧智题记	年代未详约6世纪		比丘尼慧智所供养经	大般涅槃经卷十二	S.6563 敦煌宝藏第48册第495页

续表

序号	供养人	题名	时间	题记愿文	受福对象	所写经卷	卷号
21	比丘尼道明胜	大般涅槃经卷廿尼道明胜题记	年代未详约 6 世纪	自惟往殒不纯，生遭末代，沉罗（?）生死，难染道化，受秽女身，昏迷长祸，莫由能返。窃闻圣教，乃欲当生栖方外，莫若现今凭仰三宝，故以减削衣资，写此大般涅槃经一部，读诵受持，供养恭敬，尊重赞叹。以此之福，上及旷世师宗，七世父母，复为含灵抱识，有形之类，众生同获此……	旷世师宗七世父母复为含灵抱识有形之类众生	大般涅槃经卷第廿	斯 1329敦煌宝藏第 10 册第 151 页
22	比丘尼道明胜	十方千五百佛名尼道明胜题记⑥	年代未详约 6 世纪（王素定年为公元 581 年前）	自云宿植根少，沉溺又不都真圣过闻。造善庆胜（升）天堂，造恶退落三途。是以谨割衣资之分，造写……因□微福，愿七世父母、师长、父母所生因缘，往生西方净佛国土	七世父母师长父母所生因缘	无量寿一部、十善一部、药王药上一部、千佛名一卷、涅槃一部、大方等陀罗尼一部、大通方广一部	藏日本大谷大学图书馆（余乙 31）所抄经后题"十方千五百佛名一卷"
23	比丘尼慧际	大比丘尼羯磨尼慧际题记	年代未详约 6 世纪		比丘尼慧际所供养	大比丘尼羯磨	藏日本书道博物馆

①王素、李方《魏晋南北朝敦煌文献编年》第 163 页录文中愿文和落款皆为"比丘建晖"，但题记中又有"既集因殖，寰形女秽……虽女身后成男子"之语，故推知其应为比丘尼，很可能是经生在书写时"尼"字漏写所致。

②此题记因供养人（建晖）、愿文内容、所写经目与前永平二年建晖有较多相似，故有断定前者为赝品，考订两篇题记愿文书写年月、具体内容、表达方式、经目排序、数字等，两者其实差距较大，赝品可能性不大，很可能两者为同一人先后所写，故本文将两者同时收录。

③此经为瓜州城东建文寺比丘法渊和释梵寺比丘尼乾英共同供养。

④北魏宣武帝元恪在位期间亦有延昌年号（512～515），此为高昌国麴乾固年号（561～601）。又，王素将之判定为 581 年前写经，见《魏晋南北朝敦煌文献编年》第 272 页。

⑤《中国古代写本识语集录》第 156 页第 357 条收录《大方广佛华严经卷十就比丘昙咏题记》，二人同名，但前者为尼，后者为僧。

⑥王素将其年代判定为公元 581 年前，详见《魏晋南北朝敦煌文献编年》第 285～286 页。又王素将此题记定名为《北朝尼道明胜写十方千五百佛名经题记》，但题记文字中所列经名并无《十方千五百佛名经》之名，只有《千佛名迸》，或恐即是此经。

普泰新探

定　禅

【内容提要】　明末普泰是重振法相唯识学至为关键的人物，玄奘、窥基之传承经过长期沉寂之后，得以重新光大，实由普泰之功。普泰的《大乘百法明门论解》和《八识规矩补注》的出现，使法相唯识学重新回到人们的视野。普泰作为明代唯识学复兴的领军人物，其二注上承世亲、玄奘、窥基之学，下启正诲、明昱、广益、智旭、虚舟之说，影响至今，可谓承前启后，在中国法相唯识学史上，普泰无愧是"中兴之祖"。普泰又身兼华严法脉、常演楞严、中兴唯识、贯通性相、词作丰富，可谓涉猎广博。可惜，历来关于普泰的记载极少，研究不多，并散落多处，未有单列一文探讨。笔者特从普泰的称谓、生卒年月及名僧与高僧等三个基本问题进行讨论，试图还原普泰的一生经历及与其相关的人事物，使普泰得到客观的历史评价，为明末佛教史的研究，特别是明末法相唯识学复兴的研究提供参考，亦有助于了解明末之后的法相唯识学的趋势所在。

【关键词】　普泰　《大乘百法明门论解》　《八识规矩补注》

【作　者】　定禅，中国佛学院讲师。

前　言

明末普泰是重振法相唯识学的关键人物，玄奘、窥基之传承经过长期沉寂之后，得以重新光大，实由普泰之功。之所以如此评价，可从以下四点得以说明。

其一，智旭的《重刻成唯识论自考录序》记载："（智旭）惜慈恩没，疏①复失传，仅散现《大钞》②《宗镜》③ 诸书，及《开蒙》④ 二卷稍存线索。国初以来，竟成绝学。"⑤ 智旭痛惜慈恩窥基没后，其注疏逸失，而感慨唯识法脉不振，在明朝初期竟然成为失传的学问。然而，时至明末，普泰秀出，让法相唯识学重新回到人们的视野。正如憨山在《性相通说序》中所述："且相宗之不明也久矣，我明二百年来，鲁山法师始揭其规矩为《补注》。"⑥ 从憨山的评价中，可知明代唯识学的复兴始于普泰所著的《八识规矩补注》⑦（简称《补注》，下同）。

其二，普泰的《大乘百法明门论解》⑧（简称《论解》，下同）乃增修唐代窥基所作，使得散佚已久的窥基《大乘百法明门论》的注疏，得以窥其精义。故知普泰的法相唯识学亲承玄奘传系唯识学之法脉。

其三，普泰的《补注》是增修前人之作，虽尚不知所云前人之确指，但是玄奘之作的《八识规矩颂》的完整颂文，最早出现在《永乐北藏·补注》版本中。有关《八识规矩颂》的源流问题，普泰的《补注》当是首先要研究的。

其四，五代至明初，法相唯识学少人问津。普泰二注上承弥勒、世亲、玄奘、窥基之学，下启正诲、真可、明昱、广益、智旭、虚舟之说，影响至今，可谓承前启后，无疑是明末法相唯识学复兴的领军人物，可谓为法相唯识学的"中兴之祖"。

因此，对普泰进行全面深入的研究，有利于发掘五代至明以来法相唯识学沉寂的原因，更有助于了解明末之后的法相唯识学的趋势所在。

近年关于普泰的研究，取得了不少成果。⑨ 但多只是普泰的生平、著作、传承等的一般性介绍。因缺乏专题讨论，对于普泰的基础性研究仍属薄弱。本文广搜资料，

---

① 《成唯识论掌中枢要》《成唯识论了义灯》《成唯识论演秘》，合称唯识三疏。

② （唐）澄观《华严经疏钞》。

③ （宋）延寿《宗镜录》。

④ （元）云峰《唯识开蒙问答》。

⑤ （明）大惠：《成唯识论自考·重刻成唯识论自考录序》，《卍续藏经》第 82 册，台北：新文丰出版社，1995，第 90 页上。

⑥ （明）憨山：《憨山大师全集卷 34 之上·性相通说序》，《嘉兴藏》第 22 册，第 660 页下。

⑦ （明）普泰：《八识规矩补注》，《永乐北藏》第 195 册，线装书局，2000。

⑧ （明）普泰：《大乘百法明门论解》，《嘉兴藏》第 9 册，新文丰出版社，1987。

⑨ 如有圣严的《明末的唯识学者及其思想》（宗教文化出版社，2006）、杨维中的《明代普泰系、高原明昱系唯识学传承考述》[《觉群佛学（2012）》，宗教文化出版社，2013]、倪梁康的《王肯堂及其八识规矩集解》[《中山大学学报》（社会科学版）2015 年第 2 期第 55 卷（总 254 期）]。

针对普泰研究中有待探究的问题，略作考证，以充实和丰富对于普泰的认识。

一　普泰的称谓

对于普泰的研究，首要讨论的是称谓问题。从普泰称谓的不同及在后世的演变，可以发现普泰的历史评价及其对于后世的影响。而要分析普泰的称谓问题，必然涉及钱谦益（1582~1664）的《列朝诗集》（以下简称《诗集》）。《诗集》选录了明代二百余年，约两千个诗人的代表作，并为他们撰写了小传，兼评他们诗作的优劣。其中也收录了普泰的诗集，并为其撰写了小传。《诗集》是钱谦益于清顺治六年（1649）年编辑完成的，可是至今尚未得到应有的重视。①

《诗集》记载："鲁山泰公：普泰，字鲁山，号野庵，秦人。"② 钱谦益这个说法大致可信，也是普泰姓名字号的最早的完整说明。历史上出现的普泰的称谓可分三类，即普泰的自称、编纂者对普泰的称呼以及后人对普泰的称呼。

关于普泰的自称，即"普泰"，唯有两处。一是《永乐北藏·补注序》末尾落款："正德辛未（1511）纯阳月普泰书于大兴隆官舍。"③ 二为《嘉兴藏·修补大乘百法明门论后序》末尾落款："正德辛未（1511）岁正月既望普泰书于飞虹官舍。"④ 上述两处普泰的自称，若按版本先后，《北藏》是第一次出现普泰的自称，而《嘉兴》承之。

关于编纂者对普泰的称呼，即"鲁庵法师普泰"，有以下数处。《嘉兴·补注》分卷上和卷下，两处卷首皆标"明鲁庵法师普泰补注"。《嘉兴·论解》分卷上和卷下，两处卷首皆标"明鲁庵法师普泰补注"。"鲁庵法师普泰"是《嘉兴》的编纂者对于"二注"作者的署名，也是编纂者对于普泰的称呼。《北藏》的两部论著没有署作者名，唯有《补注序》末尾的普泰自称。至《嘉兴》，两部论著第一次出现编纂者对于二注作者的署名。

后人对于普泰的称呼，随着时代的变迁，出现了十四种。1. "普泰"，出现六

---

① 今据清顺治九年（1652）毛氏汲古阁刻本之影印本，此书在乾隆时期遭禁。

② （清）钱谦益辑《列朝诗集·闰集第二》，《续修四库全书·集部·总集类》第1624册，上海古籍出版社，2001，第313页下。以下引文简略，恕不重复。

③ （明）普泰：《八识规矩补注》第195册，第84页上。

④ （明）普泰：《大乘百法明门论解》第9册，第389页中。

次，如传灯的《大佛顶首楞严经圆通疏》、钱谦益的《大佛顶首楞严经疏解蒙钞》和《诗集》、达天通理的《楞严经指掌疏悬示》、朱彝尊的《静志居诗话》、仪润的《百丈丛林清规证义记》。2. "泰师"，出现六次，如正诲的《八识规矩颂略说》，明昱的《八识规矩补注证义》《相宗八要凡例》《疏解蒙钞》，虚舟的《八识规矩浅说》，达天通理的《指掌疏悬示》。3. "鲁山"，出现五次，如《诗集》、徐自洙的《浙江天竺山灌顶伯亭大师塔志铭》《诗话》（三次）。4. "鲁菴"，出现三次，如广益的《百法规矩纂释后叙》、智旭的《灵峰蕅益大师宗论》《证义记》。5. "鲁山泰"，出现三次，如《疏解蒙钞》、性音的《禅宗杂毒海》（二次）。6. "鲁庵"，出现二次，如王肯堂的《成唯识论集解序》《浅说》。7. "野庵"，出现二次，如《诗集》《证义记》。8. "鲁山法师"，出现二次，如憨山的《性相通说序》《疏解蒙钞》。9. "鲁山讲主"，出现二次，如《圆通疏》、达天通理的《指掌疏悬示》。10. "泰老"，出现一次，如憨山的《雪浪法师恩公中兴法道传》。11. "鲁山泰法师"，出现一次，如《证义》。12. "鲁庵泰法师"，出现一次，如《集解序》。13. "鲁庵泰师"，出现一次，如《疏解蒙钞》。14. "鲁山泰公"，出现一次，如《诗集》。综上所述，"普泰"和"泰师"是最为常用的两种称谓，各出现六次。钱谦益所列举普泰的称谓是后人中最多的，《疏解蒙钞》和《诗集》共列出八种，如"普泰""泰师""鲁山""野庵""鲁山泰""鲁山法师""鲁庵泰师""鲁山泰公"。另外，普泰的十四种称谓中，尊称占八种，如"泰老""泰师""鲁山法师""鲁山讲主""鲁庵泰师""鲁山泰公""鲁山泰法师""鲁庵泰法师"，而钱谦益就举出了四种。据此可知钱谦益对于普泰之尊重及推崇。

如上所述，历史上出现的三类普泰的称谓，分别出现于十九种典籍中。这十九种典籍，涵盖面甚广，其中涉及了唯识、禅宗、诗集、塔志铭、个人著述以及律宗类典籍，特别是唯识类的典籍多达九种。据此可知普泰在明清时期的佛教占有重要的地位，特别是在唯识学上的影响和价值，也由此可得到相应的证明。

二　普泰的生卒年月

普泰最早的记载见于《北藏·补注》（1511），可惜唯"普泰"名，无具体生卒年月。有关普泰的生卒年月，最早可见于《雪浪法师恩公中兴法道传》中憨山

（1546～1623）的记载："正、嘉之际，北方讲席，亦唯通、泰二老踞华座于京师，海内学者毕集。"① "泰老"是憨山对于普泰的尊称。"正、嘉之际"指正德（1506～1521）、嘉靖（1522～1566）时期，即1506～1566年期间。虽然没有具体的生卒年月，但据此可知，16世纪20年代前后，是普泰在北京的讲学时期。

至钱谦益的《疏解蒙钞》（1660）记载："泰师，弘、正间，名僧也。"② "弘、正间"指弘治（1448～1505）、正德（1506～1521）时期，即1448～1521年期间。这比憨山的说法要更为限定，即普泰主要活跃于1521年之前。后达天通理的《指掌疏悬示》也记载，"泰师，弘正间，名僧也"③，此应是达天通理辗转传抄于钱谦益之说。据此，普泰生卒的下限可推测为1630年以前。

在现有的资料中，除了憨山和钱谦益大概记述了普泰的生活年代范围，目前还未发现有其他资料。虽然我们无法确知普泰的生卒年月，但综合憨山德清和钱谦益的记载，可以推断出普泰大约生活在15世纪后半期至16世纪20年代。其学术的鼎盛时期当在正德年间，因其二注皆作于1511年。而正、嘉之际，当为其晚年时期，仍在北方勤于讲学。

值得注意的是，普泰的二注开启了明末法相唯识学研究之先河，影响至今。可是，即使在深受其影响的唯识著述中，既无其完整的传记，更无具体的生卒年月记载，仅提其称谓，如《略说》（1589）、《证义》（1609）、《集解序》（1612）、《性相通说》（1617）、《百法明门论纂》（1622）、《浅说》（1672）。反而，楞严类典籍《疏解蒙钞》和《指掌疏悬示》，却指出普泰的大概生活年代范围。可见，对于普泰的关注程度，楞严类典籍要高于唯识类典籍，或许普泰在楞严系的地位要高于其在唯识系的地位。

另外，稍晚于普泰的憨山、真可、莲池、雪浪（普泰的再传弟子）等，或塔铭留世，或自叙年谱，或他叙传记。而作为华严祖师和明代唯识复兴的奠基人的普泰，既无塔铭，又无传记，更无具体的生卒年月记载，其中原因，值得关注，有待进一步考察。

---

① （明）德清：《憨山老人梦游集》卷30，《卍续藏经》第127册，第639页下。
② （清）钱谦益：《大佛顶首楞严经疏解蒙钞》，《嘉兴藏》第18册，第118页中。
③ （清）通理：《楞严经指掌疏悬示·明》，《卍续藏经》第24册，第165页上。

三　名僧与高僧

钱谦益在《疏解蒙钞》中说："泰师，弘正间，名僧也。"对于普泰何以是名僧的评价，则要分析钱谦益的另一著作，即《诗集》。

《诗集》收录约两千位诗人的诗作及其小传，并做了相应的分类和排列。《诗集》以乾集（上）、乾集（下）、甲集前编、甲集、乙集、丙集、丁集、闰集，共八部分来分类。前七部分是按时代来排列顺序的，[①] 第八部分"闰集"指附于正集之后的僧、道、妇女等特殊人物的诗作汇集。虽然"闰集"未在目录中出现。按照前七部分的体例，"闰集"也是按年代顺序来排列的。普泰便收在了"闰集"之中。

"闰集"分六卷，一百零八位僧人的诗作及其小传唯在第一卷、第二卷、第三卷。钱谦益以高僧与名僧的分类，辅以时间之先后，来排列这一百零八位僧人。

"闰集"第一卷只有"高僧一十一人"，没有名僧。第二卷有"高僧二十一人"，"名僧三十五人"。其卷首有"名僧三十五人，（略）鲁山泰公（一十二首）"[②]。普泰被列在名僧之中，收其十二首诗。其第三卷有高僧四人，名僧三十七人。如第三卷的卷首记载："高僧四人：憨山大师清公（1546～1623）（四十六首）、紫柏大师可公（1543～1603）（一十首）、莲池大师宏公（1535～1615）（一首）、雪浪法师恩公（1545～1608）（四十四首）。"[③] 这与后来包括蕅益智旭在内的"明末四大高僧"的提法不同，值得关注。

"闰集"中的一百零八位僧人，其生卒年代大多无处查证。据可查的第一卷高僧十一人中的西斋和尚琦公（1296～1370）（五十二首）、愚庵及公（1311～1378）（八首）、全室泐公（1318～1391）（一百八首），可以推断高僧与名僧的排列是以前后时间为依据。若同一时段，高僧在前，名僧在后，如第二卷高僧二十一人在前，名僧三十五人在后。若时段相差甚远，则名僧在前，高僧在后，如第二卷名僧三十五人在前，第三卷高僧四人在后。另外，三卷均有高僧诗集传记，名僧则列于后二卷，究其原因，除了时间问题，还有分卷的问题。如在第一卷中，除了高僧十一人还有道士六

---

① （清）钱谦益辑《列朝诗集》第 1622 册，第 283 页上。
② （清）钱谦益辑《列朝诗集》第 1622 册，第 282 页上至下。
③ （清）钱谦益辑《列朝诗集》第 1624 册，第 316 页下。

人；第三卷，除了高僧四人、名僧三十七人，还有异人三人、金陵法侣二人。

普泰诗作丰富，钱谦益收录其十二首诗，并为其撰写小传，归于"闰集"的第二卷的名僧三十五人之中，若能考证出普泰所在的三十五人中其他名僧的资料，有助于进一步研究普泰。

名僧与高僧的评价，最早见于梁代慧皎《高僧传》记载："自前代所撰，多曰名僧。然名者，本实之宾也。若实行潜光，则高而不名。寡德适时，则名而不高。"① 对此，汤用彤的解读为："盖名僧者和同风气，依傍时代以步趋，往往只使佛法灿烂于当时。高僧者特立独行，释迦精神之所寄，每每能使教泽继被于来世。"② 汤用彤认为两者的区别为，名僧是名于当世，高僧是教泽来世。据此可知，名僧即能顺应时势，倡导佛法，为当时人所推崇的僧人。

明清时的《神僧传》《大明高僧传》《补续高僧传》，唯立神僧与高僧之名，而不立名僧传，与钱谦益分类颇有区别，值得关注。

钱谦益在《诗集》中，是以高僧与名僧的标准来对明代有诗集的僧人进行分类的。不过，《诗集》一无凡例，二无序。笔者认为《诗集》之"闰集"主要是收集僧人的诗集，为他们撰写小传只是辅助说明，不能当作纯粹的传记资料来对待，所以不可以慧皎的解释来套用。笔者认为钱谦益是从以下两方面对高僧与名僧做了分类。

第一，依僧人的诗作数量。《诗集》收录三卷，共一百零八位僧人：第一卷中，"高僧十一人"有三百三十六首诗；第二卷中，"高僧二十一人"有四百七十三首诗，"名僧三十五人"有一百一十七首诗；第三卷中，"高僧四人"有一百零一首诗，"名僧三十七人"有三百零六首诗。高僧三十六人，共九百一十首诗，名僧七十二人，共四百二十三首诗，高僧人数较名僧少一半，而诗作则多一倍。故诗作的数量或许是钱谦益对一百零八位僧人分以高僧与名僧来考量的标准。

第二，钱谦益的价值判断。普泰任僧录司官职，住大兴隆寺（官寺），当符合名于当世的标准，名僧之称无可厚非。又普泰"习贤首教观"③，"为二十四祖（或二十五祖）"④，故普泰不仅名于当世，亦教泽来世，也应该具有高僧资格。又普泰二注

---

① （梁）慧皎撰《大正藏》，第 50 册，第 419 页上。

② 汤用彤：《汉魏两晋南北朝佛教史》（增订本），北京大学出版社，2011，第 107 页。

③ （清）钱谦益：《大佛顶首楞严经疏解蒙钞》，《嘉兴藏》第 18 册，第 118 页中。

④ （清）仪润：《百丈丛林清规证义记》卷第七之下，《卍续藏经》第 111 册，第 827 页下～第 828 页上。

开启明末以后唯识研究之先河，此两注非其独作，乃增补修改他人所写，名僧之评价亦无可异。若从法相唯识学之法脉而论，若非其两注出现，明末清初唯识之风未起，何谈清末民初之唯识复兴，及今日法相唯识学之法脉，故称其为法相唯识学法脉之高僧，也不为过。钱谦益将普泰列入名僧，其理由或为偏重其在当世之成就与名声。

然而，尤为引人注目的是第三卷中所记"高僧四人"，分别为"憨山大师清公、紫柏大师可公、莲池大师宏公、雪浪法师恩公"。对此，笔者有三疑问。

首先，第一卷高僧一十一人，第二卷高僧二十一人，为何第三卷单列"高僧四人"？

其次，为何"高僧四人"不是按年代先后次序排列，如憨山年龄最后，却排在最前？

最后，钱谦益所记载的"高僧四人"中，憨山、真可、袾宏是万历三大师。洪恩是普泰之徒孙，如王肯堂说："雪浪恩（洪恩）法师即鲁庵（普泰）之（徒）孙也。"① 而后人所称"明末四大高僧"，除万历三大师外，有智旭，无洪恩。两者所记载为何不同？有何关联？

针对第一个问题，笔者认为钱谦益与憨山、真可、袾宏、洪恩交往甚深。憨山的《憨山大师庐山五乳峰塔铭》②、真可的《紫柏尊者别集》③、洪恩的《华山雪浪大师塔铭》④，皆钱谦益所作。钱谦益推崇莲池的净土法门："宁守净，无趣禅，宁守云栖之真净，无趣今日之伪禅。"⑤ 可见，钱谦益对此"高僧四人"倍加尊崇，亦显钱谦益于当时佛教之地位，此"高僧四人"之说独立成章，并非无缘故。

针对第二个问题，笔者认为"高僧四人"不按年代顺序，或因钱谦益认为憨山的成就高于其他三位。笔者分析憨山虽晚于真可、袾宏、洪恩，却排在最先，原因有二。其一，此三人的碑铭传记皆由憨山所写，如袾宏的《云栖莲池大师塔铭》⑥、真可的《径山达观可禅师塔铭》⑦、洪恩的《雪浪法师恩公中兴法道传》⑧，可见憨山

---

① （明）王肯堂：《成唯识论集解序》，《卍续藏经》第81册，第304页上。
② （清）钱谦益：《牧斋初学集》第68卷，上海古籍出版社，1985，第1559~1565页。
③ （清）钱谦益撰：《紫柏尊者别集》，《嘉兴藏》第23册，第55页上至第81页下。
④ （清）钱谦益：《牧斋初学集》第68卷，第1571~1574页。
⑤ （清）钱谦益：《牧斋初学集》第42卷，第1111页。
⑥ （明）憨山：《憨山老人梦游集》，《嘉兴藏》第22册，第534页中。
⑦ （明）憨山：《憨山老人梦游集》，第532页中。
⑧ （明）德清：《憨山老人梦游集》第30卷，新文丰出版社，1992，第1573页。

于当时佛教地位之高。其二，此高僧四人的著作存世量，憨山尤胜。

针对第三个问题，笔者认为《诗集》收录明代有诗集的名僧与高僧，智旭虽著述颇丰，盛名当时，并与钱谦益交往甚密，[①] 但或许是因为智旭未有诗集缘故，或许其他因缘，有待研究，故钱谦益未将其列入名僧与高僧之中。另外，钱谦益的四大高僧与后世的四大高僧两者区别的关键在于，钱谦益分高僧与名僧之别，而后世是不分高僧与名僧，两者混为一谈，互相包含。综上所述，笔者认为，钱谦益的"高僧四人"与后世所称的明末四高僧不能直接比较，但可以参考，引发多维度思考。

结　语

普泰身兼华严法脉、常演楞严、中兴唯识、贯通性相、词作丰富，可谓涉猎广博。可是，历来关于普泰之研究相对匮乏，并缺少专门论述。本文所探讨的普泰的称谓、生卒年月、名僧与高僧之别，只是解决了其中的一部分问题。除此之外，尚有与大兴隆寺关系、其著述的种类、对后世影响、其师承及其法相唯识学背景等有待进一步探究的问题。

---

① 参照连瑞枝的《钱谦益的佛教生涯与理论》中"与蕅益智旭的关系"。出自连瑞枝《钱谦益的佛教生活与理念》，《中华佛学学报》1994 年第 7 期，第 326~327 页。

论南北朝时期益州佛教风尚变迁

宋祖雄　王永平

【内容提要】　益州地区在南北朝时期几经易手，其佛教风尚亦迭经变迁。刘宋前期凉州禅僧入蜀直接促成了益州禅风的勃兴，而入蜀潮流的形成又与益州特殊的交通地理位置、华北政局变动以及晋宋以来河西、西域侨民在益州的大量存在有密切关系。相形之下，缺乏玄学渐染的地方文化传统与统治者的高压政策限制了刘宋时期益州义学的发展。萧梁时期，益州主政者基于自身信仰及树立佛学权威、辅治地方的意图，积极推动并亲身参与义学研究活动，使益州慧解学风盛极一时。但梁魏之交的动乱局势，使成都高僧四散、讲筵凋零，对蜀地义学研究造成重大打击。与此同时，关中佛教对蜀影响渐盛，出现了重禅诵的北朝学风染及蜀地的趋势。

【关键词】　南北朝　益州　禅风　义学
【作　者】　宋祖雄，扬州大学社会发展学院在读博士研究生；王永平，扬州大学社会发展学院教授、博导。

南北朝时期，伴随着南北地域在政治上的分裂，两地在制度、经济、文化诸方面皆走上了不同的发展道路，南北佛教风尚也日益呈现出不同面貌。有关于此，唐初佛教史学者道宣认为："自江东佛法，弘重义门，至于禅法，盖蔑如也。"①唐中叶僧神清亦曾云："宋人魏人，南北两都。宋风尚华，魏风犹淳。淳则寡不据道，华则多游于艺。"慧宝注曰："晋宋高僧，艺解光时，弘阐法教，故曰华也。元魏高僧，

---

① （唐）释道宣撰，苏小华校注《续高僧传》卷十七《释慧思传》，上海古籍出版社，2021，第475页。

以禅观行业据道，故曰淳。"① 汤用彤概括之为"南方偏尚玄学义理，上承魏晋以来之系统。北方重在宗教行为，下接隋唐以后之宗派"。② 从道宣以"江东"为言，到神清以"南北两都"而论，再到汤用彤先生以"南方""北方"立说，用词或有差异，但所论实质都是围绕当时佛教最兴盛地区，即南北朝都城及其附近地区展开。相形之下，南北朝时期的益州，地处西南边鄙，不仅远离南朝都城建康，还与北朝政治、文化中心平城、洛阳、邺城、长安等地相隔较远；在行政层面，先属宋齐梁，后入西魏。因此，益州佛教的发展往往呈现不同于南北核心传教区的别样面相。汤用彤正是注意到了这一点，所以对南朝蜀地禅学风尚屡有提及；③ 严耕望也认为当时的益州佛教，禅慧兼尚；④ 山崎宏在梳理南北朝僧侣"教线"时，亦将"四川地方群"与"北支那干线""中支那干线"等教线等量齐观。⑤ 除此之外，相关研究成果论及益州佛教风尚也多笼统称之为南北兼容。然而，南北朝持续 160 余年，益州在南历宋齐梁三朝，在北历西魏、北周二代，历朝历代统治者经略巴蜀的宗教政策不可同日而语，且不同时期南北方核心传教区相异的佛教风尚对益州的影响程度也有不同。诸多因素交叉影响下的益州佛教，其发展路径无疑是复杂曲折的。因此，本文拟对南北朝益州佛教风尚变迁展开系统考察，梳理其发展的深层脉络，探究其变化背后的历史动因。

一 刘宋初年蜀地禅风兴盛及其原因

刘宋之初益州禅风兴盛的境况，前辈学者早已注目，"宋初禅法流行之域，为蜀，为荆州，为建业"⑥。《高僧传》习禅篇标目为刘宋时期者有十四位，其九（释玄高、释慧崇、释昙曜、释僧周、释僧亮、释慧通、释法成、释慧览、释道房）出自北方，反映出当时北方佛教的实修风气；而又有六位（释法成、释慧览、释法期、释道果、释道法、释普恒）或为益州人，或长期弘禅于益州。与之相对，活跃于建

---

① （唐）神清撰，（宋）慧宝注，（宋）德珪注解，富世平校注《北山录校注》，中华书局，2013，第 210 页。
② 汤用彤：《汉魏两晋南北朝佛教史》，上海人民出版社，2015，第 341 页。
③ 汤用彤：《汉魏两晋南北朝佛教史》，第 543 ~ 545 页。
④ 严耕望：《魏晋南北朝佛教地理稿》，上海古籍出版社，2007，第 221 页。
⑤ 山崎宏『支那中世佛教の展開』，清水書店，1942，第 237 ~ 273 页。
⑥ 汤用彤：《汉魏两晋南北朝佛教史》，第 544 页。

康、荆州的禅僧仅各有一位，且皆来自益州。当然，以上统计仅以《高僧传》习禅篇为限，甚为粗疏，但管中窥豹，亦可大略显示出刘宋一代益州佛教禅风"格格不入"的兴盛局面。关于这种局面形成的原因，汤用彤先生认为"蜀与荆州接近北方，故禅定甚盛"[①]，指出北方僧侣入蜀弘法为益州禅风兴起的关键因素，实为提纲挈领之确论。然而，这又引出了另外的问题：首先，晋末宋初南渡北僧群体数量庞大，且来源不一，风尚各异，如东晋义熙十三年（417）以后，政局动荡引发关中僧侣南迁；又，刘宋元嘉十六年（439），北凉灭亡后河西僧侣南下；又，北魏太平真君五年（444），太武帝灭佛导致北僧南迁。那么，直接推动宋初益州佛教禅风勃兴的僧侣具体来源为何？其次，建康、荆襄的佛教远较益州为发达，入蜀禅僧选择益州作为修行、弘法地点的原因为何？最后，刘宋时期，义学发达的建康佛教，对初兴的益州佛教带来的影响可谓聊胜于无，造成这一局面的原因又是什么？上述问题皆与刘宋时期益州教风的形成与发展密切相关，以下试依据相关史籍所载，逐一讨论之。

首先是刘宋时期益州弘禅者的来源。据《高僧传》《比丘尼传》《名僧传抄》等现存史籍所载，当时活跃于益州，以禅行闻名者[②]包括以下诸人：释智猛（释法期、释法林从之"咨受禅业"）、畺良耶舍（处处弘道，禅学成群）、释法成（习禅为务）、释慧览（以寂观见称）、释法期（从智猛、玄畅咨受禅业）、释道法（专精禅业）、释普恒（习靖业禅）、昙晖尼（从法育尼修观行）、释僧隐（学尽禅门）、释玄畅（深入禅要）、释僧庆（净修梵行）、释僧侯（安禅为业）。总其来源，属秦凉二州者最众，计有释慧览（酒泉）、释道法（敦煌）、释僧隐（陇西）、释玄畅（金城）、释僧侯（西凉州）、释法成（凉州）六人；此外，尚有释智猛经停凉州译经，释法期学禅于智猛、玄畅，与凉州佛教关系特深；剩余四人，三为益州本地人（释普恒、昙晖尼、释僧庆），一为西域人（畺良耶舍）；且籍贯秦州的两位僧人，释玄畅少"往凉州出家"[③]，释僧隐"闻西凉州有玄高法师禅慧兼举，乃负笈从之"[④]，所

---

① 汤用彤：《汉魏两晋南北朝佛教史》，第 544 页。
② 此统计以有标目且明确记载曾活动于益州者为主，其一，标目者群体当可大致反映当时的佛教弘传情况；其二，无标目者如释昙弘、印禅师、法绍等僧，学行事迹不甚明了，难以判断来源；其三，无明确弘法活动记载者排除在外。如释法献西行途经蜀地，显然与益州佛教无甚影响。此外，部分僧人标目为译经、义解或明律，但同时以禅行著名者，多有在蜀弘禅的事迹，亦以纳入讨论为宜。如释智猛在蜀授释法期禅法，畺良耶舍在蜀"处处弘道，禅学成群"，释玄畅"深入禅要""倚岩傍谷，结草为庵"。
③ （梁）释慧皎撰，汤用彤校注《高僧传》卷八《释玄畅传》，中华书局，1992，第 314 页。
④ （梁）释慧皎撰，汤用彤校注《高僧传》卷十一《释僧隐传》，第 432 页。

学皆来自凉州，实为凉州禅师。以上统计为史籍所载可确定来源者，难称万全。但据此，我们仍然可以大略推知，刘宋初期益州禅风兴盛局面的出现，其最主要动力来自入蜀的凉州禅僧。

其次是刘宋初期凉州禅僧纷纷入蜀的原因。之所以是在刘宋之初，由凉州禅僧主导，而非由其他时段、其他地区的僧人推动蜀地禅风的勃兴，其原因有以下几点。其一，"凉州在晋末为禅法最盛之地"，此为凉州禅风渐染蜀地的重要前提。北凉昙无谶、沮渠京生、释玄高皆精通禅法，有关于此，前贤已有详论，故不赘述。① 其二，蜀地与凉州交通便利。蜀地为南朝交通河西、西域的重要节点，商旅、使节、僧侣来往频繁，"故河西、凉州、西域之僧徒多有取道岷岭入蜀"②。其三，北方中国剧烈变动的政局与宗教政策不断挤压凉州僧侣的生存空间，成为刘宋前期凉州僧南下的重要契机。十六国末期，自北方后秦灭亡后，司马晋、赫连夏连番登台，尤其赫连勃勃蔑弃释教，关中佛教至此而衰，此后"北方佛法稍盛之地，想为西北之凉与东北之燕"③，北凉沮渠氏成为当时北方僧侣最重要的庇护者。然而，北魏太延五年（439），太武帝拓跋焘攻灭北凉，"徙其（北凉）国人于京邑，沙门佛事皆俱东，象教弥增矣"④。太平真君七年（446），又下诏全面灭佛，至此，北方中国失去了最后的护法君主。在此过程中，迭经变乱的凉州僧侣流溢崩散，南下者众。僧表预感到北凉将亡，于是返回中原，经蜀地，为道汪所留；释僧朗为魏军所掳，"与同学中路共叛"⑤，经仇池入荆州；沮渠京声，"及伪魏吞并西凉，乃南奔于宋"⑥；释玄畅九死一生，自云中南奔扬州；释僧隐被迫西游巴蜀，凡此种种，不一而足。流亡僧侣就是在此南迁运动的背景下，进入益州，最终助成了益州佛教禅风兴盛的局面。其四，蜀地存在的大量秦凉侨民，与凉州僧人之间存在的地域、文化上的联系成为吸引凉州僧入蜀的重要原因。晋宋之间秦凉侨民定居巴蜀者颇多，查《宋书》卷三十八《州郡志》益州条载："怀宁太守，秦雍流民，晋安帝立。……户一千三百五十

---

① 汤用彤：《汉魏两晋南北朝佛教史》，第 545 页；李智君：《五凉时期河陇禅法在东晋南朝的传播》，《学术月刊》2010 年第 10 期，第 120～129 页。
② 严耕望：《魏晋南北朝佛教地理稿》，第 132 页。关于其具体路线，参看唐长孺《南北朝期间西域与南朝的陆道交通》，收于《魏晋南北朝史论拾遗》，中华书局，2011，第 169～197 页。
③ 汤用彤：《汉魏两晋南北朝佛教史》，第 342 页。
④ （北齐）魏收：《魏书》卷一百一十四《释老志》，中华书局，1974，第 3032 页。
⑤ （唐）释道宣撰，苏小华校注《续高僧传》卷二十五《释僧朗传》，第 748 页。
⑥ （梁）释慧皎撰，汤用彤校注《高僧传》卷二《昙无谶传》，第 80 页。

一，口五千九百五十。寄治成都"。又有"安固太守，张氏于凉州立。晋哀帝时，民流入蜀，侨立此郡"。又有"始康太守，关陇流民，晋安帝立。领县四。户一千六十三，口四千二百二十六。寄治成都"。又有"晋熙太守，秦州流民，晋安帝立。领县二。户七百八十五，口三千九百二十五"。又有"武都太守，……徐志本属秦州，流寓立"。据此可略窥当时自秦凉入蜀的侨民数量之众。相同的地域来源与相似的文化背景成为联结侨民与僧人的纽带，这自然就构成了凉州僧生存、传教的重要基础。据《魏书》卷五二《胡叟传》所载，凉州僧释法成于蜀地得罪将加大辟，安定胡叟亲赴建康为其求情。此即凉州僧与秦凉侨民相结的典型事例。

除此以外，值得注意的是，蜀地还存在大量信奉佛教的西域胡人，是蜀地信众群体的重要组成部分，对凉州僧入蜀也起到一定的推动作用。关于这一群体，前辈学者的讨论多集中于萧梁时期蜀地涌现出的胡人高僧，[①] 实际上，早在刘宋元嘉九年（432）爆发的益州民乱中，即隐约可见西域胡人与佛教僧人相结之迹象。前辈学者关于这次变乱过程、性质及其中佛教因素的讨论，已很充分。[②] 略可发覆者，为参与者的种族身份。《宋书》卷四五《刘道济传》载变乱前因："初，（刘）道济以五城人帛氏奴、梁显为参军督护，费谦固执不与。远方商人多至蜀土资货，或有直数百万者，谦等限布丝绵各不得过五十斤，马无善恶，限蜀钱二万。府又立冶，一断民私鼓铸，而贵卖铁器，商旅吁嗟，百姓咸欲为乱。"李文才据此判断商人为变乱的重要参与者，并指出刘道济此后"招集商贾及免道俗奴僮"的目的之一是分化商人阶层，实为确论。但相关讨论并未涉及这些商人的种族身份。实际上，参与变乱的商人中，应当有相当一部分西域胡人存在，其原因有以下几点。首先，变乱首领帛氏奴应出身西域胡人。史籍所载魏晋南北朝时期帛姓者，多与龟兹帛（白）氏王朝有关，[③] 姚薇元《北朝胡姓考》第九西域诸姓"白氏"条考之甚详。宫川尚志也推测

---

① 参见荣新江《魏晋南北朝隋唐时期流寓南方的粟特人》，收于韩昇主编《古代中国：社会转型与多元文化》，上海人民出版社，2007，第138～152页。姚崇新：《中古时期巴蜀地区的粟特人踪迹》，收于朱玉麒主编《西域文史》第二辑，科学出版社，2007，第169～182页。

② 参见李文才《南北朝时期益梁政区研究》，商务印书馆，2002，第134～147页。

③ 任继愈先生认为"帛"姓佛僧不一定来自龟兹。霍旭初认为这有可能是当时印度、西域地区从师姓传统的产物。并据《高僧传》将"帛纯"改为"白纯"判断出"帛"为佛法用姓，"白"是世俗姓氏。然而《晋书》"白纯""帛纯"并用，《梁书》《魏书》均作"帛纯"，因此霍氏之说难以定论。以上讨论虽有分歧，但基本都承认了佛教帛姓出自西域的现实。参看任继愈主编《中国佛教史》第二卷，中国社会科学出版社，1985，第259页；霍旭初《古代佛僧"帛"姓考辩》，《西域研究》2013年第3期，第65～73页。

"帛氏奴"的姓氏应为胡姓，[1] 钱伯泉则径言其为龟兹胡人后裔。[2] 其次，所谓"远方商人"，当指西域胡商。据上引《刘道济传》可知，刘道济侵害商贾利益的方式是限制"布丝绵"的购买数量、压低马匹售卖的价格、禁止铁器私铸。上述政策所及，布、丝、绵与马匹皆为当时西域胡人与内地进行绢马贸易的主要大宗商品。[3] 且考虑到从事蜀地本土所产蜀马、巴滇马之贩卖者，难称"远方商人"。因此，这项政策损害最大者，无疑是西域胡人商贾。最后，叛乱发生之后，众人推阳泉寺僧人，籍贯凉州枹罕的程道养冒充司马飞龙，以利用佛教的影响力。这不仅与当时巴蜀地区西域胡人多信奉佛教的现实相吻合，[4] 还是西域胡人信众与凉州僧的一次合作。总之，信奉佛教的西域胡人作为元嘉九年（432）益州民乱的重要参与者，反映出蜀地胡人群体势力的庞大，甚至足以通过武装组织反抗官府以维系自身利益。而这些西域胡人，长期往来于河西地区，与当地民众交流频繁，族群、文化相互交融，身上有着深刻的河西文化印记。[5] 在此背景下，他们无疑与秦凉侨民一起，构成了凉州僧生存与传教的重要群众基础。

综上所述，作为北方中国佛教重镇的凉州，一度成为"禅法最盛之地"，然而，在十六国末期兼并战争与北方反佛政策的影响下，凉州僧于刘宋初年纷纷流溢崩散。益州地区与凉州之间便利的交通条件，以及拥有相同地域、文化背景的秦凉侨民与西域胡人的存在，使其成为凉州禅僧重要的迁入地，并最终促成了刘宋初年益州禅风兴盛的局面。

二　刘宋时期益州佛教慧风不竞的原因

至此，还有一个问题需要解决，即与兴盛的习禅风气相比，终刘宋一代，益州佛教义解之风可谓聊胜于无。考诸史籍，以义学闻名者仅得释道汪、昙晖尼、释法

---

① 宫川尚志「劉宋の司馬飛龍の亂をめぐる一考察」、『東洋史研究』第二十三卷第二號，1964，第115～139頁。
② 钱伯泉：《汉唐龟兹人的内迁及其扩散》，《西域研究》2001年第2期，第11～18页。
③ 参看李瑞哲《魏晋南北朝隋唐时期陆路丝绸之路上的胡商》，博士学位论文，四川大学，2007，第119～136页；杨洁：《公元3—8世纪中亚贸易问题研究》，博士学位论文，兰州大学，2012，第114～131页。
④ 姚崇新：《中古时期巴蜀地区的粟特人踪迹》，收于朱玉麒主编《西域文史》第二辑，第169～182页。
⑤ 高荣、贾小军、濮仲远：《汉化与胡化：汉唐时期河西的民族融合》，中国社会科学出版社，2018，第185～203页。

瑗、释玄畅、释法绍五人，其中，释玄畅、释法瑗于蜀地停留日短，且玄畅在蜀以弘禅为主，于蜀地义学影响几可忽略不计。这显然与同时代下游建康地区义学发达、高僧辈出的情形形成了鲜明对比。这一局面形成的原因，除了益州本身义学基础薄弱外，还与本地文化传统及宗教政策密切相关，以下分述之。

首先，益州本非玄学流行之域，欠缺参与佛教义理研讨的学术传统。魏晋以来，佛法之所以为士大夫所接受，归根到底，是因为佛教义理的探讨迎合了玄学家的清谈旨趣。如前秦道安法师《戒因缘经鼻奈耶序》云："以斯邦人庄老教行，与方等经兼忘相似，故因风易行也。"又，汉末至于宋初，佛教徒研习最多的经典《般若经》，其主旨为般若空观，与玄学所关心的母题相契合，"《般若》乃附之以光大"①。直到南朝，士人所尚，仍承续玄风，"佛义与玄学之同流，继承魏晋之风，为南统之特征"②。因此，据有玄学修养的士大夫一向被视为义学僧侣存身弘法的重要受众。《世说新语》假谲篇载："愍度道人始欲过江，与一伧道人为侣，谋曰：'用旧义在江东，恐不办得食。'便共立'心无义'。""心无义"为当时"般若学"六家七宗之一，支愍度立此义就是为了迎合江南玄学清谈家的旨趣，以避免"不办得食"。而魏晋南北朝时期，玄学流行之域，先为以京洛为中心的河南地区，司马氏南渡后，转为以建康为中心的江南地区。③ 正因此，东晋兴宁三年（365），释道安在新野分张徒众时，认为扬州"彼多君子，好尚风流"，有利于传法弘教，遂遣法汰入建康。至于上游蜀地，"学术文化仍以两汉经学为主，玄学基本没有传入"④。即道安所谓"山水可以修闲"。在此背景下，以研究佛教经论、阐发佛教义理为中心的哲学思辨活动，在玄学渐染尚浅的蜀地，自然缺乏受众基础。与之相比，特立独行，拥有种种神通异能的禅僧，反而更易孚获当地信众。

其次，刘宋前期统治者在益州实行高压宗教政策，也抑制了慧解风气的兴起。关于统治阶层与佛教界之间的关系，内典所载，多有益州官僚结交僧尼之事，如益州刺史张裕请长乐寺道闿为戒师；巴西太守东海王怀素迎释法成；刺史萧惠开、刘孟明礼敬邵硕；张悦刺益期间敦留释道汪。统治者俨然是一副护道者的形象。然而，

---

① 汤用彤：《汉魏两晋南北朝佛教史》，第 161 页。
② 汤用彤：《汉魏两晋南北朝佛教史》，第 287 页。
③ 唐长孺：《读〈抱朴子〉推论南北学风的异同》，收于《魏晋南北朝史论丛》，中华书局，2011，第 358 页。
④ 卢云：《汉晋文化地理》，陕西人民教育出版社，1991，第 494 页。

实际情况并非如此。相反，刘宋统治者对益州地区的僧尼活动始终持提防态度，对于影响较大、难以控御者，更不惜刑罚诛戮。《魏书》卷五二《胡叟传》载："（吉）翰迁益州，叟随入蜀，多为豪俊所尚。时蜀沙门法成鸠率僧旅，几于千人，铸丈六金像。刘义隆恶其聚众，将加大辟。叟闻之，即赴丹阳，启申其美，遂得免焉。"释法成仅仅因为造像聚众，就引来刘义隆的诛戮。可知其对益州佛教活动的谨慎提防。当然，这也与当时益州的动荡局势有关。关于释法成得罪的时间，可以通过胡叟在益州的活动时间做大致估算。《宋书》卷五《文帝纪》云："（元嘉三年）冬十一月戊寅，以梁、南秦二州刺史吉翰为益州。"可知胡叟入蜀时间为元嘉三年（426），《魏书》本传又载其"在益土五六载"，知其在益州时间下限为元嘉九年。据此可推知宋文帝以法成聚众为名，欲加大辟的时间应在元嘉三年至九年之间。这一时间与益州"司马飞龙"之乱爆发的时间——元嘉九年（432）七月极为接近，而这次民乱的核心人物为冒充"司马飞龙"的僧人程道养，佛教亦在反叛群体壮大过程中发挥了催化剂的作用。[①] 这就不难理解，在变乱酝酿阶段与爆发过程中，宋文帝对益州地区佛教活动的敏感心态了。此次民变规模很大，至元嘉十四年（437）方才平定。不仅加剧了益州地区的动荡局势，甚至"在一定程度上破坏了当时南北朝之间的均势"[②]，统治者在变乱后对当地佛教活动的态度愈加谨慎自是理所当然。反映在史实中，则是文帝统治时期再也没有出现过益州官僚参与佛教活动或与僧尼交往的相关记载。文帝以后，统治者对蜀地佛教活动的控制或有所放松，这才有了后期张悦（孝建三年至大明四年任益州刺史）、刘思考（大明四年至八年任刺史）、萧惠开（大明八年至泰始二年任刺史）、傅琰（升明二年至三年任刺史）与僧人交往的事迹。但有证据表明，直至刘宋后期，益州官僚对影响不可控的宗教活动仍持戒备之心。《比丘尼传》卷二《蜀郡永康寺慧耀尼传》载："（慧耀）少出家常誓烧身供养三宝，泰始末言于刺史刘亮，亮初许之。……刘亮遣信语诸尼云：'若耀尼果烧身者，永康一寺并兴重罪。'"烧身是南北朝时期佛教徒表达自身虔诚信仰的极端行径，因与人性相违，多惊世骇俗，受到信众的狂热追捧。如南齐蜀地释法凝烧身，"时俗男女，有号哭自槌者，又有顶礼赞叹者"[③]。又如北周益部沙门释僧崖烧身，"阖境士

---

① 李文才：《南北朝时期益梁政区研究》，第 141～142 页。
② 李文才：《南北朝时期益梁政区研究》，第 147 页。
③ （唐）释道宣撰，苏小华校注《续高僧传》卷二十七《释法凝传》，第 841 页。

女，闻者皆来，绕数万匝"①。刘亮之所以以重罪相威胁，显然是认识到烧身行为可能对当地社会带来不稳定因素。实际上，直到齐梁之际，益州仍有利用佛教起兵造反者，《梁书》卷二十《刘季连传》载有齐永元二年（500）巴西人赵续伯造反事："有众二万，出广汉，乘佛舆，以五采裹青石，诳百姓云：'天与我王印，当王蜀。'"其时去刘宋未远，这也就难怪刘宋统治者对益州佛教活动始终怀有戒备之心了。

总之，即使在被认为是南朝佛教最为鼎盛的元嘉时期，统治者对待益州佛教活动与佛教徒的态度仍是极为严苛的，对于影响力较大的僧人或宗教活动，动辄治罪。在此政策背景下，义解风气显然难以展开。"义解重经论义理之研究与讲论，故流于外向型之谈辩，习禅重禅行，是立己修持之内向型功夫，故不重论辩，不特向外宣扬。"② 专事讲经的义解僧相较于头陀山居的习禅僧，往往更易煽动民众，典型事例如晋末释道融居彭城，有问道者千余人，"门徒数盈三百"③；灵味寺释宝亮讲经于京邑，有"黑白弟子三千余人，咨禀门徒常盈数百"④。如此类者，不可胜数。造像与烧身尚且加以治罪，对弟子、门徒动辄成百上千的义解高僧加以戒备，也就不言自明了。如此，刘宋时期的益州佛教呈现禅风兴盛、慧风不竞的总体格局也就不难理解了。

三 萧梁时期益州义解风气的兴起及其原因

霍巍在探讨南朝蜀地佛教造像风格时，用"齐梁之变"来形容齐梁时期出现的风格转变现象。具体而言，齐代蜀地佛教造像题材与式样，主要受到来自西域、凉州方面的影响，并零星掺杂有南朝因素；至于梁代，来自建康的影响急剧增强，最终形成"能够真正代表包括江南佛教造像在内的南朝造像艺术"。⑤ 实际上，萧梁时期，蜀地佛教的转变，不仅体现在造像艺术方面，僧人的学行风尚也经历了深刻的转变。而此潮流之滥觞，最早可以追溯到刘宋末年。

如前所论，刘宋时期，益州佛教总体格局为禅风兴盛而慧风不竞，义解僧尼寥若晨星。然而，益州毕竟入南朝日久，难免沾染南朝慧学之风，早在刘宋末年，益

① （唐）释道宣撰，苏小华校注《续高僧传》卷二十七《释僧崖传》，第843页。
② 严耕望：《魏晋南北朝佛教地理稿》，第197页。
③ （梁）释慧皎撰，汤用彤校注《高僧传》卷六《释道融传》，第242页。
④ （梁）释慧皎撰，汤用彤校注《高僧传》卷八《释宝亮传》，第337页。
⑤ 霍巍：《齐梁之变：成都南朝纪年造像风格与范式源流》，《考古学报》2018年第3期，第313~332页。

州慧风即有逐渐萌起之趋势。这一点，在当时的志怪小说《冥祥记》中有所反映。

《冥祥记》，南齐王琰所著"释氏辅教之书"，为慧皎撰写《高僧传》重要的史料来源。原本已佚，有鲁迅、王国良所辑本较为全面。其中有刘宋时益州索寺僧智达游地狱事，辑自《法苑珠林》引文，其文略曰：

> 宋沙门智达者，益州索寺僧也，行颇流俗而善经呗。年二十三。宋元徽三年六月病死，身暖不殓，遂经二日苏还。至三日旦而能言视。自说言："始困之时见两人，皆着黄布袴褶。一人立于户外。一人径造床前曰：'上人应去可下地也。'……达入至堂下，堂上有一贵人。……贵人见达，乃敛颜正色谓曰：'出家之人何宜多过？'"达曰："有识以来，不忆作罪。"问曰："诵戒不？"达曰："初受具足之时，实常习诵。比逐斋讲，常事转经，故于诵戒时有亏废。"复曰："沙门而不诵戒，此非罪何为？可且诵经。"达即诵《法华》，三契而止。贵人敕所录达使人曰："可送置恶地，勿令大苦。"二人引达将去。……（达）乃请之曰："君听贫道，一得礼佛，便至心稽首，愿免此苦。"……忽然不觉还就身时。达今犹存，在索寺也。斋戒逾坚，禅诵弥固。[1]

上述故事中智达身死游地狱事沿用了南北朝志怪小说惯用的死而复活继而开悟的程式，所传达者为礼佛诵经减免罪过的思想，与书中其他故事类似。事本无稽，颇不足道。但传说发生的时间为元徽三年（475）六月，距《冥祥记》撰成的永明年间（483～493）极为接近，且当时主人公仍在世，可推知王琰所录文本与传说原貌当相差未远。也正因此，故事得以折射出刘宋末期益州佛教的部分历史面貌，兹略考如下。其一，智达和尚所住寺名索寺，史籍所载，仅此一例。但当时多有以檀越姓氏命寺者，如建康谢寺、江陵辛寺皆如此，索寺当为益州索姓檀越所立。而索氏世为敦煌著姓，立寺者或为来自敦煌的侨民。其二，沙门智达学尚符合当时的历史背景。智达善经呗，即转经、梵呗，指按照特定的声韵演唱佛经、偈颂。本源出印度，传来中国，至宋齐二代，方为一时风尚。[2] 根据文本中"行颇流俗"的记载，可

---

① 鲁迅校录《冥祥记》，收于《古小说钩沉》，齐鲁书社，1997，第335～337页。
② 陈寅恪：《四声三问》，收于《金明馆丛稿初编》，生活·读书·新知三联书店，2015，第367～381页；陈志远：《六朝的转经与梵呗》，《佛学研究》2017年第2期，第85～102页。

知当时益州地区经呗之风颇盛。正如《高僧传》经师篇末所云："其浙左、江西、荆陕、庸蜀亦颇有转读。然止是当时咏歌，乃无高誉，故不足而传也。"由此可知，智达和尚当即慧皎所说庸蜀地区善经呗而名声不显者。其三，智达依靠经呗特长而"逐斋讲"，因此于诵戒有所荒废。"贵人"认为"沙门不诵戒，此非罪何为？"智达被要求诵经以赎，最终又以至心礼佛得以幸免遇难，复活后遂"斋戒愈坚，禅诵弥固"。

以上传说表明，刘宋末年的益州佛教，尽管禅诵传统的影响依旧强大，但斋讲风气已有渐兴之势，其本质则是益州佛教开始逐渐融入南朝"重义解"的主流。然而，地方义学水平的提高，非一朝一夕之功，《续高僧传》卷六《释宝渊传》云："（益州释宝渊）欲学《成实论》为弘通之主。州乡术浅，不惬凭怀。齐建武元年下都住龙光寺。"可见直到萧齐之初，即使当时最为时尚的《成实论》，益州亦乏精通者，有志学僧只能下都求学。然而，到了萧梁时期，益州却迅速涌现出大量以义学著名的高僧大德，《续高僧传》有益州僧释慧韶、释宝渊、释宝象、释宝海、释智方等人传记，皆当世义学名僧。又有释法文、释法度、释法护、释道兴诸僧，以雄辩闻名于建康，存于附传。其时益州义学之盛，显然与刘宋时期不可同日而语。前辈学者在讨论萧梁益州佛教的兴盛境况时，多将其归功于当时统治者的崇佛政策，殆无疑问。有关于此，诹访义纯、董华锋等前辈学者对历任益州刺史的崇佛举措皆有详尽梳理，[①] 但对相关举措如何切实推动益州义学的兴起，却着墨不多。释慧韶作为被萧纪携至蜀地的僧人，与政治关系特深，遂成为考察统治者介入义学发展的绝佳样本。兹不揣浅陋，以史籍所载释慧韶事迹为中心，对萧梁时期益州义学兴起背后的政治原因加以申述。现据《续高僧传》本传，略叙其行迹如下。

释慧韶，丹阳人，十二出家，具戒入京，先后从学于庄严僧旻、开善智藏与龙光僧绰三位法师，"独见之明，卓高众表"，"时以为穿凿有神思也"。梁大同三年（537），武陵王萧纪出镇益州，"闻彼多参义学，必须硕解弘望，方可开宣"。遂邀释慧韶同行入蜀，期以"振起边服"。至蜀后，"于诸寺讲论，开道如川流"，"于时成都法席，恒并置三四，法鼓齐振，竞敞玄门。而韶听徒济济，莫斯为盛"。又曾率领僧徒讽诵涅槃、大品。萧纪多次恳请他担任僧都一职，但被拒绝。后于龙渊寺坐化，

① 諏訪義純『中国南朝仏教史の研究』、法藏館，1997，第 202～228 页；董华锋、何先红：《益州佛教与梁武帝经略益州相关史事述论》，《敦煌学辑刊》2013 年第 2 期，第 82～89 页。

春秋五十四。① 有弟子宝象，亦以义学致誉。②

由上述行迹可知，慧韶西下入蜀，是因为受到武陵王萧纪的邀请。要明白这一事件的意义，就要先对南朝时地方官携僧至郡（州）的行为有一个大致的了解。南朝官员出守地方，多有延请名僧至郡（州）的情况。汤用彤将之列为南朝朝廷与释教十项大事之一。③ 考其目的，大致有二。其一，满足自身的信仰需求。如此类者，更倾向于选择符合自身学尚或关系密切的僧人，如平昌孟顗本为资深的佛教信徒，且"素好禅味"，因而出守会稽时邀请敬重的禅僧昙摩密多同行；又，颜竣为东扬州刺史，携释僧静同行，而释僧静本为其父颜延之所奉。上述二者皆是此类。其二，导俗教化、辅治地方。为达成此目的，或选择本与当地关系密切的僧人，如颜竣入东扬州携释志道，而志道即为吴兴人；又如萧惠开入蜀携凉州僧释僧侯，当由蜀地多秦凉侨民与凉州高僧之故；或选择名僧大德通过译经、宣讲以在当地佛教界树立学术权威，辅助统治。如刘宋刘义宣携求那跋陀罗镇荆州，求那跋陀罗在镇勤于译经、讲说；又，北周宇文招入蜀携阇那崛多，（阇那崛多）"恒任益州僧主，住龙渊寺。又翻观音偈、佛语经"④。出于此目的携僧至郡（州）者，政治意图较强，所携僧人与出镇者的私人关系反沦为次要因素。《宋书》卷四六《张邵传》载有荆州刺史刘义恭向宋文帝求义学沙门事，当即此例。

至此，再来审视武陵王萧纪邀慧韶入蜀事，就可以发现其中浓郁的政治色彩。萧纪选择释慧韶的原因在于其"卓高众表"的义学水平，冀望他能在"多参义学"的蜀地脱颖而出，即所谓"振起边服"。这一意图的本质乃是为了通过掌握佛教经典的解释权以树立起权威，最终使益州佛教服务于自身的统治，因此，慧韶至蜀以后，"于诸寺讲论，开导如川流"。慧韶也不负所望，"于时成都法席，恒并置三四，法鼓齐振，竞敌玄门。而韶听徒济济，莫斯为盛"。此外，萧纪还"频教令掌僧都"，试图通过官方背书，加强其权威。与此同时，萧纪还亲自下场讲经说法，参与义学讨

---

① 历代藏经皆载其坐化时间为天监七年（508），显误。其卒年应在武陵王大同三年（537）入蜀之后。又，《续高僧传》卷八《释宝象传》载，释宝象十六岁事萧纪，二十四方得出家，"末又听韶法师讲"。由此可知释慧韶卒年起码在萧纪治蜀八年，即大同十一年（545）以后。本传又载其戒入京听讲，且有因智藏迁化，转学僧绰事，而智藏卒于普通三年（522），可知其年慧韶为20岁以上。又知其春秋五十有四，则其卒年至少应在公元556年之前。
② （唐）释道宣撰，苏小华校注《续高僧传》卷六《释慧韶传》，第160～161页。
③ 汤用彤：《汉魏两晋南北朝佛教史》，第314～315页。
④ （唐）释道宣撰，苏小华校注《续高僧传》卷二《阇那崛多传》，第38页。

论，并撰集成书，"武陵布政于蜀，每述大乘及三藏等论，沙门宝象、保该、智空等，并后进峰岫，参预撰集，勒卷既成。王赐钱十万"①。如船山彻所论，元嘉以后，译经活动渐少，"以旧译经典为基础的佛书汇编，终于取代了译经活动"②。佛书汇编遂成为确立佛学权威的新手段，萧纪的讲经、撰集活动无疑正属此类。总之，萧纪对义学僧的推崇与义学研究的热切，本身就是其统治政策的重要组成部分。③ 而正是在此背景下，慧韶才会被选择携同入蜀，并成为益州义学兴起的重要推手。

以上所述为萧梁时期统治者切实推动益州义学发展的显例，借此可略窥官方力量直接介入益州地区义学发展的出发点和在其中发挥的作用。但同时也不能忽视萧梁时期历任益州官僚的其他举措对义学发展所产生的积极影响，诸如萧渊藻发愿造像、萧憺礼敬道仙、萧恢为亡母立寺造像等，④ 都为义学发展提供了良好的社会环境。也正因此，释宝渊、释宝海、释智方、释智训等留学僧才会在建康学有所成后，回返蜀地，成为推动家乡义学发展的重要力量，使萧梁时期的益州义学出现"法鼓齐振，竞敞玄门"的空前盛况。

四 西魏北周统治时期益州学风的变迁

西魏废帝元年（552），萧纪率军东上与萧绎争夺皇位，宇文泰趁机派遣尉迟迥率军南下进占益梁地区，次年六月，萧㧑出降，巴蜀自此被纳入北朝版图。前辈学者在讨论这一事件对于佛教史的意义时，多强调巴蜀为北方佛教带来的新因素，"周之占有巴蜀、荆襄，实先已与关中僧人以接近南方教化之机缘"⑤，而忽略了政权变换对蜀地佛教本身带来的巨大影响。实际上，北朝佛教传统"重在宗教行为"⑥，偏尚禅诵实修，与萧梁时期重讲经、慧解的益州学风可谓迥然相异。随着北朝统治者入主益州，两者之间相互影响自然不可避免。但益州自西魏废帝二年（553）入北，

① （唐）释道宣撰，苏小华校注《续高僧传》卷六《释慧韶传》，第 160~161 页。
② 〔日〕船山彻：《佛典汉译史要略》，收于冲本克己编，辛如意译《新亚洲佛教史·南北朝卷》，法鼓文化，2016，第 244 页。
③ 董华锋、何先红：《益州佛教与梁武帝经略益州相关史事述论》，《敦煌学辑刊》2013 年第 2 期，第 82~89 页。
④ 諏訪義純『中国南朝仏教史の研究』，第 202~228 页。
⑤ 汤用彤：《汉魏两晋南北朝佛教史》，第 373 页。
⑥ 汤用彤：《汉魏两晋南北朝佛教史》，第 341 页。

至于北周武帝建德三年（574）灭佛，历时既短，史传材料亦鲜，因而前辈史家对此时段益州的佛教风尚问题少有注目。然细考相关史料，仍隐约可见蜀地入北后佛教风尚变迁的概况。

首先，政局动荡导致成都讲筵凋零、高僧四散，造成益州义学衰落。成都作为蜀地的义学中心，萧梁时期一度出现法席"恒并置三四，法鼓齐振，竞敞玄门"①的盛况。但在战争的冲击下，高僧大德纷纷出逃。《续高僧传》卷二十五《释植相传》载："时梁道渐衰，而涪土军动。（释植相）与（释宝）象法师分飞异域。象入静林山，相入青城山，聚徒集业。"按："涪土军动"当即西魏废帝二年（553）三月，尉迟迥军出涪水，进据潼州之事。释宝象，《续高僧传》义解篇有传，与其师慧韶皆为萧纪所重。精通《成实论》《大集经》，曾为武陵王萧纪讲《观音经》。当此之时，以宝象地位之重，尚且逃脱入山，成都佛教界崩散的情形可见一斑。不久，尉迟迥入成都，更是对佛教僧人施以高压政策，"城内大有名僧皆被拘禁"，后震慑于释法建诵经之高妙，才对被执众僧网开一面，"诸僧因并释散"②。但成都法席至此凋零。而义理的传播，义学水平的提高，往往依赖于僧侣聚集讲筵，互相激扬，乃有成就。梁末政权交替之际成都僧侣风流云散，无疑沉重打击了益州原本兴盛的义学风气。

其次，如前节所述，萧梁时期益州义学风气的兴起，实有赖于建康义学的输入。入北以后，蜀地与建康交通断绝，来自下游的义学输入遂以告竭。僧人求学，只能转而北上长安，而北朝禅诵之风得以借此南播。典型事例有释僧渊、毅法师，《续高僧传》卷十八《释僧渊传》载，蜀郡康新寺释僧渊与同寺毅法师，"相随入京，博采新异"。跟从北周三藏释僧实学习禅道，"经涉炎凉，详核词义。渊研精定道，毅博通经术"。后来二人返蜀地，行禅不辍。③除了以上两位僧人，据《续高僧传》卷十六《释僧实传》载，宇文泰平梁荆后，有"益州大德五十余人，各怀经部，送像至京，以真谛妙宗，条以问（僧）实"④云云。此外，还有释智炫、招提寺释慧远入关中求学，后返蜀地之事。上述僧人所学，非必禅诵，但也可略窥当时益州与关中两地佛教交流之频繁。

---

① （唐）释道宣撰，苏小华校注《续高僧传》卷六《释慧韶传》，第160页。
② （唐）释道宣撰，苏小华校注《续高僧传》卷二十八《释法建传》，第865页。
③ （唐）释道宣撰，苏小华校注《续高僧传》卷十八《释僧渊传》，第511~512页。
④ （唐）释道宣撰，苏小华校注《续高僧传》卷十六《释僧实传》，第455页。

总而言之，蜀地入北之后，一来兵连祸结，导致高僧大德风流云散、讲筵凋零，二来下游建康义学的输入因而断绝，三来关中佛教通过求学僧人将影响逐渐扩大至蜀地，最终造成蜀地佛教义学之风暂歇、实修之风渐兴的面貌。而这一点也反映在蜀地僧人对禅诵态度的转变上。

如前所论，刘宋末期益州慧风萌起，与禅诵实修传统产生碰撞，遂有前引《冥祥记》所载贬低斋讲、褒扬禅诵的"智达游地狱"传说。蜀地入北之后，则再次出现了类似主题的僧人传记。据《续高僧传》卷二十八《释慧恭传》载，释慧恭与释慧远同为益州招提寺僧，北周年间，二人分飞异域，各自求学，慧远学成后还蜀地，为一代讲匠，"卓尔绝群，道俗钦重，瞩施盈积"。后慧恭从江表还，慧远问其所学，慧恭答曰："唯诵得观世音经一卷。"慧远不以为然，认为"观世音经，小儿童子皆能诵之。何烦大汝许人乎"。慧恭遂请为诵之。慧远听后，于是"接足顶礼，泪下交连。谢曰：'慧远嗅秽死尸，敢行天日之下，乞暂留，赐见教诲。'恭曰：'非恭所能，诸佛力耳。'即日拂衣长揖，沿流而去"①。

上述传记，事颇离奇，充斥着极端的二元对立观念。其述慧远义学宏富，则"阿毗昙论、迦延、拘舍、地持、成实、毗婆沙、摄大乘，并皆精熟"。而慧恭却"唯诵观世音经一卷"。但最终的结果却是义解僧慧远对诵经僧慧恭"接足顶礼，泪下交连"。其中心思想与《冥祥记》所载智达游地狱事及《洛阳伽蓝记》中比丘惠凝游地狱事可谓如出一辙，即肯定禅诵实修，否定义学讲经。但故事形成的背景却有差异，智达、惠凝游地狱事反映的是重禅诵的实修传统遭到讲经新风的挑战。而《释慧恭传》反映的则是在蜀地义学衰落之后，重禅诵、轻慧解观念的兴起。

五 结论

南北朝时期的益州佛教学风，迭经变迁，背后原因各不相同。刘宋前期在凉州禅僧入蜀潮流的推动下，益州禅律之风得以兴起。而凉州僧成规模入蜀，又是在益州地近河西的地理交通位置、北凉护法政权的灭亡、北魏太武灭佛以及晋宋以来秦凉、西域侨民在益州的大量存在等多重因素交织影响下促成的。与此同时，统治者

---

① （唐）释道宣撰，苏小华校注《续高僧传》卷二十八《释慧恭传》，第866页。

对益州佛教的高压政策与益州缺乏玄学渐染的文化传统，也限制了这一时期益州义学的发展；至于萧梁时期，统治者出于自身信仰及树立佛学权威以辅治地方的意图，通过携义学高僧入蜀、奖掖义学研究乃至亲自参与讲经、佛典撰集等活动，使益州出现了前所未有的义学研究热潮，义学名僧辈出，煊赫一时；梁魏之交，政局动荡致使义学中心成都高僧四散、法筵凋零，益州慧解之风至此而歇。入北以后，关中佛教对益州影响渐强，遂又出现北朝重视禅诵实修的风气染及蜀地的趋势。

解释与仪式：《销释金刚科仪》研究
述评及成书再考

李铭佳

【内容提要】 《销释金刚科仪》是 13 世纪后一部重要的《金刚经》诠释文献。自宋元至明清，该书披着解释书的"皮"面世，却难免沦为仪式书的"命"，这一过程见证了《金刚经》信仰在汉字文化圈的成熟乃至烂熟，也见证了禅宗思想由底层"晋升"又复归于百姓的历史循环。现有研究缺乏对该书成书史及内容来源的全面考察，在成书年代和作者上也仍存疑。本文在综述先行研究的基础上重考其作者及成书年代，由《销释金刚科仪》现存标准形态"七种规模"和其早期版本形态差异入手，结合其内容来源重新讨论其成书和演变史。

【关键词】 《销释金刚科仪》 《金刚经》 宝卷

【作　者】 李铭佳，厦门大学哲学系在读博士研究生。

《销释金刚科仪》又称《金刚科仪》（以下简称《金刚科》① 或《科仪》）等，曾是南宋至明清时期极为流行且发挥过广泛社会作用的佛教释经类②作品。该书至今仍为闽、台、粤民间佛教、云南阿吒力教和东南亚华侨群体等在地方宗教仪式活动中频繁使用，先行研究多判其为"宝卷"类作品，由"讲经文"或"变文"

---

① "金刚科"是明代世情小说《金瓶梅词话》中对《金刚科仪》的简称，亦见于《金刚科仪》的明代注释书及现存剑川抄本外题，一定程度上体现了民间对此书关键词的理解。此外尚有《销释金刚科》《（销释）金刚科仪宝卷》《金刚对卷》等名称。

② 本文对于佛教诠释的定义包括文字义理的解释和其信仰的仪式化的演绎两方面。

发展而来。据其明代集注本《销释金刚经科仪会要注解》（1551 年编，以下简称《会要》），① 《金刚科》是由南宋宗镜禅师作于理宗淳祐二年（1242）。对于这一成书信息，中日学者大多默认、径用，仅吉冈义丰和泽田瑞穗结合《金刚科》正文内容提出过相关质论，② 本文第一部分首先在综述先行研究、补充版本分类及方志记载等历史文献学研究的基础上，重新讨论"作者"身份问题。

一　《金刚科仪》的先行研究及作者再考

目前为止提及《金刚科》的研究多是反复引用早期宝卷学界的概述，其中要者有台湾中正大学蔡秉霖氏做过较全面的介绍，③ 但距今已逾十年，且遗漏了当时大陆学界已有的部分音乐学、文献学领域的重要成果。本文将综述范围限定在以《金刚科》为主要对象的专门研究，以其研究视角自俗文学向宗教学的回归为线索重新梳理阶段，并重点补充介绍版本学、敦煌学等历史文献学成果，以便进一步再考其成书情况。

《金刚科》专研开端自俗文学视域，标志性研究是 1952 年至 1966 年之间，日本著名汉学家泽田瑞穗和吉冈义丰关于《金刚科》成书及作者的反复论辩考证。④ 差不多同时，历史学、人类学家李世瑜对引用了《金刚科》的罗教经典《五部六册》⑤

---

① 《续藏》第 24 册（宋）宗镜述，（明）觉连重集《销释金刚经科仪会要注解》。该本为参考以下三种内容合一的集注本：a. 鸠摩罗什译《金刚经》经文；b. 宗镜对《金刚经》三十二分的科释；c. 北京"大宁法师""京都达法师""普恩桂法师"三家对宗镜《金刚科》的注解。

② a. 吉冈义丰『道教の研究』法藏馆，1952，第 16～17 页；b. 泽田瑞穗：「『金瓶梅词话』所引の宝卷について」，『中国文学报』（5），1956，第 86～98 页（后收录于泽田瑞穗『增补宝卷の研究』第三部分「宝卷丛考」、东京：国书刊行会，1975）；c. 吉冈义丰「销释金刚科仪の成立について——初期宝卷の一研究」，『龙谷史坛』（56・57），1966－12－01，第 154～170 页。

③ 见蔡秉霖《〈销释金刚科仪〉研究》，硕士学位论文，台湾中正大学，2011，第 11～20 页。该论包含《金刚科》的版本、背景、内容结构、思想、发展与影响等方面内容，是迄今最全面的《金刚科》研究。

④ 参见本页注释②。

⑤ 《五部六册》中不仅将罗教（又称无为教）创始人罗祖的修道因缘归于《金刚科》，正文也有多处引用。以《五部六册》为中心的《金刚科》相关研究除了早期李世瑜《宝卷新研》外，尚有徐小跃《罗教・佛教・禅学：罗教与〈五部六册〉》，江苏人民出版社，1999；张嘉慧：《罗祖〈五部六册〉与佛教禅学》，硕士学位论文，台湾成功大学，2000；王若曦：《从〈销释金刚科仪〉到〈五部六册〉——〈金刚经〉思想的民间化诠释研究》，博士学位论文，南京大学，2018；等等。除以上专著、学位论文外，尚有李志鸿、侯冲等宗教经卷学者的若干专题论文，不赘。

做了专门研究，[①] 并借回应郑振铎[②]的机会将《金刚科》的成立与"宝卷"类文本的出现挂钩。此后《金刚科》研究拘于此框架下，进入了一个较长的停滞期。

进入 20 世纪 80~90 年代，《金刚科》研究开始脱离俗文学视野的桎梏，1985年，郑志明首次从佛教忏法研究的角度审视《金刚科》，[③] 围绕解脱论对文中的义理展开分析，这与他采用录于《卍新纂大日本续藏经》（以下简称《续藏》）礼忏部的仪轨构件较多的清代建基抄本（以下简称"建基本"）[④] 为工作底本有很大关系；台湾地区刊行流通至今的瑞成书局版本[⑤]《金刚科》与建基本同属"鼓山本"[⑥] 系统，受此影响蓝吉富亦明确提出《金刚科》文本的仪式属性。[⑦] 刘祯提出"宝卷是宗教忏法、科仪与文学韵文的结合、俗化"，[⑧] 为《金刚科》从俗文学回溯宗教学这一研究阶段做了很好的脚注，文学与宗教学两种路径的结合至今仍是研究《金刚科》的主要范式。宝卷研究视阈内的《金刚科》研究亦有进展，中文学界主要体现在车锡伦的宝卷收集整理工作和方法概论研究中：车氏将宝卷源头上溯到唐代佛教的俗讲，同时将《金刚科》和《目连宝卷》定为最早的宝卷；其编纂的《中国宝卷总目》[⑨] 收录了《金刚科》多个版本的书志信息，是李世瑜《宝卷综录》[⑩] 之后最全面而有参考价值的宝卷目录。海外最引人注目的是美国著名汉学家欧大年著作《宝卷》[⑪] 中

---

① 参见李世瑜《宝卷新研——兼与郑振铎先生商榷》，原载《文学遗产》增刊 1957 年第 4 辑。

② 郑振铎的研究首次提及《金刚科》，并将其归纳为"劝世文"。见郑振铎《三十年来中国文学新资料的发现史略》，载《文学》月刊第 2 卷第 6 号，1934 年。

③ 郑志明：《〈销释金刚科仪〉义理初探》，《中国佛教》1985 年第 29 卷第五期，第 28~33 页。另有氏著《无生老母信仰溯源》中对《五部六册》所引《金刚科》内容及罗祖对《金刚科》态度的分析，详见郑志明《无生老母信仰溯源》，台北：文史哲出版社，1985。

④ 外题《金刚经科仪宝卷》，见《续藏》第 74 册（清）建基抄《金刚经科仪》。

⑤ 台湾目前稳定流通的各种装帧版式的《金刚科》几乎都是瑞成书局出版，外题《金刚科仪宝卷》，尾题"板存闽省鼓山涌泉寺"，现存最早本是广东深圳所藏的昭和十一年（1936）刊本。

⑥ "鼓山本"指板出自福建福州鼓山涌泉寺刻经处。版式参见濮文起主编《中国宗教历史文献集成·民间宝卷》第 7 册，黄山书社，2005，第 162~219 页。现存最早本刊于民国，福州涌泉寺查无此板，漳州南山寺于 1978 年前后曾翻刻并少量存本于民间。

⑦ 蓝吉富：《〈金刚经〉与中国佛教》，《佛教与中国文化国际学术会议论文集》上辑，台北：中华文化复兴运动总会宗教研究委员会，1995，第 75 页。

⑧ 刘祯：《宋元时期非戏剧形态目连救母故事与宝卷的形成》，《民间文学论坛》1994 年第 1 期，第 61~66 页。

⑨ 车锡伦：《中国宝卷总目》，燕山出版社，2009（初刊于台北"中央研究院"中国文哲研究所筹备处，1998）。

⑩ 李世瑜：《宝卷综录》，中华书局，1961。

⑪ 参见〔美〕欧大年：《宝卷：十六至十七世纪中国宗教经卷导论》，马睿译，中央编译出版社，2012。英文原版见 Overmyer, Daniel. *Precious Volumes*：*An Introduction to Chinese Sectarian Scriptures from the Sixteenth and Seventeenth Centuries*, Cambridge, Mass：Harvard University Asia Center, 1999.

的结论，书中虽然依据的也是建基本，但明确指出了《金刚科》不同于指导仪轨的传统礼忏书类"科仪"，内容是对《金刚经》的释义，形式上与后世作为经卷文学的"宝卷"相似度更高，这一结论浓缩了先行研究将《金刚科》定为宝卷之滥觞的论断。同时，作为释经文学，欧氏又明确将《金刚科》与更早的"讲经文""变文"划清界限，认为"变文"无法直接发展出宝卷，这令《金刚科》的成书更加扑朔而耐人寻味。

《金刚科》研究真正摆脱对明清俗文学史的重复叙述，是从以其为对象的地方性个案研究开始的，集中在中文学界。先是侯冲整理了云南剑川现存的"销释金刚科"古抄本，① 从当下存活着的地方文本及其使用回溯其传承。而在《金刚科》活态传承更为密集、影响更广的台湾地区，2000 年以后《金刚科》的专门研究明显更为丰富和成熟，兼顾解释性和仪式性两方面：杨惠南从《金刚经》解经作品视角出发，认定《金刚科》属于《金刚经》释经史上第二阶段"折衷阶段"的作品；② 苏珏文则以宗教人类学视野，对台湾龙华教慈妙师姑的《金刚科》使用做了全面细致的研究，包含仪文的念唱形式、程序及配合使用的法器、乐器乃至唱调③等，力图还原法会仪式现场。此外，由于台湾斋教等群体保留了大量《金刚科》仪式的活态传承，在王见川、林美容等台湾宗教学者的相关田野调查中亦可见其踪影。④ 而在同属闽语区的粤东、闽南乃至东南亚等海外闽人聚居地，"香花板"佛曲在与地方群众的互动中一直保存较好，《金刚科》相关曲牌更是其中较善较古者，围绕着其仪式群体和音乐的田野调查自然也更为丰富，陈天国、李国泰等音乐学者均有相关代表性成果。⑤

上述丰富成果见证了《金刚科》研究从俗文学向宗教学为中心的转向，由于文

① 侯冲整理《销释金刚经科仪》，方广锠主编《藏外佛教文献》第六辑，宗教文化出版社，1998，第 314～359 页。
② 杨惠南：《〈金刚经〉的诠释与流传》，《中华佛学学报》2001 年第 14 期，第 203～206 页。
③ 苏珏文：《龙华派法会仪式音乐之探讨——以慈妙师姑为例》，硕士学位论文，台北教育大学，2009。苏氏论文第四章对《金刚科》在台讲唱的八个调目的采谱，有第 3 页注释 5 所录的广东谱例可资比较。
④ 散见于王见川《台湾的斋教与鸾堂》，台湾南天书局有限公司，1996（如《"斋教"史料三种》，第 133～142 页；附录《昭和十八年台湾在家佛教文献》，第 267～294 页等）以及林美容《在家佛教——台湾彰化朝天堂所传的龙华派斋教》，收于《台湾的斋堂与岩仔：民间佛教的视角》，台湾书房出版有限公司，2012，第 23～114 页。后者主要是关于斋教龙华派中的经典规定、仪式描述和合法性讨论。
⑤ 参见陈天国、苏妙筝《潮州音乐》，广东人民出版社，2004；李国泰：《梅州客家"香花"研究》，花城出版社，2005。

本在历史上的影响，而触及多个领域。但与此同时，关于吉冈氏最早提出的“作者”及其成书背景相关的更多问题，依然进展缓慢。董大学总结先行研究为“对于《销释金刚经科仪》对后世的影响较为关注，而相对缺乏对其早期形态溯源性的考察”。[①]本文想探讨的正是其中悬而未决的部分。笔者将相关推进大致梳为三条脉络：其一，关于以《金刚科》为代表的“宝卷”之前身为何的争论，除前述宝卷学者的研究外尚有郑阿财指导的蔡氏、萧文真[②]等所作论文，讨论时间跨度大，持前身为变文、讲经文说者为主流；其二，可用于参考的敦煌《金刚经》相关文献和唐以后《金刚经》信仰相关研究；[③] 其三，结合《金刚科》多版本、多形态而对其成书年代和作者创作背景所做的追溯，主要有吉冈氏和前川亨[④]的研究。吉冈氏在前揭《销释金刚科仪的成立》[⑤]（以下简称《成立》）中汇集七个《金刚科》相关文本展开比较分析，首次将南宋《如如语录》[⑥]、韩藏朝鲜时期刊本《金刚经五家解》[⑦]（以下简称《五家解》）和疑似黑水城出土的俄藏 Дx. 284 号写本[⑧]（内题“销释金刚科仪要偈三十二分”）纳入《金刚科》研究视野；近半个世纪后，前川亨首次对以万历本[⑨]为代表的明清《金刚科》形态提出质疑，认为其中超出《五家解》的部分为后人增补，并归纳了《金刚科》中引用自《如如语录》的偈颂；蔡氏又补充了《金刚科》中各种公

① 董大学：《〈金刚经〉的仪式化——〈销释金刚经科仪〉相关写本研究》，《中国典籍与文化》2015 年第 4 期，第 46 ~ 51 页。

② 萧文真：《由〈金刚经讲经文〉至〈销释金刚科仪〉——谈〈金刚经〉信仰世俗化之转变》，《敦煌学》2012 年第 29 辑，第 205 ~ 219 页等。

③ 如 a. 黄征、张涌泉：《金刚经讲经文》，《敦煌变文校注》，中华书局，1997，第 635 ~ 666 页；b. 许绢惠：《试论唐代敦煌金刚经信仰世俗化的发展——以讲经文、灵验记为中心》，《敦煌学辑刊》2007 年第 4 期，第 137 ~ 153 页。还有萧文真的所有《金刚经讲经文》相关研究，及后文提到的宗舜、达照、董大学等学者的研究。

④ 前川亨『禅宗史の终焉と宝卷の生成——「销释金刚科仪」と「香山宝卷」を中心に』，『东洋文化』第 83 号，2003，第 231 ~ 265 页。

⑤ 参见第 48 页注释②中 c。

⑥ 《如如语录》指南宋居士如如颜丙（？ ~1212，大慧宗杲法孙，活跃于朱熹同时期的福建邵武，现南平市武夷山一带）的语录体著作，现存主要有两种版本。一是编号甲 ~ 庚的七集三十四卷本《如如居士三教语录》，京都大学藏经书院藏有日本室町时代的古写本，国图藏有明刊本（唯丁集四卷、己集四卷，共八卷）；二是上述吉冈氏所使用的两卷本《如如居士三教大全语录》，李师稷绍熙甲寅年（1194）作序，收录有《普劝发心文》《修行方便门》等文，京都大学图书室谷村文库藏（请求记号 1 - 01/サ/1 贵）。

⑦ 《金刚经五家解》，编者不详，［朝］己和永乐乙未年（1415）作序，可参见蓝吉富主编《禅宗全书》第 33 册，北京图书馆出版社，2004，第 575 ~ 698 页。

⑧ 原 USSR 科学院出版《亚洲民族研究所所藏敦煌汉文写本注记目录》第 1325 号写本，现编号 Дx. 284 收于孟列夫编《俄藏敦煌汉文写卷叙录》上册，袁席箴等译，上海古籍出版社，1999，第 519 页。

⑨ 外题《销释金刚科仪经》，分为两卷或四卷经折装，版式基本全同，大量刊于明万历年间，现中国国家图书馆（简称“国图”）等多地有藏，参见《中国宝卷总目》，第 323 ~ 324 页。

案、话头、拈解的语录、灯录等引用来源，以图表汇总、展示了台湾瑞成书局版本《金刚科仪宝卷》之详细内容结构。以上三份研究对本文先期的版本系统划分工作启发和帮助极大。

东亚现存《金刚科》版本不少于 50 种，其中《续藏》所录《会要》和建基本因查阅方便而最常用，但都存在一些问题，① 笔者按刊写时间将诸版本粗分为三类：第一，数种《金刚经》解经文编辑而成的集注本、摘抄本，主要为《五家解》和《销释金刚科仪要偈三十二分》（以下简称《要偈》）；第二，以《金刚科》本身为注释对象的再注本、解说本，主要为目前学界讨论其内容、义理和成书时使用最多的《会要》，此外尚有《录说记》《句解启蒙》② 等；第三，文首文末添加各种礼忏仪轨的仪式本，或辅有佛号、唱调提示的讲唱本，主要有明代刊行的各种精校本（嘉靖本③、万历本等）和台湾学者喜用的建基本与同系统的闽粤所谓"鼓山本"，王见川收集整理的清咸丰五年刊本④和侯冲整理本也可纳入此类。前贤的分析除吉冈氏、前田氏和蔡氏外，多只使用一个或一类版本作为工作底本，缺乏版本比较意识。上述第一类尤被忽视，但却是《金刚科》成书考的重要突破口，本文第二部分将在交代《金刚科》标准形态之内容结构的基础上加以说明。

成书考固然须解决早期版本相关的《金刚科》内容及其来源问题，但首先是考辨其作者及断代。对《金刚科》作者的讨论和质疑自古有之，⑤ 如今学界依据的《会要》距离其记载的成书年份南宋淳祐年已过 300 余年，故不可尽信。如上所述，吉冈和泽田曾围绕"作者为宗镜"说进行过往复辩论，以下重新梳理争议的焦点和主线，以便在二位前贤基础上有所推进、补充。

作为主攻道教和道教文献的著名宗教学者，吉冈在 1952 年出版的《道教之研究》中首次提出《金刚科》署名的这位宗镜禅师指的应该是《宗镜录》作者永明延寿

---

① 《会要》经前仪轨文的位置分布与余本有较大出入，建基本正文中则有大量明显的错误，并非善本。

② 完整题为《销释金刚科仪句解启蒙》，共十卷，康熙四十八年（1709）王宗孔编，国图有藏。

③ 外题《销释金刚科仪》，一卷一册，明嘉靖七年（1528）刊，周绍良有藏，参见王见川、林万传编《明清民间宗教经卷文献》第 1 册，台北：新文丰出版公司，1999，第 1~61 页。

④ 外题《金刚宝卷》，线装四卷一册，清咸丰五年（1855）台湾敬圣局开雕、松云轩刊行，见王见川、李世伟等主编《民间私藏台湾宗教资料汇编：民间信仰·民间文化》第一辑，台北：博阳文化事业有限公司，2009，第 278~688 页。

⑤ 如韩国龙兴寺所藏明嘉靖四十五年（1566）中国刊《销释金刚科仪录说记》卷末墨书云"《金刚科仪》之作不知谁作，而古人亦有疑焉，则未能断定"。

（904～975），除了对人名和书名的联想之外，他解释道："作为树立古代禅净一致信仰的僧人，（延寿的）关注点几乎都在教化民众的方面，认他作科仪卷的作者也并无不妥。"随后，日本宝卷研究领域泰斗泽田在1956年发表的《〈金瓶梅词话〉所引用的宝卷》中，专门引用了吉冈对《金刚科》作者"宗镜"其人的猜测并做出反驳。泽田点出吉冈这种猜想古已有之，如明代《金刚经补注》序中即引用《金刚科》序文并在前面加上"永明智觉禅师云"。但泽田随即从四大方面进行了反驳：（1）根据《宗镜录》及一些古代评议文章，此处"镜"取"鉴"之义，甚至可能在当时被称为"宗鉴录"，所以硬把延寿书名和《金刚科》作者的名字加以联系比较牵强（将"宗镜"当作延寿的别号）。（2）现通行版《金刚科》多附有明代觉连禅师之序，序中明确指出作者为"隆兴府百福院宗镜禅师"，也就是现在江西省南昌市一带，根据《南昌县志》可知确有晋代创建、清代乾隆年重修、咸丰年间几不复存的"进贤门外百福院"。但文中认为如有这么悠久而具规模的寺院今却不见，加上永明延寿如曾驻锡在这么有名的寺院也没有半点文献记载，这都是不合理的，因此至少延寿不会是"隆兴府百福院宗镜禅师"。（3）《智觉禅师自行录》① 对延寿著作几乎无一漏记，如独漏了影响力和传播度都不俗的《金刚科》很不合理。（4）《金刚科》文中提到的神号"真武大帝"和"苏学士"苏东坡都是在延寿去世后才出现的。所以仅从这点看，宗镜跟延寿也应该不是一个人，要么就是后代刊行《金刚科》的人进行了大量篡改。泽田最后总结：《金刚科》确为南宋即广泛流行的佛教道场用文，在民间传播度也很高，但作者应该不是唐五代至北宋的禅师永明延寿，其更倾向于认为确有觉连所说的、活跃于南宋淳祐年间的"隆兴府②百福院宗镜禅师"。吉冈在《成立》一文中响应了泽田的质疑，在承认自己推论不够严谨的同时又做了几点补充：其一，《金刚科》中确有许多延寿后世的元素，但不排除是后世在传承过程中逐步添入的；其二，永明延寿对《金刚经》极为推崇，这从《自行录》中收录的《金刚证验赋》即可见一斑；③ 其三，延寿依然是他怀疑的"宗镜"人选，理由是《宗镜录》中几处"宗镜云""宗镜曰"的例子，可佐证延寿有"宗镜"之别称，这一别称甚至影响了其方丈室（今净慈寺"宗镜堂"④）的

---

① 《续藏》第63册（宋）延寿著述，（宋）文冲编集《智觉禅师自行录》。
② 南宋时南昌被称为"隆兴府"的时间是1163～1277年。
③ 参见刘泽亮《永明延寿全书》第1954～1955页，底本采用《永乐大典》7543卷所录。
④ 此处见吉冈所引《大正藏》第49册（元）岸觉编《释氏稽古略》卷3《寿禅师》。

命名。

两位的研究均忽略了明正德十年（1515）首刊的《销释金刚科仪录说记》①（以下简称《录说记》）这一重要资料，其为《会要》编辑所依据的三部《金刚科》注解书中唯一的传世者。在注者成桂②的序言中，有关于宗镜身份的补充说明，所谓"宗镜"其实名号不详，只因其轩名"宗镜堂"才以宗镜代称之。值得玩味的是，这条以轩名代称其人的记载，与吉冈关于"宗镜堂"名称由来的论据恰成对照，结合《金刚科》禅净双修的思想内容，想来这位作者（为便于讨论以下仍称"宗镜"）是有刻意效仿先贤永明延寿以示尊崇之意。

关于南宋江西宗镜其人，虽灯录、僧传、方志中均无更确切的记载，但吉冈仅依凭永明延寿作品中"宗镜云"的说法及其对《金刚经》的推崇，就坚信延寿为《金刚科》的作者"宗镜"，明显证据不足；其为反驳泽田而提出《金刚科》中五代以降信息或为后人添入的猜测，则尚有可讨论的余地。吉冈的观点实际上涉及作品"原创"比例的问题，可分两方面讨论。其一是后人增补对现有作品形态的影响，这种可能性在泽田的讨论中也有提及，③但亦须结合具体文脉出现的位置，比照现存古本的内容结构加以分析，而非不加标准限制地将所有晚于延寿年代的元素都推为后世添加。其二是宗镜解原文中对前人的引用的问题，这可以通过更全面地排查文本内容与其他早期作品的重合率加以推定。笔者在吉冈氏、前川亨、蔡氏等前贤研究结论的基础上，汇整《金刚科》中所有出处明确的引文作有"《金刚科》引文出处一览表"，表中的对照信息显示，《金刚科》序文约 52.3% 篇幅都是引自《如如语录》，全文引文约占总字数的 23.49%。如此大的引用比例，是否足以认定宗镜非原创者呢？

这里需要留意一个容易影响文本原创比例的因素，即"作者"的创作方式，这在研究中时常被忽略。《科仪》产生于《金刚经》信仰从解释发展到仪式活动之烂熟阶段，很可能不是作为特地著述的《金刚经》注释书（或仪式书），而是在上堂

---

① 中韩有藏，参见吴氏手订《绥中吴氏家藏宝卷目录》，转引自车锡伦《中国宝卷研究》，广西师范大学出版社，2009，第66页。

② 即《会要》所言"普恩桂法师"。

③ 泽田注意到《金瓶梅词话》中所载《金刚科》"表白文"与今本有异，分析为僧尼为在仪式中穿插佛曲等表演而将唱词改得更浮华通俗。换言之，具体的仪式使用，绝对有可能影响长行甚至偈颂几经流传后，最终呈现在我们面前的样子。

说法时作为一种"口述文学"被听者笔录下来而已；而不论是佛经注释书，还是宋以后禅师上堂拈颂的语录，征引前人所述都是再普通不过的"创作"方式，这从《会要》的注解态度①中可见一斑。

又，基于"隆兴府进贤门外百福院"这一线索可对《金刚科》创作地进行方志检索和地方考察。记载中可见进贤门外"百福寺"而非"百福院"，依南昌市文化局和当地居民介绍，百福寺原名"千佛寺"，又名"塔下寺"，"塔"指当地著名地标建筑"绳金塔"。但据泽田引用的《南昌县志》及更晚出的《南昌府志》②《江西通志》③ 等方志资料，仅能判断"塔下寺"与"百福寺"都在进贤门外绳金塔附近，似非同一寺院，如"绳金塔寺在进贤门外，旧名千佛院，唐天祐间建，有绳金宝塔……俗名塔下寺，明宋濂有记"④ 等。又有"百福寺在绳金塔之东，宋时建。国朝乾隆十年知县钱志遥增修"⑤，乾隆十年这次增修"百福寺"与明末清初南昌著名医学家、佛教居士喻嘉言（1585～1670）的祠堂修建有关。《南昌县志》中记载喻嘉言崇祯三年（1630）还乡后于百福寺出家行医，正是他的精湛医术和医者仁心使百福寺扬名，从此香客络绎不绝。⑥ 这条记载透露出两点信息：一是当时百福寺被称为"塔前寺"而非"塔下寺"（如今此二名都被当作"千佛寺"前身）；二是建于"宋时"的百福寺在喻嘉言驻锡前尚无甚名气，与建于唐天祐间的绳金塔寺不可混为一谈。从现有资料来看，当时百福寺可能规模尚小，但其无疑在绳金塔的佛道文化⑦之辐射范围内，位列"豫章四大寺"的"塔下寺"也似乎在多次重建、翻新的历史中整合了周边大小寺院，⑧ 整个建筑群保留浓厚的三教融合之景。⑨ 这片土壤确有可能孵化出《金刚

---

① 除注解中随处可见的溢美之词外，《会要》中对宗镜明显的大段引古、二度创作的方式也褒扬为"乃科家善能点化，裁长补短，续成一段文义"（CBETA 2021，X24，no. 467，p. 674b9 – 19）。
② 见同治年刊 66 卷《南昌府志》卷 11、14。
③ 见光绪年刊 162 卷《江西通志》卷 91、111。
④ 见同治年刊 66 卷《南昌府志》卷 14，第 666 页。
⑤ 见同治年刊 66 卷《南昌府志》卷 14，第 668 页。
⑥ 见乾隆年刊《南昌县志》卷 11，第 663 页"喻征士祠，在进贤门外百福寺内。乾隆十年，南昌知县钱志遥，建祀明征士喻嘉言（旧志）"等。
⑦ 传说绳金塔建塔由来为异僧惟一掘地得金绳、古剑、舍利金瓶，塔之神力传说则应江西的洪水与蛟龙而生，或与净明道许真君有关。
⑧ 寺内所存古花缸上刻有"大乘寺"，铁磬上刻有"兴隆寺"字样。
⑨ 原"塔下寺"旧址上翻建的文博馆性质的"千佛寺"入口处及主殿内佛像的布列；寺内主体建筑为绳金塔，塔内保留与传说相匹配的佛、道教色彩文物；以塔为中心尚有一孔庙"大成殿"，并一"隆兴戏台"：淋漓尽致地展现着唐宋至明清佛教与儒道文化、讲唱曲艺结合发展的形态。

科》这样大力颂扬三教神明和俗世修行的法门、会通儒释道思想而被后世众民间道派所尊奉的典籍。

结合南昌方志文献回看两位学者的分析，南宋隆兴府进贤门外百福院作为创作《金刚科》的时空节点问题不大。宗镜其人的身份和创作背景虽尚有不明，① 但必须意识到其"作者"的定义应在一个更广的视野下讨论，作品的"原创比例"既与后世增补有关，也与"作者"的创作方式有关。因此，追溯宗镜其人的史料记载，对《金刚科》成书过程等历史考证的推进较为有限，而从《金刚科》内容结构入手分析可能更直接有效。以下将结合《金刚科》内容的"标准形态"及其缺乏关注的早期版本形态做进一步探讨。

二 《金刚科仪》的内容构成及古本探究

如上所述，先行研究对《金刚科》所做的内容简介，绝大部分只依据一类版本或一两种相关文献，而忽略了《金刚科》各版本实际存在的差异，如此形成的结论难免偏颇。如郑志明基于礼忏文书形态的"鼓山本"将《金刚科仪》内容分成解经缘起、经文说唱、心经说解三部分，并将第一部分再分14种结构逐一介绍，第二部分又分经文、词调等；其实这只适用于前述第三类版本中的一部分，若如此介绍其他版本结构，一来可能存在出入，二来避重就轻、不利于凸显《金刚科》主体内容。因此以下先对学界默认使用的《续藏》二本的主体内容构成做必要说明，以便分析前述《金刚科》第一类版本保存的早期形态及此"古形"为"原形"的可能性。

《金刚科》正文主要内容是结合三十二分科判对经义做出解释和发挥，相比随文注释更具提纲性质（这提示了题目中"科"的原意②）。根据《续藏》本可见，对应每一"科"的解释，都由对应分名（如"法会因由"）起首的固定的七个部分按

---

① 这一情况自古有之，觉连《会要》中对宗镜其人及《金刚科》极为推崇，却无任何关于其法脉、付法经历和行迹的信息，乃至宗镜禅师是以什么身份驻锡百福寺都全无提及，甚至其可能并非出家僧人。

② 在如今的道教语境中"科仪"已从"依科行仪"这一短语转化为一种固定的书类名目，其中"科"在词源上相较于解释性的"科分""科目""科段"，更多是程序性的名词"程序""法式""规矩"之义。

"一提纲"至"七结归净土"的顺序构成，《会要》称之为"七种规模"①。除了对应讲唱经文的三十二科外，正文内容包含序文之后的叹教、请经、开经，以及三十二分讲唱完之后的结经、流通赞等五科，共分为37组这样的"七种规模"。如表1所示。

表1 《销释金刚科仪》每科规模示意表

分科	规模	科文	备注
		(前略)	
讲唱经文之法会因由分第一	①提纲	法会因由，教起根源，如是法我佛宣。舍卫国中，乞食为先。次第乞已，本处安然。结跏趺坐，终日默无言。	定39字曲牌，以对应的四字《金刚经》分名起首简介经文大意。
	②要旨	金刚般若智，个个体如然。白云消散尽，明月一轮圆。	五言四句诗偈，以禅语提示该分要旨，个别引自对应分《川老颂》*。
	③长行	（白）调御师亲临舍卫，威动乾坤。阿罗汉云集祇园，辉腾日月。入城持钵，良由悲悯贫穷。……（问）何故？	散文式述白与问语，白语述经文内容，问语提起疑情。
	④结类	（答）良马自随鞭影去，阿难依旧世尊前。	七言两句答语，多引自祖师语录。
	⑤颂经文	乞食归来会给孤，收衣敷座正安居。真慈洪范超三界，调御人天得自如。	七言四句诗偈，前两句复述经文，后两句多颂超脱涅槃、豁悟真空之义。
	⑥警世	西方宝号能宣演，九品莲台必往生。直下相逢休外觅，何劳十万八千程。	七言四句诗偈，内容均为赞净土、赞弥陀、叹浮生、劝世俗、颂三教门。
	⑦结归净土	百岁光阴瞬息回，其身毕竟化为灰。谁人肯向生前悟，悟取无生归去来。	七言四句诗偈，多述现世苦、彼岸乐，并赞颂祖师大德、观音势至等慈悲接引之姿。以"归去来"结尾，与唐释法照《归西方赞》等或有关联。
		(后略)	

　　* 指南宋道川禅师所作《金刚经》颂，又称"川老颂金刚经"，参见前述《五家解》《金刚经注解》《续藏》第24册（宋）道川颂并著语《金刚经注》。

　　如此七个规模组成的部分为一"科"，我们且称由37组这样的"七种规模"构成的正文内容为《金刚科》的"标准形态"。需要注意的是此"七种规模"之名可能并非宗镜的提法，目前最早出处见于前揭《录说记》序文，叫"七样规矩"②，为便于讨论下文还依觉连叫法。在此之上，不同版本系统还会在传播、使

---

　① 参见《会要》卷1："总有七种规模：一、提纲；二、要旨；三、长行；四、结类；五、颂经文；六、警世；七、结归净土。"（CBETA 2021，X24，no. 467，p. 650，a16-18）

　② 参见《录说记》："观此科之体，作手非凡。有七样规矩：一、难嘉为'提纲'；二、四句为'要指'；三、长行为'略释'；四、两句为'结类'；五、以四句'颂经文'；六、以四句'警世'；七……（残缺不见）"

用过程中加上各种缀部。① 前文介绍的《金刚科》三大类版本中，第一类"集注"有一个明显特征——每节的"七种规模"并非齐备（如表 2 所示）。以下将就《五家解》和《要偈》这两种只具备二、三规模的《金刚科》版本及相关先行研究做必要的介绍。

表 2 《金刚经五家解》及《销释金刚科仪要偈三十二分》所录《金刚科》规模示意表

七种规模	《五家解》	《要偈》
①提纲；②要旨		
③长行；④结类		
⑤颂经文		
⑥警世；⑦结归净土		

说明：表中填充格代表"有"，空格代表"无"。

　　二者中稍为人知的是自明初起在朝鲜半岛流传至今的《五家解》及其衍生文本，该书是由署名南梁傅翕，唐代慧能、宗密，南宋道川、宗镜的五部《金刚经》注解合编而成，最早的编集者失考。韩国现行版本是朝鲜时代由禅僧得通己和（1376～1433）校订、再注的《金刚经五家解说谊》，因此先行研究多默认其为己和在朝鲜半岛编集而成。但结合韩藏最古刊本（1415）的刊后校记等，可推知其为中国刊本的复刻本。因此早在 1415 年以前中国就有以③④⑤规模形态流行的《金刚科》版本。关于其先行研究，主要集中在韩、日（《五家解》最迟 1464 年由朝鲜传入日本）②学界：韩国的先行研究数量是其他地方的十数倍，主要分为文献学、佛教学、半岛思想史和语言文学等四大类；③ 日本方面主要指驹泽大学编《慧能研究》④ 以及伊吹敦对署名慧能的《金刚经》注释书所做的系列研究⑤。其次欧美学界也将之作为古朝鲜佛教史的重要研究对象，代表为查尔斯·穆勒（A. Charles Muller）的博士学位论

① 主要是请经、开经、请菩萨仪轨文，各种真言，《心经》，回向愿文、佛名经、音释等。
② 参见《李朝实录》（太白山史库本）第 12 册第 33 卷第 41 张 A 面；《国编影印本》第 7 册第 638 面。
③ 光近三十年的学位论文就有十余篇，这要归功于《五家解》在朝鲜半岛的始终传承，至今仍迭出新版。
④ 驹泽大学禅宗史研究会编著《慧能研究》，东京：大修馆书店，1978，第 417～492 页。
⑤ 见〔日〕伊吹敦：《〈金刚经解义〉诸本系统及其古形复原》，《论丛东亚的文化与思想》1997 年第 6 号，第 63～218 页等。相关译文见〔日〕伊吹敦著，李铭佳译《日藏明刊〈金刚经〉集注的版本情况——以〈金刚经五家解〉和宗泐〈金刚经注〉为例》，《佛学研究》2021 年第 1 期，第 37～53 页。

文①及其后续研究;② 中文学界仅蔡氏前述论文及达照转引③香港衍空法师的硕士学位论文④做过简要介绍。

又如表 2 所示，《要偈》所录《金刚科》也是仅具备部分规模的形态，且年代可能比《五家解》更早。目前《要偈》仅有四片残片散见于《浙敦》和《俄藏》，编号分别为浙敦 069（浙博 044）、浙敦 102（浙博 077）、浙敦 103（浙博 078）、⑤俄藏 Дx. 284。根据 Дx. 284 的内题和四片缀合后的内容构成⑥判断，其为《金刚科》和《金刚经铁鋑鋾⑦》（民间俗称"铁注"）两种《金刚经》解释书的杂抄本，是否有对应的刊本尚不能确定。最早注意到它们的是前述吉冈氏的研究，此后很长一段时间该写本及其残片乏人问津，直到 2000 年左右中国大陆的敦煌学研究注意到它们。宗舜法师最早对上述三份录名为"佛教禅宗文稿"的浙藏写卷做了详细录文和考辨，⑧ 锁定了《续藏》所录《会要》和《金刚经注解铁鋑鋾》⑨（"铁注"的再注本）这两个来源，并重定名为《金刚经注》，⑩ 排序为 103、69、102。几乎同时，张涌泉通过对浙藏三卷之字形及字词用法进行分析，得出系同一写本的三片残叶，且应抄于宋元之间，⑪ 这与觉连所记载的《金刚科》成书时间是相符的。将上述

---

① 穆勒：《涵虚己和：关于其主要作品的研究（Hamhŏ Kihwa：A Study of His Major Works)》，博士学位论文，纽约州立大学石溪分校，1993。

② 参见穆勒 a. 《己和对语默教学的分析：五家解说谊（*Gihwa's Analysis of the Relationship between the Worded and Wordless Teachings：The Ogahae seorui*)》，《东洋学园大学简报》2004 年第 12 期，第 1～16 页；b.《韩国的禅籍贡献：〈五家解说谊〉（*A Korean Contribution to the Zen Canon：The Oga Hae Seorui*)》，收录于海因（Steven Heine）等编论文集《禅宗典籍：禅宗史上的构成性文本（*Zen Classics：Formative Texts in the History of Zen Buddhism*)》，牛津出版社，2006，第 43～56 页等。

③ 达照：《〈金刚经赞〉研究》，宗教文化出版社，2002，第 12 页。

④ 衍空：《梁朝傅大士所著〈金刚经颂〉概述及颂文英译（*An Introduction to the Diamond Sutra Eulogies by Mahasattva Fu of the Liang Dynasty，and its Translation into English*)》，硕士学位论文，伦敦大学，1994。

⑤ 此三片著录详见张崇依《浙藏敦煌文献解题目录》，硕士学位论文，南京师范大学，2012。

⑥ 内容是对《金刚经》三十二分的释偈，结构上依各分科为整齐的三十二节，每节五个规模分别摘自两本《金刚经》注释书，其中后二规模对应《金刚科》的③长行和④结类，整体看有模仿《金刚科》的嫌疑。

⑦ 书名中"鋾"字在《续藏》中误录为"铭"，于颂注中所用之义不符，且传世刊本内外题皆作"鋾"。内容可见其再注本《续藏》第 24 册（明）屠根《金刚经批注铁鋑鋾》。

⑧ 宗舜：《〈浙藏敦煌文献〉佛教资料考辨》，《敦煌吐鲁番研究》第 6 卷，北京大学出版社，2002，第 337～354 页。

⑨ 宗舜原文记为"金刚经注解鐵鋑州"，应为《续藏》录本原名"金刚经注解铁鋑鋾川老颂"的误解。

⑩ 张崇依在此基础上又改名为《金刚经注疏杂抄》，参见张崇依《部分浙藏敦煌文献的定名问题》，《文教资料》2011 年第 36 期，第 234 页。张氏于 2012 年的硕士学位论文中沿用了此结论。

⑪ 张涌泉：《敦煌写本辨伪研究——基于字形分析角度的考察》，《文史》2003 年第 4 期，第 222～239 页（后收于《敦煌文献论丛》，上海古籍出版社，2011，第 91～118 页）。

发现统合起来的是董大学的系列研究成果，[①] 他在前贤基础上推定 Дх. 284 与上述三件浙藏残片出自同一写本，并将该写本重定名为"销释金刚科仪要偈三十二分"。同时，董氏敏锐地注意到《要偈》中节录的实际上是《金刚科》的原文，不仅突破了中日前贤基于《会要》谈其内容来源的惯例，更据此将四件残片抄写年代确定在 1242 年以后（敦煌藏经洞已封洞），回应了孟列夫对 Дх. 284 疑为黑水城写本的判断。

至此可以明确，最迟在 1415 年已有二、三规模形态的《金刚科》在流通，早于现存的明清诸本《金刚科》。[②] 问题在于：现存最早的形态是否就是《金刚科》原形？如果不是，如何解释这样的版本形态？可以注意到"要偈"这一题目已经暗示了是取所抄对象中（尤其是"偈颂"）之"要"，那么当另一抄录对象《铁注》完整的情况下，二规模的《金刚科》定非全文。基于表 2，我们很容易推想《要偈》是在③④⑤形态的底本基础上舍弃了⑤。但仅凭③④⑤的"古形"曾在明初及以前流行，并不能断定七种规模中①②和⑥⑦就不在原形中。

我们试讨论其余四规模不在宗镜解原始版本中的可能性。①②不在原形中的依据主要有三点：其一，②在形式上有引用并模仿《川老颂》的嫌疑；其二，①在形式上与元以后在潮州形成的香花板"仙吕入双调"曲牌很相符；其三，《五家解》《会要》《句解》等注解本汇入经文的位置都在②③之间，可能暗示了③才是每科真正的首规模。但此三条并非无懈可击：其一，道川、颜丙都在宗镜之前，无法排除引用他们是宗镜原文就存在的情况；其二，无法排除元代定型的曲牌在南宋已萌生雏形的可能；其三，《录说记》就是从①开始夹注经文，其余传世本的会经位置可能是受《五家解》或其底本的影响。显然，①②为明以后添入的证据不足。

先行研究中前川亨的思路是通过找到《金刚科》内容的其他出处，即通过降低原创概率的方式排除相应内容在原形中的可能性。⑥几乎照搬《如如语录》等同时代文集，⑦则可能效仿《归西方赞》等歌偈劝修净土法门，前川据此推断《五家解》未录部分定为后人所增。但这一推理逻辑未必可靠，最直观的反证可见七种规

---

① 参见董大学 a.《俄 Дх. 284 号〈销释金刚科仪要偈三十二分〉考辨》，《宁夏大学学报》（人文社会科学版）2013 年第 35 卷第 1 期，第 85～87 页；b.《〈金刚经〉的仪式化——〈销释金刚经科仪〉相关写本研究》，《中国典籍与文化》2015 年第 4 期，第 46～51 页。

② 现存最早的"七种规模"形态《金刚科》是明宣德七年（1432）刊本《销释金刚科仪》，卷末有北京顺天府通州重刊记，可见"金刚宝卷"之敬称。已于 2017 年由北京泰和嘉成拍卖有限公司拍卖售出。

模的引用率（表3），除长行外，引用率最低的①②⑦都不在古形中，反而是引用率较高的④被两古本不约而同地录入了。④多处引用《证道歌》《十玄谈》等大德著作，⑤可以明确看到语录、灯录等引用来源，《金刚科》中确是在大量内容吸取前人解、颂、赞、疏的基础上汇编而成，这一事实无可辩驳。但正如第一节对"作者"的分析，依"原创"比例衡量各规模是否为宗镜所作，或宗镜是否为《金刚科》原作者，并不符合中国佛教文献创作的实际情况。《金刚科》对《如如语录》的高引用率一方面表明了对颜丙思想倾向的认同，一方面也暗示了创作场景可能与之类似，也是以某种唐宋流行的"俗讲"形式①在公开法会上拈颂宣讲，再由听众代表将讲义整理、汇编成书。或许正因如此，《金刚科》在明代所见署名多是宗镜"述"（或"立""科"等表达），而非"著"。

表 3 《销释金刚科仪》各规模引用率

序号	①	②	③	④	⑤	⑥	⑦
规模	提纲	要旨	长行	结类	颂经文	警世	结归净土
引用率	5%	10%	0	49%	11%	81%	5%

说明：表中数据是通过每种规模中完全引用自其他文本的数目，分别除以"七种规模"的组数37得出的。

假设①②甚至⑥⑦都在《金刚科》原形中，四者又都是"偈"的形式，《要偈》连③长行都抄录了，为什么偏偏放过朗朗上口的⑥⑦和以《金刚经》三十二分分名提颂的①②呢？可能是特定的编辑策略所致。

首先是《五家解》和《要偈》的编辑策略，一看内容主旨，二看文体形式。内容主旨上，《金刚科》中①至⑤或展禅机或显经义，总归是跟《金刚经》般若无相思想和劝发菩提心相关；而⑥⑦规模却多是明因果、叹浮生、赞西方等唯心净土思想，倡导彼岸生死观以劝修阿弥陀佛法门，被密藏道开评价为"不禅不教"，②确有

① 关于"俗讲"是否作为一种专门形式的讲法，学界尚有争议。相关研究见向达《唐代俗讲考》，《燕京学报》1934年第16期，第123页；刘铭恕：《关于俗讲的几个问题》，《郑州大学学报》（社会科学版）1980年第4期，第10~13页；荒见泰史：《九、十世纪的通俗讲经和敦煌》，《敦煌学辑刊》2008年第1期，第67~74页；侯冲：《俗讲新考》，《敦煌研究》2010年第4期，第118~124页；侯冲：《佛教无专门的"通俗讲经"说——以斋讲为中心》，《宗教学研究》2011年第3期，第65~69页；车锡伦：《形成期之宝卷与佛教之忏法、俗讲和"变文"》，《民族文学研究》2011年第2期；李小荣：《几个有关"俗讲"问题的再检讨》，《敦煌学辑刊》2012年第1期，第68~80页；等等。

② （明）密藏道开编著《藏逸经书标目》："《金刚科仪录说记》禅不禅、教不教，不足取也。"（CBETA 2021，B14，no.84，p.441b3）

可能不符合《要偈》抄录者和《五家解》编者的思路。但①②的内容如表1所示，正是对《金刚经》三十二分诸分的述要与赞颂，为何弃置不录？① 这或许只能从文体上解释了。这两部集注性质的文本，对选录的各篇目应安排有不同的功用。《金刚科》中⑤暂且不论，③长行和④结类形式上一白一颂、互成问答，与其他编入篇目截然不同，而①②与《五家解》中成立更早的《川老颂》体裁和风格（甚至内容）都很相似，与《要偈》中另一对象"铁注"比更显重复，每段都以四字分名起句（见表4），反而是③④能够起到补充传化的作用。有趣的是，闽语区保留有《金刚科》的八段唱调，每一段都是从对应科分的⑤起唱（②至④是念白）至下一分的①结束（台湾学者介绍内容多受此讲唱顺序影响②），甚至在台湾传承中直接以起唱科的⑤之头两字命名对应八个曲牌。③《要偈》抄者偏偏从"古形"中剔除了⑤（抑或从七种规模中剔除了所有唱段），有可能不重视或并不知晓《金刚科》唱诵情况。

表4 《销释金刚科仪要偈三十二分》内容结构示意表（依浙敦69号）

五种规模	"一相无相分第九"内容＊。
a. 铁注	一相无相，迷人只强。两个五尺，却微一丈。
b. 铁注	一相无相太分明，只在当人一念中。十二时中勤搬用，超出生死涅盘门。
c. 铁注	一相无相，好似虚空不可量。本体元无相，虚空难度量。佛非白亦非黄，总有丹青，巧手难描样。无相光中有相藏。
d. 长行	人天往返，诸漏未除。道果双忘，无静第一。超凡入圣，从头勘证。将来转位回机，透底尽令彻去。还委悉么。
e. 结类	勿谓无心云是道，无心犹隔一重关。

＊ 以下录文中个别字句与现存本《铁注》《金刚科》有出入，略。

其次是"作者"的创作方式和创作思路。如前所述，大量引文存在并不能说明某一规模是后增补的，那《金刚科》的创作者这么做的理由为何呢？从《金刚科》引用最多的《如如语录》（约占总引用篇幅的82%）或可得到启示。该书围

---

① 光从名目上看，无论"要偈三十二分"还是《五家解》中对宗镜解的录名《提纲》（区别于"七种规模"说中对①的指称），最相符的规模无疑都应是①②规模。

② 如萧氏对《金刚科》的内容依序介绍，无疑是参考了台湾保存的讲唱现场，但其以此反推《金刚经讲经文》的构成顺序和讲唱现场，则有先入为主之嫌，有失严谨。参见王见川、林万传编《明清民间宗教经卷文献》第1册，第211~213页。

③ 分别是金刚韵、乞食韵、善根韵、重增韵、恶因韵、道本韵、公案韵和法空韵，值得注意的是这八个曲牌另有原名，且在闽粤都还有保留，上述八韵名可能是清以后的台湾传承群体为方便记忆而逐渐约定俗成。

绕南宋居士颜丙在狮子峰上堂说法的语录整理汇编而成，形式多为诗偈，内容比较庞杂，七集本多达 58 个章节。笔者将这些内容总分为颂三教门及祖师传灯诗偈、针对在家修行者的劝修方便门、各种法会应用的仪轨文疏①等三大类（以下简称三教祖师门、劝修门和礼忏门），可谓一部佛教对俗说法之集大成的手册。但如今关于颜丙流传度最广的作品却是宋元明清的诸种《金刚经》集注中收录的 59 条"如如居士金刚经解"。② 有趣的是，宗镜解没有引用其中任何一条，而是在序文和正文中大量引用《如如语录》这部世俗佛教的"宝典"。不仅如此，《金刚科》在思想构成上也几乎和《如如语录》保持一致。其中对三教祖师门的引用主要集中在序文，对劝修门和礼忏门的引用、吸取则均匀地分布在各科的④ ~ ⑦规模。

回顾《金刚科仪》的内容构成，七种规模是其"骨"，三十二分仅是其"皮"。其序文大段引用《如如语录》之《普劝发心文》奠定了其解经之思想基调："未明人妄分三教，了得底同悟一心"，既表明了三教合一的说法立场和众生平等的闻法基础，又指明了开悟"惟有一乘之径捷"——以正信正见"发明本心"，证得"唯心净土"。正文的七种规模都是在这样的思想指导下解悟《金刚经》，其中除③长行外，皆有引用来源：①②是仿照两宋之际流行的《川老颂（金刚经）》提颂该分经文大意要旨；④ ~ ⑥在广泛引用《如如语录》的基础上巧妙化用祖师语录、公案解经，在断该分经文之疑的同时，将念佛之"他力"导入唯心之"自力"，指明道路、增强信心；⑦在⑥的形式基础上固定以"归去来"收尾，内容上除赞颂极乐净土及佛菩萨慈悲接引外，引入了"父母"与"婴孩"的譬喻来说明生佛关系，③ 对后世教派经卷影响极大。⑥⑦赋予了中观般若思想名著《金刚经》以超出典型禅籍的西方净土色彩，标志着汉译《金刚经》东亚受容的全面净土化。

《川老颂》和《如如语录》都曾在宋明期间有着不俗的影响力，但明以后受众却远不如《金刚科仪》，原因在于《科仪》有如下几点创造。首先在形式上，它引入

---

① 这些文疏不同于开经偈、真言、忏悔文等对仪式程序的直接说明指导，而是在法会过程中发挥主讲者思想、推动法会进程的诗偈，仅从《如如语录》的编写尚无法判断是出自颜丙，还是汇集当时流行的文疏。

② 见（宋）杨圭《金刚经注解》卷 4（绍定辛卯年编修，史称"十七家解"）中所有前缀"颜丙曰"的部分，参见《续藏》第 24 册（明）洪莲重印本《金刚经注解》。

③ 参见《会要》卷 7："我忆弥陀如父母，弥陀观我似婴孩。"（CBETA 2021，X24，no. 467，p. 727b13）这种关系比喻在《金刚科》之前并不常见，应脱胎于净土宗的念佛法门，出处或为（元魏）吉迦夜译《佛说称扬诸佛功德经》卷 3："其有最后闻阿弥陀如来名号……当起敬心至意念之，如念父母。"（CBETA 2021，T14，no. 434，p. 99a24 - b1），（唐）迦才撰《净土论》等有释此句。

《金刚经》三十二分作为禅语录的结构，将原本散落在前贤作品中的内容以一种全新名目统一了起来，并借由《金刚经》的巨大受众群获得传播力；又巧用韵散结合的"七种规模"化用禅宗表达与三教思想，以说唱文学的形式为后世"宝卷"书类的产生提供了文体、思想和术语①上的准备。其次在思想上，它利用南宗禅思想与《金刚经》的固有联系，将极乐净土思想与"真空妙有"相结合，发展了《金刚经》的解脱论：一方面通过"佛性只在众生一心"、一念证真即可了达净土的解脱路径泯灭了凡圣、贫富、道俗间的客观差距，使普通民众的在家修行变得更坚实有据；另一方面虽颂扬净土，但并非消极地追求"彼岸"，而是强调"人身难得"当下修行的积极责任。最后在受众上，与人们熟知的南宋精英士大夫禅学形成对照的是，《科仪》的流行并不依赖统治者、地方势力的支持和文人士大夫的亲近，而是灵活满足普罗大众的信仰需求，把握住了禅宗区别于其他佛教宗派而在近古中国持续繁衍扩张的根据。

三　结语

如上所述，《金刚科仪》最初以《金刚经》科解书的姿态现身于南宋隆兴府的对俗法会，并非如其冠名的"科仪"那样是纯然指导仪式程序、规定仪范的礼忏文本，内容实为一部集多种禅宗文学形式于一的在俗修行指南。虽然创造性地以《金刚经》三十二分科判为纲目，但内容实由每科下设的"七种规模"分为解释《金刚经》之"真空"的唯心思想和指导解脱的净土思想两大理路。或因这一思想二重性，在元明之际曾流行过仅录有二、三规模的《金刚科》形态，但并不足以断定其为原始形态，反有助于窥探时人对《金刚科》传播属性的判断、取舍。"作者"宗镜虽名不见经传，但深谙两宋禅风②并敏锐地洞察佛教世俗化的发展趋势，在上述理路基础上包装出以"真空家乡"为中心的全新解脱论而大悦俗众，成就了中国《金刚经》信仰仪式化的完全形态，并持续影响了元明以后"宝卷"类文本的创作。

先行研究多只关注某个时期或特定地域流传的《金刚科仪》的特点，未能综合

---

① 如"灵山""真空家乡""末后一着""弥陀如父母"等，都是基于前贤语料发展而来。
② 所引文献作者道川、颜丙正值大慧宗杲的徒孙时代，《金刚科》生于禅风激荡中，于一科糅入两宋文字禅、话头禅与净土念佛禅等多种禅路。

考虑诸版本内容、结构而导致对其成书历史及文本性质的扁平理解；对其解释性和仪式性之间的张力不够敏感，因而也未捕捉到其最终广泛流行、影响深远的主要原因。如前贤大多着眼于其后世影响而将其直接作为仪式书研究，忽略了其固有的解释属性；而注意到其面世时的讲经姿态和解释书地位的，又都忽略了其表面解经，实际阐扬的是南宋以《如如语录》为代表的禅净双修、三教合一思想的事实。同样，先行研究注意到它可能直接启发了宝卷的诞生，但并未把握其真正巧妙之处在于借了《金刚经》讲经的外壳，冠名礼忏类"科仪"深入化俗，而实际只是禅门文脉的巧妙编集和思想重构。其亲近平民的解脱论，加之韵散错落，配合曲牌唱调的文学、艺术表现形式，无疑在仪式性的解释活动中大放异彩。毫无疑问，《金刚科仪》作为影响力最广泛的《金刚经》注释书之一，是继慧能－神会之后，禅思想又一次依附《金刚经》无处不在的影响力完成的传播与发展。

修学之路：评述圣凯《南北朝地论学派思想史》[*]

宋泉桦

【内容提要】 南北朝地论学派作为上承东晋十六国异域佛教、下启隋唐格义佛教的历史转折点，以修道解脱为目的，对华严宗和律宗产生了巨大的影响。然而，1938 年至 2017 年关于地论学派思想的研究相对单一，尚未形成以语言文献、历史考证、思想史、哲学诠释学为代表的综合式研究著作，对地论学派相州"南北二道"以及诸概念的认识也有所欠缺。时值圣凯教授《南北朝地论学派思想史》的出版，才拨云见日重现了真实的地论学派。本文通过梳理圣凯教授对地论学派中地域思想与法统观念的认识，概述了相州"南北二道"之因；探究义理辨析与判教体系，阐述了五门十地修道之缘；借由文本译作与概念阐释，反映了地论学派研究之果。

【关键词】 《南北朝地论学派思想史》 圣凯 《十地经论》

【作 者】 宋泉桦，四川大学道教与宗教文化研究所在读博士研究生。

自 1938 年汤用彤在《汉魏两晋南北朝佛教史》中考察《十地经论》的传译，至 2017 年国内史经鹏的《敦煌文献〈涅槃经疏〉（拟）中的佛性思想》探讨佛性论，以及韩国的金刚大学佛教文化研究所出版的《地论宗研究》。迄今为止，国内外共有 85 部著作和论文关注地论学派的主要问题。在周书迦、古泉圆顺、青木隆、石井公成等前辈学者的不懈努力下，敦煌地论学派文献的整理与诠释日益完善。然而，20

---

* 本文为湖南省社会科学基金项目"新媒体视域下宗教传播法治化规律研究"阶段性研究成果。

世纪以来，《十地经论》梵本的发现、《起信论》的解读，虽然推进了地论学派的研究，但是尚未形成以语言文献、历史考证、思想史、哲学诠释学、解脱诠释学①为代表的综合式研究著作，学者们对于地论学派的认识相对单一、有所局限。圣凯教授《南北朝地论学派思想史》的出版，无疑填补了地论学派整体性研究的空白，成为国内第一部系统研究地论学派经典文献、历史变革与思想特色的著作。

本书通过全面梳理南北朝地论思想史，发现地论学派的建立与分裂，体现了南朝佛教学派的"内敛性"与"外散性"。②不仅依照"五门十地"阐述菩萨修行境界，还对唯识、华严、涅槃等义理有所吸收与发展。在认识论方面，南、北道在中国佛教"一心"传统下展开了是否另立第九识的讨论，净影慧远在《大乘义章》中以"事识""妄识""真识心"对八识进行梳理辨析；在体相用辨析上，通过理法、教法、行法指导，阐述了华严宗的六相圆融，及其依"体融"和"相融"对应建立的法界缘起与自体缘集。在修学实践上，南道"真修作佛"与北道"缘修作佛"尽管修行方式不同，但是共同指向了从众生到佛的修道历程。毋庸置疑，地论学派与"摄论学派共同构成了南北朝时期的唯识古学思潮"③，对中国佛学发展具有深刻的影响，经北魏、东魏、西魏、北齐、北周、隋末唐初的弘传，在洛阳、邺城、长安等中国北方地区蔚为大观，成为南北朝时期本土化的重要学派。

一 地域思想与法统观念：相州南北二道之因

《十地经论》于"梁天监七年，即北魏宣武帝永平元年，诏菩提流支及勒那摩提诸三藏于太极殿翻译，经四年始译竣"④。作为地论学派的核心经典，在隋唐经录、僧传诸说中有共译、别译、合译等五种说法，其中最受争议的莫过于菩提流支、勒那摩提、佛陀扇多三人共译之说。本书作者认为佛陀是对人的尊称，与跋陀梵文发音相同，且《慧光传》记载，"会佛陀任少林寺主，勒那初译《十地》，至后合翻，

---

① 圣凯：《南北朝地论学派思想史》，宗教文化出版社，2021，第16页。
② 圣凯：《南北朝地论学派思想史》，2021，第264页。
③ 王帅：《"南北道"之外：读圣凯〈南北朝地论学派思想史〉》，《世界宗教研究》2021年第4期，第179～181页。
④ 《法藏·佛学总学（二）：佛教各宗派源流》，《太虚大师全书》第2册，宗教文化出版社，2004，第245～246页。

事在别传"①，从时间上证明勒那摩提与跋陀同时期来华，故勒那摩提即佛陀禅师。翻译期间，勒那摩提与菩提流支对佛性与阿赖耶识的理解不同，为后来出现相州"南北二道"的分歧埋下伏笔。

据《道宠传》载："初勒那三藏教示三人，房、定二士授其心法，慧光一人偏教法律。菩提三藏惟教于宠。宠在道北教牢、宜四人，光在道南教凭、范十人，故使洛下有南北二途。"② 当今学界多数认为因为勒那摩提弟子慧光和菩提流支弟子道宠弘法所在位置不同，所以建构了南北二道相对的话语体系。其实这种叙述方式与后来法统传灯的"南北二道"谱系观念叙述有所不同，前者强调区域佛法的传播与发展，后者突出教团内部的思想变化。窥基《成唯识论别抄》卷十说明了勒那摩提在南院、菩提流支在北院翻译的情况，指出"南北道"的概念并非止于地域上类似吴蜀的划分，而是反映了南院强调"现常"，主张"本性涅槃"，和北院强调"当常"，主张"方便涅槃"的修道理念的不同。③

为了厘清地论学派思想发展的脉络，本书作者提出了回归五门十地的解释框架，以洛阳、邺城、长安三大中心为研究脉络，重新审视南北二道观念的来源。书中强调："南北二道观念是一种后设观念和传承叙事，得到道宣的关切与记载后才成为后代学者研究地论学派发展史的叙述脉络。"④ 同时，作者继承了青木隆的"四期说"，⑤ 通过第一章"十地经论翻译与北朝经论注疏"、第二章"地论学派与洛阳、邺城佛教"、第三章"地论学派'南北二道'与北朝、隋初长安佛教"将地论学派的文献研究归纳为四期、三大区域。

第一期以慧光洛阳时代为始（508～528），慧光在洛阳跟随勒那摩提学习《十地经论》《华严经》，主要文献有菩提流支的《金刚仙论》、慧光的《华严经义记》卷一等。其中，《金刚仙论》指出用"本有"和"始有"区分法身与报身，本有是体而始有是用，体用之间是含藏关系，⑥ 提出了由凡夫到佛的完整修道次第。

第二期法上、道凭邺城时代和宇文泰的长安时代（534～580），以永熙三年东西

---

① （唐）释道宣：《续高僧传》卷二十一，《大正藏》第50册，第607页下。
② （唐）释道宣：《续高僧传》卷七，《大正藏》第50册，第482页下。
③ 圣凯：《南北朝地论学派思想史》，第429页。
④ 圣凯：《南北朝地论学派思想史》，第18页。
⑤ 荒牧典俊编「敦煌出土の地论宗文献解题」『北朝隋唐仏教思想史』、法藏馆、2000、第194～201頁。
⑥ 圣凯：《南北朝地论学派思想史》，第383页。

魏分裂为始，东魏孝静帝迁都邺城，慧光"初在京洛，任国僧都。后召入邺，绥缉有功，转为国统"①。宇文泰创立新的"开讲"仪式，引入"五时判教"，融合了南北二道的思想。法上、道凭继慧光之后著有《十地经义疏》等论述。

第三期（577～605），以建德六年北周武帝攻占邺城为始，以灵裕圆寂为终，是灵裕的邺城时代，重视《大集经》一系和净影慧远的长安时代，现存著作有灵裕《华严经文卷义记》卷六与《总忏十恶偈文》以及昙迁《亡是非论》和《十恶忏文》。作者认为"勒那摩提的译经、禅法、戒律、华严经学等特点，菩提流支的译经、注疏、僧官的活动，由慧光发出发扬光大，从出现地论学派"——"转疏为论"、沙门统、方位"对峙"的局面。②

第四期（605～632），以《大法师行记碑》建造为结束标志，此时地论师热衷《摄大乘论》等新学说，加上华严宗、天台宗、三论宗的兴起，智俨、智顗、吉藏对地论学说的批判和吸收，最终在思想史脉络、判教脉络、现实争论上发展出有为缘集、无为缘集、自体缘集、法界缘起四种缘集，在体融与相融中影响判教思想。

南北二道虽然在地域分布、法统观念、义理层面出现了分歧，但是北道渐修"始有"与南道顿悟"本有"的传统，推动了佛教中国化发展的进程。一方面，慧光在学习借鉴勒那摩提和菩提流支的教法后，由弟子道晖－洪遵－洪渊－法砺一系延续修道生活，弟子道云－道洪－智首－道宣一系传承戒律制度。③ 另一方面，西魏宇文泰通过国家力量整合南北朝佛教思想，促成了《一百二十法门》与四十卷《菩萨藏众经要》的问世，是地论学派与南朝佛教的有机结合。④

二 义理辨析与判教体系：五门十地修道之缘

"五门"思想阐释了从凡夫到佛的修道过程，众生门中一切众生皆具佛性，佛性门中不二佛性皆能修道，修道门中所有修道共依诸谛，诸谛门中佛说诸谛无碍圆融。

---

① （唐）释道宣：《续高僧传》卷二十一，《大正藏》第50册，第608页。
② 圣凯：《南北朝地论学派思想史》，第287～288页。
③ 王建光：《中国律宗通史》，江苏人民出版社，2008，第183页。
④ 圣凯：《南北朝地论学派思想史》，第642页。

本书作者指出地论学派"对佛性、心识、缘集、圆融等思想的发挥，全都是对主体如何通过修道实现解脱这一问题的回应"①。诸如第四章"判教思想与大乘佛教意识的建构"论证了南北朝的判教思想是以大小乘的差别为根本；第五章"真如佛性与本识当现"还原了当常、现常的历史真相；第六章"阿赖耶识依持与真如依持"分析了真智、缘智及其心识的确立；第七章"法界缘起于圆融量智"，总结了缘集的种类特质和圆融思想的形成。

佛性作为修道的前行，始终是古圣先贤讨论的重要问题。从《金刚仙论》提出凡圣皆有平等不二的真如佛性，凡夫"当常"，唯有通过修行得见本有佛性；初地菩萨以上"现常"，法身之体、报身之用于应身之相中常现佛果之妙。到吉藏"佛性有两种：一是理性，二是行性。理非物造，故言本有；行借修成，故言始有"②的"再建构"。以及智颛依圆教"三因佛性"对别教的批判，"'本有'与'始有'不仅是时间序列上存在论意义上的'有'，更关切到修道解脱论意义上的根源、可能性、途径等"③。乃至"佛体离极，性自天人，一切众生本自觉悟，不假造作，终必成佛"④，故言本有佛性；菩萨在十地修行中常怀精进之心，故称始有作佛之因。地论学派佛性论的三次"层叠"，最终造成"现常"佛性成为"本有"、"当常"佛性成为"始有"的"误解"。⑤

修道虽有八万四千法门，但依十玄门之义理来看，一多相融，同时具足，故"佛以一音演说法，众生随类各得解"⑥。菩提流支亦赞"宣说如来一音，以报万机，大小并成，不可以彼渐顿而别"⑦。然而，因为"华人易于见理，难于受教，故闭其累学而开其一极，夷人易受于教，难于见理，故闭其顿了而开其渐悟"⑧。圣凯教授指出"地论学派的判教思想是以菩提流支、勒那摩提所传的印度佛教为开端，吸收了当时南朝佛教界的判教思想，不断融摄、会通，才出现如此丰富的判教方式"⑨。

---

① 圣凯：《南北朝地论学派思想史》，第2页。
② （隋）吉藏撰《大乘玄论》卷三，《大正藏》第45册，第39页中。
③ 圣凯：《南北朝地论学派思想史》，第385页。
④ 赖永海：《中国佛性论》，中国青年出版社，1999，第99页。
⑤ 圣凯：《南北朝地论学派思想史》，第433页。
⑥ （后秦）鸠摩罗什译《维摩诘所说经》，《大正藏》第14册，第538页上。
⑦ （隋）慧远撰《大乘义章》卷一，《大正藏》第44册，第465页上至中。
⑧ （唐）释道宣：《广弘明集》卷十八，《大正藏》第52册，第225页上至中。
⑨ 圣凯：《南北朝地论学派思想史》，第368页。

通过梳理文献，他提出地论学派判教主要有三系。

一是法上→慧远一系吸收菩提流支以"半"教（声闻藏），以"满"教（菩萨藏）和慧光"因缘、假名、诳相、常住"四宗，建立了"二藏四宗"的判教思想。其中，"因缘宗"以《毗昙》为中心，阐明小乘说一切有部的"六因四缘"；"假名宗"以《成实论》为中心，阐明"因成假""相续假""相待假"三假；诳相宗则以《大品般若经》以及中观学派的三论为中心，阐明一切存在为不真实；"常住宗"是以《涅槃经》和《华严经》为中心，阐明佛性常住、本具的思想。①

二是道凭→灵裕一系以菩提流支会通诸学的"一音"为中心，吸收南朝"五时判教"建立别教，逐步扩大阐释确立通教，依究竟的立场建立通宗，由此形成"别、通、宗"三教判。作者借助《教理集成文献》的判教思想指出"别教对真理的阐发与实践等，都是在'事'的层面，即通过阐明诸法的差别而舍弃对诸法的执着；通教依相诠释法界，最后显示悟证的境界，通宗依'体'而阐释法界的体性"②。所有教法都是佛"一音"随类各成，修道者证入的真理之体是一味平等无二，诸法实相亦如是。

三是在道凭→灵裕一系的内部，作者认为该学派以《大集经》为核心，融合"四宗"，以及为根器未成熟者设立的"渐教"；以根器成熟者为对象的"顿教"；为正在迈向佛境的众生而说佛陀证悟的殊胜境界的"圆教"，③ 乃至集合别教、通教、宗教建立的判教思想，形成了独具特色的中国佛教体系。

诸谛门又称诸融门，以释迦摩尼所说圣俗二谛和四谛为不共外道的出世间修行方法。佛说之苦谛是众生离欲的动机，集谛是十二因缘的集起，灭谛是颠倒梦想的远离，道谛是如实知见的证悟。在认识论上，因为第七识末那识含摄了流转于五蕴的前六识，是色声香味触法之现象界在记忆中留下的虚幻倒影，无间无常不能自主，所以称为苦。佛教以染净因缘为别，故将有所得心视为苦因，外道偏执于业力轮回中的主体，故取自我生灭为苦。修道过程中"始有"智慧的第七识是缘智，不生不灭的"本有"智慧第八识是"真智"，作者认为"缘智体现主体信息染净变化，真智呈现了主体的永恒性与超越性"④。源于依真智顺观十二缘起成生死，逆观十二缘

---

① 圣凯：《南北朝地论学派思想史》，第 322 页。
② 圣凯：《南北朝地论学派思想史》，第 355 页。
③ 圣凯：《南北朝地论学派思想史》，第 319 页。
④ 圣凯：《南北朝地论学派思想史》，第 475 页。

起得解脱，故而以"智如合一"的真智为"真实缘集"，即"自体缘集"。《大乘五门十地实相论》以"自体缘集"为体，世间生死"有为缘集"以及出世间生死的"无为缘集"为相，染净状态的十地前后和"妙觉虚通"的佛位为用。灵裕《华严经义记》、S.4303Ⅴ《教理集成文献》等地论著作依"法界缘起"为体，自体缘集、有为缘集、无为缘集为相，建立了体融与相融的圆融思想，开启了通往觉悟的融门。

三　文本译作与概念阐释：地论学派研究之果

历时性文本译作的差别，开启了不同学派的求索之路；共时性佛教文化的交融，推动了南北朝义学思想的高潮。

首先，法上、慧远的《大乘义章》标志本土化译释的成熟。由于鸠摩罗什在早期翻译《成实论》语焉不详，导致了各学派对经典阐释有所不同。后来经昙影以"发""苦""集谛""灭谛""道谛"五聚综括论，产生了现行论本的结构。圣凯教授认为"在南北朝之前，中国佛教的主体性尚未建立，缺乏中国佛教自身的创造性转换"[①]。直到北魏太武帝拓跋焘灭佛后，慧思在《立愿誓文》中提出此时即"末法"时代的观念，慧光至法上时代的中国僧人才对佛典提出了创新性理解。相继出现以玄学、儒学解释佛法的注疏，以"五门十地"为解释框架、以"实相论"作为标题、写本皆为注释经论的义疏[②]现象。肇于北魏菩提流支翻译世亲的《十地经论》，中国佛教借鉴印度佛教"转疏为论"的释经传统，以佛教义理对经典展开诠释，逐渐形成"义章"的文体。

其次，地论宗思想史研究开启了时代化阐释的征程。20世纪30年代至70年代，学派的学术研究仅限于藏内的文献，由于文献的佚失，[③]百年以来难有突破。20世纪80年代后，日本学者除了运用文献学研究敦煌文献，兼取思想史的研究范式。[④]不只着眼于学派内部的传承史，还拓展到社会发展的文化史，宏观上把握时代变化的潮流，探索思想变革的根源。本书中北魏的洛阳佛教，东魏、北齐的邺城佛教，西魏、

---

① 圣凯：《南北朝地论学派思想史》，第93页。
② 圣凯：《南北朝地论学派思想史》，第84～86页。
③ 圣凯：《南北朝地论学派思想史》，第16页。
④ 圣凯：《南北朝地论学派思想史》，第13页。

北周的长安佛教，三地并列的叙事模式，既有不同主流意识形态，反映下层人民生活的区域史；也有传承法系观念，体现宗派文化的断代史，客观公正地还原了魏晋南北朝地论学派的本来面目。

最后，综合研究法确立了系统化诠释的模式。任何宗教史研究都或多或少带有主观认识的倾向，正如荣格所言："一些古老的心理因素不必经由任何直接的传承，就能进入个体心灵中。"① 以往的佛教研究，大多只是从义理到义理的分析，"内容既具有形式于自身内，同时形式又是一种外在于内容的东西"②。后人所作解释无非是对前人观点的再次肯定，所谓的自我认识不过是理念相续的影子。然而，圣凯教授通过新出土文献、义理导图为读者展现了更为宏大的叙述体系，使"南北二道"等意义在解释中得到修正，从历代高僧的个人行迹中，窥见行动者确定一个具有意义的事物。从他们的著作中，不难发现行动者选择、检查并在他们所在的语境中进行意义转换。③

随着文本译作中文化交融的不断深入，佛教逐渐会通儒、道两家的思想，剥离印度佛教的异域外衣，实现了中国化的理念阐释。尤其是大乘佛教适应了中国人对本土"大同世界"的最高想象，以庄严国土、利乐有情满足了民众信仰的实际需要。南北朝地论学派思想作为上承东晋十六国印度佛教，下启隋唐格义佛教的历史转折点，虽然在思想上的贡献不容小觑，但是能否会像作者说的那样独一无二，成为中国佛教史上的惊鸿一瞥，仍需经过历史检验。点滴翰墨因缘聚，流年往事皆成章，十五年终成六十万字的《南北朝地论学派思想史》既是个人的生命史，也是学术的观念史，或许我们不应以此为终点，而是以此为起点。唤起更多学者共同关注地论学派，参与南北朝佛教的研究。

---

① 〔瑞士〕卡尔·古斯塔夫·荣格：《回忆、梦、思考：荣格自传》，于铃娜译，上海译文出版社，2020，第20页。
② 〔德〕黑格尔：《小逻辑》，贺麟译，商务印书馆，2018，第280页。
③ 〔美〕理查德·韦斯特、林恩·H·特纳：《传播理论导引：分析与应用》，刘海龙译，中国人民大学出版社，2007，第98页。

抗战时期澳门佛教界《觉音》杂志对爱国救亡思想的宣传[*]

李栋财

【内容提要】 爱国救亡是抗战时期国人所聚焦的时代主旋律，澳门佛教界人士的爱国救亡行为是华南地区全民抗战的一个缩影。竺摩法师主编的《觉音》杂志将传播爱国救亡思想作为主要办刊宗旨，呼吁全国佛教徒加入抗战救亡事业之中，积极介绍各团体佛教徒参与其中的事迹，全面解析世界反法西斯战争的有利形势，犀利批判当时社会应对战争所存在的种种问题。该刊物继承中国佛教爱国爱教优良传统，充分表达佛教徒期盼世界和平的美好愿望，坚定佛教徒参与爱国救亡运动的信念，增加了民众对佛教界入世报国行为的好感。

【关键词】 澳门佛教 人间佛教 竺摩法师 华南抗战 爱国爱教

【作 者】 李栋财，福建师范大学中国史博士后科研流动站研究人员。

如果一个民族有着强大的民族凝聚力，在生死存亡关头形成众志成城的民族向心力，那么这个民族就不可战胜。在中华民族的十四年抗战中，中华民族的凝聚力和向心力得到了完美体现。这是一场全民族的救亡运动，除了当时的政界、军界、文化界等不同领域国人积极参与之外，宗教界中佛教人士的爱国抗战事迹同样可歌可泣。

在日军侵华的炮火下，僧人也是战祸的受害者之一，"做和尚也得不到平安，青灯古佛降不住魔鬼的横行"①。日军的轰炸破坏往往是无差别的，很多佛寺无故被毁，

---

* 本研究得到福建省省级财政"闽港澳博士后交流项目"经费资助。

① 杨慧贞：《赴汤蹈火的释迦弟子——访问狮子山慈云寺僧侣救护队》，《觉音》总第 14 期，1940，第 20 页。

使中国佛教界造成巨大损失。以甘肃兰州的普照寺为例，该寺始建于唐代，有大量佛教主题书画古迹，寺内尤以藏经阁内一部明朝版本的藏经闻名。但因为日军的轰炸，"明版藏经全部被毁"，寺中常年阅藏的方丈悟明法师等僧人也被炸死。佛寺的"殿颓楼崩，经毁僧亡"①，正是警示佛教界：积极参与抗战既是国家民族的需要，也是佛教徒保护自己的必要之举。

爱国爱教是中国佛教的优良传统，历代高僧大德都有心系国家、情系民众的爱国主义情怀，涌现出大量抵御外侮、除暴安良的爱国主义事迹。在抗战期间佛教人士同样也不落后他人，踊跃通过自己的方法参与到这场反侵略战争之中。当时葡萄牙统治下的澳门政治中立，社会环境较内地来说比较平静，竺摩法师在无量寿功德林主编《觉音》杂志。该杂志除刊登佛教界教内新闻、诸方高僧佛法开示之外，用大量篇幅进行爱国救亡思想的宣传。《觉音》杂志的发行是当时中国佛教人士高呼抗战的重要一幕，在激励读者投入抗日救亡运动、扩大佛教抗战声量等方面都做出了积极贡献。

一 应时势所需而诞生的《觉音》杂志

《觉音》的前身是在香港创立的《南华觉音》刊物，在从《南华觉音》到《觉音》杂志的发展历程中，爱国爱教的僧人编辑团队一直高度关注当时内地抗日战争的战况。竺摩法师在澳门无量寿功德林编辑《觉音》杂志的时期，该杂志围绕抗战救亡议题的着墨颇多，在当时佛教界及整个社会中获得极大影响。

抗战爆发后，号称"华南贸易中心"的香港在1941年12月太平洋战争前，仍能暂保和平。在太虚法师的关心指导下（亲自题写刊名），同时获得慈航法师、筏可法师、白慧法师等人在经济上的资助，一批曾在闽南佛学院教书和学习的僧人于1938年9月创办《华南觉音》这份刊物，杂志编辑、发行工作主要在青山弥陀阁进行，② 此时华南地区尚未卷入抗日战争的烽火。但当年的10月12日，日军分三路从大亚湾突袭登陆，广东地方当局疏于防范，守军大多一触即溃。10月21日，日军快

---

① 慧森：《为普照寺僧及藏经殉难志哀》，《觉音》总第10期，1939，第2页。
② 黄夏年主编《民国佛教期刊文献集成》第205卷，全国图书馆文献缩微复制中心，2006，第35页。

速占领广州及其附近地区、珠江三角洲各要点，[①] 华南地区逐步开始沦陷。随着战场的扩大以及编辑部期望杂志"去除地方性色彩"的考虑，《华南觉音》刊名改为《觉音》。由于早期负责编务和发行的满慈法师、妙音法师赴重庆汉藏教理院深造，从第13期开始，杂志社迁至澳门无量寿功德林，由能力、人品均受佛教界认可的竺摩法师独自承担主编工作，委托澳门新马路文新公司印刷，由锦章书局、光明书局、中山书局、小小书店发行。杂志在刊名为《华南觉音》期间都在香港办刊，但改名《觉音》之后直到停刊则几乎都在澳门编辑发行。其不仅仅是刊名、编辑人员、编辑部所在地有所变化，从封面到版式都发生了很大改变，稿件来源、用文倾向与经费收入等前后区别也都十分明显。竺摩法师在澳门接手编辑出版工作后，刊物才逐渐享誉海内外，受到大量读者关注与热烈回应，[②] 在当时全国佛教文化杂志中获得较高地位。因而在学术探讨时可一并探讨，或单独评议。本文篇幅有限，将主要就《觉音》刊物在澳门编辑发行期间的部分展开讨论。

无论是《华南觉音》还是《觉音》办刊期间，杂志中处处体现出佛教人士的爱国之情。《华南觉音》的法师编辑人员，从创办杂志之初，内心就充满了对国家前途的担忧。在创刊号中《殿军》一文里，编者俨然法师的浓浓爱国之心溢于言表："我们承认自己的力量很单薄，但我们一片的热心可掬，对国家，对佛教，时时想尽一片绵薄。"正是因为有这种对国家前途的真情关切，才会想国家兴亡"匹夫有责"："创办这个小刊物的动机，是觉得我们的国家和佛教底现状太痛心了！常常感到私衷不安的是没有尽我们的一份天职。"[③] 在竺摩法师被聘为《觉音》主编时，他虽然因"体弱力微，一向滥预淄流，不敢问事"，但思及日军大举入侵之时，对于国家和佛教界都是很大的灾难，"双重威逼，维护文字，发扬正义，亦为凡人应尽之天职，故不揣简陋，毅然以赴"。[④] 爱国护教，两者都义不容辞，因而毅然决然地承担刊物编辑与发行重责。

竺摩法师是《觉音》杂志的灵魂人物，在他单枪匹马的不懈努力下，刊物持续到最后发行至第32期，其中有多期合刊的现象，如最后一期就是第30、31、32期共

---

① 左双文：《华南抗战史稿》，广东高等教育出版社，2004，第38页。
② 编者：《编后琐语》，《觉音》总第14期，1940，第23页。
③ 编者：《殿军》，《华南觉音》总第1期，1938，第16页。
④ 竺摩法师：《竺摩启事》，《觉音》总第12期，1940，第4页。

三期的合刊。直至 1941 年 10 月，因其生病，加之三年约定已完成，才最终停刊。①

竺摩法师（1913~2002），浙江乐清人，俗姓陈，名德安，别名"雁荡山僧""篆香室主"，受具足戒于宁波观宗寺的谛闲法师座前，曾跟随静权法师、宝静法师专修天台宗，学教于太虚法师门下，又先后在闽南、武昌两所佛学院学习。在没来澳门之前，法师就积极参与抗日救亡运动，参加"慈溪抗日后援宣传组"，后还在《大公报》《宇宙风》等报刊发表多篇反映僧人救国事迹的文章。法师在 1939 年从内地到澳门弘法，至 1953 年离开，驻锡澳门长达十六个年头，对当地佛教文化的发展、澳门与海内外各地的佛教文化交流互动做出极大贡献。② 法师尤擅诗词，在澳门常常通过创作诗词抒发在国难下怜悯百姓的慈悲心怀，以及疾恶如仇的爱国深情。如《读太虚大师〈精诚团结与佛教之调整〉，热血沸腾，不能自已。依陈铭枢将军赠大师韵，漫成一律》："抗建无分僧俗殊，相将微命效驰驱。欲全巢卵宜团结，岂狃华夷自阔迂？百世伪真明道释，千年背向误韩朱！今看谠论解民瘼，一吼当令万象苏。"③ 也因为他极高的文学艺术修养，"澳岸甘露遍"，"方外结因缘"，④ 在澳门的影响越来越大，当地和来澳避难的各界知名人士都乐意与之交往，这也为《觉音》杂志在澳门的扎根打下良好基础。法师离开澳门之后，应邀赴香港和东南亚弘法，创建马来西亚佛教总会，当地信众推举他为多届主席，因而被誉为"大马汉系佛教之父"，被马来西亚政府授予高级拿督勋衔。⑤

澳门虽然在战争中未如香港一样饱受战火，但也深受日军侵华暴行所害。澳门是弹丸之地，却成为战争期间内地难民和周边外国侨民逃避战祸的目的地，短时间内大量人口涌入，导致物资缺乏，通货膨胀严重，暴发严重饥荒。澳门各界人士积极发起各项抗日救亡的活动，成立各界别救亡团体，如"四界救灾会""旅澳中国青年乡村服务团""前锋剧社"等。各团体及个人相继实施救助难民工作，认购抗战救国证券，开展抗战救亡与宣传，为民族抗战事业提供力所能及的支援。⑥ 无量寿功德林位于三八仔街，是澳门佛教界知名的道场，寺中僧尼在抗战期间有设立施粥场救

---

① 黄夏年主编《民国佛教期刊文献集成》第 205 卷，第 38 页。
② 何建明：《澳门佛教》，宗教文化出版社，1999，第 93 页。
③ 陈业东：《澳门近代文学探微》，澳门理工学院，2014，第 62 页。
④ 卢友中：《澳岸甘露遍 方外结善缘：追寻竺摩法师在澳门遗留的踪迹》，《文化杂志》2008 年冬季刊，第 28 页。
⑤ 陈松青：《中华一代奇僧竺摩大师》，《文化杂志》2008 年冬季刊，第 3 页。
⑥ 林发钦主编《澳门人的抗战》，澳门理工学院，2016，第 3 页。

济灾民的义举。自 1929 年开始，香港张莲觉居士借用无量寿功德林设立女子佛学院，开创岭南佛教女众教育之先河。1939 年，无量寿功德林开办"佛学研究班"，邀请竺摩法师来此讲学，法师先后在这里开讲《维摩诘经》《地藏经》等佛教经典，同时主编《觉音》杂志。① 澳门本地人士通过捐款、来信、赠诗等多种形式表示对刊物的肯定与喜爱，无量寿功德林的常住僧人对法师办刊也给予积极支持，佛学院内学员还踊跃向该刊投稿。在澳门浓烈抗战救国风气以及寺内僧尼爱国爱教的氛围下，杂志编辑工作得以顺利在此进行。

二 号召全国佛教徒参与到抗战救亡事业中

抗日战争不仅需要爱国军人的流血付出，佛教信众也有义务参与其中。《南华觉音》或《觉音》杂志都在其有限的版面中，拿出大幅空间探讨全民抗战的意义，全面解惑佛教徒关于是否应该参与抗战的疑问，通过僧、俗典型突出佛教文化在抗日事业中的重要价值，这些宣传为劝导民众积极参与抗战事业起到带动作用。

佛教讲求慈悲护生，那么佛教徒是否应该参与到"杀生"的抗战事业中去呢？面对一些带有疑问的佛弟子，杂志登载的多篇文章对此问题进行解惑，从不同角度论证佛教徒投入这场保卫家园战争的合理性。

首先，佛教的根本教义是关爱全人类，乃至所有的众生，"有生命知觉的动物"，希望大家之间都可以互信爱敬，去除隔阂与矛盾。但发动战争的行为与佛教慈悲理念截然相反，佛教很明确"对于侵略和战争，一向是背弃，憎厌的"②，佛教是反侵略主义的宗教。

其次，佛教戒律守持有"特殊情况特殊对待"的智慧，并非僵化食古。"杀戒"在必要的时候，为了大众，也是可以破例的。作者以佛陀本生故事及少林寺的典故为例，证明这种说法的合理性。"佛陀在过去世中，曾于一商船上，为要救度五百商人，而去杀死几个恶贼；以及历代大德，为卫国卫民计，不惜牺牲个己而去开杀戒的，不知多少？如从前少林寺僧的助国平乱，就是一个好例子。"③

① 李明：《近代佛教的女众教育实践》，《宗教学研究》2012 年第 3 期，第 145 页。
② 子禅：《听孙院长演讲后的感想》，《觉音》总第 13 期，1940，第 13 页。
③ 今值：《谈僧侣抗战》，《华南觉音》总第 9 期，1939，第 2 页。

再有，佛教徒参与这场战争是为了"降魔"，不违反符合佛教教义，是大乘佛教信徒应做的事情。这场战争并非由中国发动，而是日本侵略者挑起，"魔王波旬硬来破坏和平的真理，那我们（佛徒）自应用金刚降魔的手段来对付"[1]。佛教徒誓愿护持三宝、普度众生、了却烦恼，同发心救全国人民免于战火荼毒的目的并没有不同，都符合大乘精神的特质，"魔"虽不同，但都是应该一概对待的。"中国为国家民族自卫，为世界正义和平，有遮止罪恶，抵抗战争而应战；与阿罗汉之求解脱安宁不得不杀贼，佛之为建立三宝不得不降魔，其精神正是一贯的。"[2]

最后，佛教徒虽然是世外中人，但同时具备国家的国籍，是国家的公民，履行公民义务，承担公民责任，这是义不容辞的。"我们虽然是佛教徒，但有我们国民的立场，那么我们为国家民族服务是应该的。"[3] 抗战是全民性的，不论男女老少，身份高低，都要"有钱出钱，有力出力"，尽国民的天职。

为了更好地为大家说明僧人积极参与到社会上爱国救亡工作的正当性及必要性，杂志分别登载了澄真法师与竺摩法师之间的来往信件各一封，用个案形式生动地给予大家引导。

在信中，澄真法师向竺摩法师介绍了自己在爱国救亡团体中工作的现状，以及少部分人对她参与这项事业表示不理解的窘状，对自己作为出家僧尼是否应该继续这项与佛教没有直接连接的工作提出疑问。竺摩法师对该法师勇于参与到寺院之外的爱国救亡团体工作十分赞赏，同时认为"这是佛徒初参加社会工作，必然会发生的现象，自己要有工作的毅力，这种困难是不难克服的"[4]。鼓励其继续增加信心，"我对于你的参加社会团体工作，有机会学点知识、技能、经验，当然是认为对的，而且你若做得好，于自于人于佛教都有莫大的光荣，在今日，尼僧能去参加社会团体工作，是很稀有的。"他还另外列举香港一位法师的例子，"譬如你的同学慧真师，在香港华民教育司处考到小学教员，又考到防空演习员"。可见，不仅很多法师在佛教界内的爱国救亡社团中热心服务，还有些优秀法师在社会上其他团体中凭借自身特长与能力发挥积极作用。

---

① 俨然：《战争与和平》，《华南觉音》总第 3 期，1938，第 3 页。
② 太虚大师讲，游隆净记：《降魔救世与抗战建国》，《华南觉音》总第 3 期，1938，第 6 页。
③ 西航：《一位忠实的伤兵》，《觉音》总第 30 至 32 期，1941，第 75 页。
④ 竺摩：《写给为工作懊丧者》，《觉音》总第 19 期，1940，第 28 页。

如果说佛教徒想参加到抗战事业中去，那具体应该如何去做呢？《觉音》杂志中的文章为大家分别树立出家僧众、在家信徒的抗战爱国模范典型，同时也认为佛教思想是支持这些人物面临酷刑与死亡毫不畏惧、坚持爱国行为的精神食粮。

在《觉音》杂志中，记载了大量僧尼参与抗战救亡事业的爱国事迹，其中对理妙法师的经历介绍最为详细。理妙法师壮烈牺牲时仅二十九岁，他"奉命派赴湘北敌后工作以后，对于敌情的揭露，交通的破坏，积功甚多，敌人恨之入骨"①，在岳阳附近被捕后，日军对其采取各种威逼利诱的手段，法师都不为所动，最终日军恼羞成怒，"愤无可泻，遽施毒刑，挖眼割耳，备极人间之惨！"纵然身受世人难以承受的酷刑，法师在临终就义之前，依然高呼"中华民国万岁"不已。在作者看来，法师先后在宏慈佛学院毕业、南岳华严研究社肄业，所以"于佛家哲理涵养颇深，故能舍其小我为国牺牲"②。

吴佩孚作为在家佛教徒中爱国人士的代表，曾是旧式军阀，割据数省，拥兵数十万。下野之后，长期在天津做寓公。日寇妄图"以华治华"，拉拢各色过气军人、政客、文人，为其侵略涂脂抹粉。吴佩孚门生旧部众多，在当时的中国军界仍有一定的影响力，是日方欲图收买的对象之一。但吴佩孚坚持"不为利诱，不投降"的高尚气节，"我不能禁止人威胁利诱我，但我绝不受人威胁利诱"。他被作者认为是受佛教"为大我而牺牲小我"教义，和《金刚经》说的"真空"理义所影响。③

《觉音》杂志中的文章结合佛教教义与战争现状进行讲解，以参与爱国抗战工作的普通僧人展开实例分析，介绍僧俗抗日爱国的模范个案，整体来说明佛教界人士参与抗战事业的合理性、正当性，解除众人的疑惑，为大家如何更好投入爱国救亡运动指明了道路。

三 介绍全国各佛教团体的抗战救亡活动事迹

随着日军的大举入侵，中日双方军事、政治、经济诸方面的角力日渐激烈。《觉音》杂志就当时战况的不断变化，对佛教界各团体单位抗战的事迹进行全面报道，

---

① 巨赞：《悼念新佛教运动的战士理妙法师》，《狮子吼月刊》总第 1 期，1940，第 7 页。
② 天军：《释理妙从容就义》，《觉音》总第 18 期，1940，第 3 页。
③ 性然：《吴佩孚将军的晚节》，《觉音》总第 12 期，1940，第 3 页。

让读者对于佛教界抗日救亡工作所取得的成绩有整体性了解。

在强敌来犯之时，全国各地佛教寺院都在举办时间或长或短的法会，僧人们诵经祈福，祈求佛菩萨加持。如湖南沩山的寺院，"启建护国息灾法会五十三日，为忠烈禳灾，为民族祝福"[①]。又或捐款捐物，如"曲江延祥寺僧果安和尚将存粮二十担献充军粮"，使得社会人士对佛教僧人有更多积极的肯定。[②] 同时，根据所处不同地域的抗战形势需要，以及僧团人员素质特点，各地佛教界组织了多种形式的抗战团体，开展不同方向的救亡工作。对此，《觉音》杂志做了翔实的报道。

1. 专门的僧青年爱国救亡团体，如湖南佛教青年工作团。该团体直属于当时的第九战区政治部，先后在湖南省内的衡阳、长沙等地从事抗日救亡工作。将一群思想进步的僧青年团结起来，"和许多救亡工作者一起，深入各种市镇与乡村的阶层，一面作真理正义的宣传，一面也作救伤慈济的工作，活泼生动的姿态，给予群众以良好印象"[③]。他们贴标语、发传单、出壁报、做通俗演讲，与其他各界团体频繁联合举办救亡活动，向前线浴血奋战的将士发慰劳信，组织当地佛教信徒展开各种培训，种种的行为扩大了佛教界爱国声量。他们原定希望可以"逐渐开展这个组织，普及于全国，使全国佛教徒都清醒地集中在抗战建国纲领之下，实际工作"[④]，但受制于现实条件，活动时间未足一年。

2. 佛教与其他宗教信徒联合成立的爱国救亡团体，如南岳佛道救难协会。这是由佛教与道教信徒合作组成的救亡团体，协会所在地为湖南南岳的祝圣寺。"公推上封寺方丈宝生为会长，祝圣寺方丈空也，南台寺方丈悟真，大善寺知客有缘，三元宫住持刘光年道士为副会长。又决意简则十条，其中规定于备案成立之后，集中劝善壮丁年龄内的僧道，在祝圣寺受训一月。"[⑤] 后来受训的人，共七十多人，以佛教僧人为主。该组织充分吸收衡山全山佛教、道教人士，"凡南岳佛道同仁均应加为本会会员"，会务经费则主要"依各寺观财产分配担任之"[⑥]。协会的成立受到各界高度关注，获得了当时共产党与国民党各政党人士的支持。协会成立大会现场，叶剑

---

① 释巨赞：《如是斋蠡启录》，《觉音》总第 30 至 32 期，1941，第 57 页。

② 编者：《谁是蛀米大虫》，《觉音》总第 30 至 32 期，1941，第 6 页。

③ 竺摩：《僧救事业的回顾和展望》，《觉音》总第 16 期，1940，第 2 页。

④ 明恒：《佛教青年服务团的过去现在与未来》，《阵中日报》1939 年 7 月 13 日。

⑤ 巨赞：《奔走呼号一整年》，《觉音》总第 15 期，1940，第 24 页。

⑥ 南岳佛教协会编著《南岳佛教抗战文献汇编》，团结出版社，2015，第 75 页。

英做了题目为《普度众生要向艰难的现实敲门》的演讲。①

3. 僧人组成的战场阵地救护单位，如上海僧侣救护队。该僧侣救护队的相关事迹，通过名为"救护杂忆"主题的纪实文学在《觉音》杂志中连载很多期，生动描述救护队参与救护工作时的各种瞬间，让读者有身临现场的感觉，具有较高史料价值。救护队员虽然不是职业军人，却在激战之中的战壕与后方反复穿梭，对其自身具有极大危险性，但队员们毫不退缩。军人劝他们不要参与过分危险的任务，他们则以国民之一分子的身份强烈要求参加，"我们出家人也是中华国民的一份子，也同你们军人一样的负有为国牺牲的责任，什么危险和辛苦的事情我们不能做呢？"② 二百多位精干的青年僧侣不顾生死，出没于最前线的枪林弹雨中抢救伤兵，这种大无畏的精神使大家感受到强大力量。

4. 僧人组织的后方医疗救护单位，如重庆慈云寺僧侣救护队。1938 年底，国民政府西迁重庆。日本侵略者为摧毁国民政府抗战意志，将重庆作为战略轰炸重点，进行无差别轰炸。慈云寺僧侣救护队由六十位僧人组成，专职救护空袭后的受难市民。救护队成立的次日，重庆各报刊均以显著位置和大字标题进行宣传报道，《新民报》所刊载《脱了袈裟换战袍》的特写尤为社会关注。后续，《新民报》对该救护队的救亡行动给予跟踪报道，《觉音》杂志社远在澳门，虽然无法亲临重庆现场，但也及时转载新闻通讯文章，让读者了解这些僧人的壮举。"远处隐蔽在防空洞中之市民，见 X 机正在该队顶上盘旋，为之担忧。该队仍视若无睹，勇敢前进，在三批四批 X 机狂炸之下，完成救护数十人工作，充分表现出舍己救人精神。"③ 救护队的表现博得广大群众的称道，获得了包括太虚大师在内的诸多教内知名法师的勉励，当时国民政府高层以及蒋介石本人都公开高度赞扬其精神。④

5. 僧人主办的敌占区医疗救助单位，如当时已是敌占区的浙江慈溪县积善寺施医所。在沦陷区的僧人，虽然本身已是受害者，但没有放弃尽力救助其他受难同胞的愿心。1941 年 4 月，日军侵占慈溪县。在慈溪，他们奉行"以战养战"的原则，所到之处民房被侵占，粮食、禽畜被抢，无故残忍杀害百姓，民不聊生。当地慈溪

① 明真：《关于"南岳佛道救难协会"的回忆》，《法音》1990 年第 7 期，第 28 页。
② 藏岩：《救护杂忆之十：血溅马陆镇》，《觉音》总第 11 期，1939，第 19 页。
③ 编者：《僧侣英勇 抢救难胞》，《觉音》总第 15 期，1940，第 36 页。
④ 竺摩：《僧救事业的回顾和展望》，《觉音》总第 16 期，1940，第 2 页。

芳江渡积善寺的昌义法师，"近鉴于失地难民填圹，罹病枉死者实多，乃不避艰巨，就寺设一施医所，嘉惠难胞"。其他法师眼见施医所的开办利益周边民众，也积极加入，协助法师的救助工作，"又去秋由港返浙之若云法师，亦住锡该寺，帮同办理云"①。积善寺的善行远近闻名，被《觉音》杂志的记者采编成文，发表在第29期杂志的"教界简讯"中。

6. 佛教界专门面对东南亚、南亚各国人民开展战时民间外交的组织，如中国佛教国际访问团。在当时国民政府最高层的支持下，他们走出国门，积极向东南亚与南亚各佛教国家的政要、佛教徒以及其他人民介绍中国佛教的发展情况，控诉日军种种残忍暴行，在国际上取得较大反响。针对这一系列的相关活动，《觉音》杂志运用大量篇幅给予了多角度的持续跟踪报道。在第27、28期合刊这期的文章里，作者回顾之前几年佛教界为民族抗日事业所做出的各项事业，特别指出该佛教组织开展民间外交、国际宣传的成绩尤为瞩目。"在党国及各社团领袖暨全国佛教前进缁素策动支持下之中国佛教国际访问团，筹组出发以至回返，计时一年有余，经历缅甸、印度、锡兰、马来亚、暹罗、越南诸国，唤起同情者百千万人，而收获缅人访问团及近有印度佛教访问团来华等等，中缅中印的亲善反应。"②

在抗战时期，诸位僧人不论修持何种法门，都继承了中国佛教界爱国爱教的优良传统，值国土危脆之时，救国救民，尽心行持菩萨道。"苟能竭尽心力，拯救国家民族之苦难，亦不啻为再世之观音，万家之生佛也。"③ 通过自身所在的不同爱国团体，运用自己不同的方法，积极投入爱国救亡运动的洪流之中。

四 分析世界反法西斯战争的大好形势

《觉音》杂志以世界反法西斯战争为背景，及时对全球军事与政治的热点时事进行介绍，为国人了解国际局势情况提供一条很好的途径。文章中对世界反法西斯阵营必胜的形势分析与评论，极大鼓舞了大家的士气。

在中国人民开展抗战救亡运动的同时，《觉音》杂志的作者们不仅关注到了国

---

① 记者：《教内简讯》，《觉音》总第29期，1941，第33页。
② 太虚：《抗战四年来之佛教》，《觉音》总第27、28期，1941，第5页。
③ 侯曜：《观音得道小言》，《觉音》总第15期，1940，第6页。

内，还对全球反法西斯战争的整体情况予以关注。他们准确地指出，这场战争不仅是中国人和日本人的战争，而且是全球两大不同阵营国家同盟之间的对峙。法西斯集团是导致对峙的罪魁祸首，承担着战争发起的罪责，"一个是法西斯帝侵略者，正穷凶极恶伸出巨大的手掌向全世界侵蚀，所谓'世界新秩序'是他们最高潮恶劣的政策！"另外一个阵营就是全球反法西斯的力量，"被压迫的民族和革命的大众，为了民族生存与自由，为了和平与真理，于是就掀起最激烈的澎湃的革命怒潮，对准着侵略帝国主义的炮口还以反射"①。反法西斯力量为了自身民族利益、普世真理而被迫迎战，虽然也在参与战争，但是具有完全的正当性。

在《觉音》的作者群中，有很多人具备较高政治、新闻、军事领域素养，所做报道与分析往往具备专业水准。在《文明在那里》这篇文章中，作者就伦敦、巴黎、纽约、柏林、上海等当时世界上五座大城市战时的政经情况进行对比，引用当时美国合众社最新通讯介绍了伦敦受到德国纳粹空军空袭所造成的巨大人员、财产损失，对"闪电术""喷火车""子母弹"等当时的军事新事物娓娓道来。他还以当时韩国、印度等国谋求独立为例，强调强国凭借先进武器去欺负小国的野蛮行为不能得逞很久，最终每个国家都会达到独立平等的目的。②

有的文章作者以同时期欧洲国家的案例，论述中国佛教界人士在战争中可以发挥的特殊功能。一位化名为"初参"的作者，引用法文版《上海日报》之新闻内容来介绍欧洲宗教神职人员在战场上的事迹与功能。法国政府"在天主教方面，现动员有神父四百七十五名，而耶稣教方面，亦动员有牧师七十五名，以备军士在战阵中，实行宗教生活之用"③。在这里，作者十分赞赏法国政府对宗教团体的战争动员能力，以及当地宗教组织自身的系统管理能力，由衷地期望当时民国政府可以重视佛教团体之功能，有系统地将佛教信众组织起来，健全对僧团内部的管理，从而将这股不小的宗教力量有效运用到抗战中去。

有些文章还讨论各国之间发生战争的原因、避免战祸的方法，展示其独特的佛教界"视角"。在作者太虚大师看来，造成战争的原因，往往是人类的"贪"与"慢"："慢是现在国家民族间失掉和平的最重要因素"，极少数国家或民族误以为自

---

① 卧秋：《悼念一个圣洁的灵魂》，《觉音》总第30至32期，1941，第73页。
② 竺华：《文明在那里》，《觉音》总第19期，1940，第2页。
③ 初参：《照顾自己》，《觉音》总第11期，1939，第2页。

己的族群高于其他人类，别人的资源应由自己随意支配，同时对其他族群所掌握的各类物质财富有所觊觎，妄图通过抢夺的方式获得，从而"由贪慢发动了侵略战，当然引起对方的嗔怒抗争"。爱好和平的人，要向他人传递"慈悲喜舍佛心"[1]，一起唤醒众人，最终就可以杜绝战乱。

在深刻分析国际形势的同时，有的文章用世界史的视角看待日本的发展，讨论日本文化与政治进步的过程，号召日本佛教徒以及日本其他各界人士要认识到亚洲国家互相尊重、共同发展的必要性，共同反对军国主义的侵略行径。文章中批判了某些"支那通"在日本国内的虚假宣传，认为他们愚弄和欺骗日本国民。在强调中华民族坚持抗战决心的同时，认为日本的不断进步也是因受到"印度佛法""中国儒学"的影响，亚洲其他民族也希望与日本共同复兴。日本如果执意继续战争的话，"失却了亚洲各民族的友爱热情，且将自毁其由圣德太子以来所建立的国家与民族，曷胜可惜！"[2]

在《觉音》杂志中，诸位作者通过自己的文章介绍与分析世界反法西斯战争的最新形势，强调反法西斯战争的正当性，增强大家最终必胜的信心。有的作者通过对国际战争现状的佛教界视角解读，提出结束纠纷与战争的自己的建议。还有作者在介绍不同信仰宗教从业者的爱国行为时，指出不同宗教在倡导和平、爱国护民方面的通性。"万不容再循向在宗教间有所隔阂歧视之故辙，以减低国内之集力与国际之同情。"[3] 国内各宗教人士要抛弃所有成见与误解，联合其他宗教的朋友一起合作，共同投入民族救亡运动之中。

五 犀利批判抗战期间存在的社会问题

在抗战期间，大多数国民都能够自觉为国家与民族贡献自己的心力，但不可避免也有个别人员畏战、避战甚至卖国的现象，同时佛教界内部也有很多有待进步的空间。竺摩法师深刻认识到揭露这些问题可以对民众起到告诫、警示等方面积极的

---

① 太虚：《国际事变调整与人类心理改造——应罗斯福总统要求之和平建议》，《觉音》总第 13 期，1940，第 6 页。
② 太虚：《再告日本三千万佛教徒》，《觉音》总第 15 期，1940，第 3 页。
③ 太虚：《精诚团结与佛教之调整》，《觉音》总第 16 期，1940，第 3 页。

宣传引导作用，因此在《觉音》杂志中选用的数篇文章对这些现象毫不客气，犀利地指出存在的种种问题，通过文字进行批判纠正，警醒社会各界人士，为避免负面现象的扩大化发挥积极作用。

《觉音》的作者们，在不同文章中批判了当时涉及佛教界在内社会各界人士于抗战中存在的种种问题。

1. 表面抗战、暗地通敌的行为。虽然每个中国人都在呼吁"抗战必胜""建国必成"，但少数人却私下与日方接触，尝试接受和签订卖国的条约或协议，这类人被视为有疑而"不正知"的习气。① 在当时，由德国、意大利牵线的几次中日和谈都没有结果，在国民党政府内部的汪精卫、何应钦、张群等主和派一直都在通过秘密方式与日方进行谈判，试图通过出卖国家领土主权、经济利益等丧权辱国行为换取所谓的和平。中日双方在香港相继开展了"钱永铭工作""桐工作"等秘密谈判活动，② 而汪精卫之流最终走上成为汉奸的不归路。

2. 为逃避服兵役而出家的行为。国难当前，有一部分僧人自愿离开寺院，脱下袈裟，直接从军，到前方杀敌，如扬州重宁寺住持恒海法师组织青年僧众、当地民众成立一千多人的游击队迎击日军。③ 但也有极个别人是不信仰佛教、只为逃避兵役而出家，《逃避兵役与滥收徒众》一文呵斥了这种行为。作者认为这与卖国的汉奸"无有异也"，背叛了国民职责，法律和佛教教义都不允许。在指责这些逃避兵役义务人员的同时，作者也对协助他们"滥收徒众"的僧尼给予严厉批评。④

3. 平民无端被扣上"汉奸"的罪名。战争时期，政府往往对于"汉奸"紧密追捕，十分正常，但在当时却经常有平民莫名其妙被冠以这样的罪名。如上海僧侣救护队的领导人宏明法师就在武汉受人陷害，被当局无证据逮捕下狱，救护队也因此名誉受损，被迫解散。⑤《遥寄一封信》中以浙江宁波某位佛教会理事长被无故冠以"汉奸"罪名入狱为例，指责当地政府不应矫枉过正，抓捕要有翔实证据，"一切社

① 性贤：《习气漫谈》，《觉音》总第 10 期，1939，第 25 页。
② 中国人民抗日战争纪念馆：《港澳同胞与祖国抗日战争》，团结出版社，2015，第 162 页。
③ 河北省委统战部编《河北省宗教界爱国爱教史料集》，内部编印，2010，第 89 页。
④ 初参：《逃避兵役与滥收徒众》，《觉音》总第 12 期，1940，第 3 页。
⑤ 太虚：《三十年来中国佛教的回顾》，《现代佛教学术丛刊（86）：民国佛教篇》，大乘文化出版社，1979，第 335 页。

会的动态，是不能代表真理的"①。

4. 佛教僧团老旧的管理机制不适合抗战新形势的需要。《觉音》杂志中的很多文章认为僧团管理机制改革迫在眉睫，"目前佛教的所做所为是和这时代不相配合的，而不能配合时代前进的个人乃至团体，是要被淘汰灭亡的"②。太虚大师认为当时的佛教僧团管理机制存在四种问题：首先是僵散，松散而不团结；其次是顽愚，愚蠢且顽固；然后是躁动，缺乏坚毅者；最后是怯狭，贪小利，不重视大众利益。③

在纠正如上问题的同时，一些作者也不忘赞赏大多数僧人对国家与民族的忠诚，纠正世人对僧人只会寺中念经、不知出世为社会服务的误解。在作者看来，在国难面前，僧人群体因为要修菩萨行以及具备"我不入地狱，谁入地狱"的精神，同时没有父母眷属的牵挂，敢冒险，肯卖命，④ 所以有坚持爱国的热忱，还有誓死参与抗战救亡活动的勇气，在这些方面优于普通俗人，很少有为自己利益出卖国家、同胞的行为。"沦陷各省县之僧人有德者，为免寇伪之利用，大抵潜藏隐避，或转后方川、陕、湘、滇等省及南洋之槟城、仰光等。间有曾被寇伪迫令利用者，亦必多设法逃脱，甘受艰苦，如灵隐却非和尚，与留日回国僧天慧等，要皆志节皎然，绝无如各政党及教育文化绅商工学各界甘作汉奸之被征实者。"⑤

结　语

《觉音》杂志的文章内容客观翔实，逻辑严密，论事有理有据，充分展现了竺摩法师选稿、用稿等编辑业务的高超水平，以及各位作者深厚的文笔功底。其中内容为抗日战争时期佛教界人士如何参与到全民抗战事业厘清思路，极大激发了包括佛教徒在内全国人民参加救亡运动的热情，也让更多人了解到佛教徒积极入世救国的壮举。杂志扮演着包括香港、澳门在内华南地区佛教界宣传爱国救亡思想的主力军角色，因此该刊被视为战时"华南佛教降魔宝杵"和"广大佛革运动干部必读

---

① 为力：《遥寄一封信》，《觉音》总第 19 期，1940，第 24 页。
② 石云：《佛教也应来个"五四"运动》，《觉音》总第 15 期，1940，第 11 页。
③ 太虚：《抗战四年来之佛教》，《觉音》总第 27、28 期，1941，第 6 页。
④ 乐观：《佛教在抗战期间的表现》，《现代佛教学术丛刊（86）：民国佛教篇》，第 237 页。
⑤ 太虚：《抗战四年来之佛教》，《觉音》总第 27、28 期，1941，第 5 页。

书"，① 与内地的《海潮音》《狮子吼》《佛学半月刊》并列为战时中国佛教文化四大阵地。竺摩法师在无量寿功德林独自挑起主编重担直到杂志停刊，这些历史都为澳门佛教史增加了传承中国佛教爱国爱教优良传统的浓重一笔。

这里要说的是，港澳地区是当时很多内地佛教界人士躲避战祸的首选之处，但无论是战时暂居还是之前就已久居香港、澳门的佛门弟子，他们同样都有爱国爱教的积极表现。在澳门，除了竺摩法师通过兴办杂志发出抗战爱国声音之外，各所寺院安置、救助大量逃难至此的内地难民，普济禅院住持慧因法师积极支持爱国艺术家关山月成功举办抗日主题个人画展。② 香港佛教界也是抗日热情高涨，很多僧尼自发加入抗日救亡活动的行列中，如不畏惧日军酷刑、坚持掩护时任港九大队副大队长鲁风，养伤的宝莲寺住持筏可法师，年仅十岁就是游击队交通员的智慧法师，③ 被鲁风称赞"具有民族意识和爱国思想"的了见尼师。④ 一些知名居士也是既护法也爱国的榜样，"许多人，皆仅知居士（莲觉居士）关心佛教，而不知道她尤关心国是……她和吴铁城夫人组织了新运会，朝夕在那里奔走募捐，和督促人员们工作"⑤。中国佛教界历来具备的爱国爱教优良传统，在港澳地区也是佛弟子坚持不变的信条。

在对《觉音》杂志的探讨过程中，我们可以看到佛教徒面对外来侵略者的战争暴行并没有视而不见，而是充分利用自己所拥有的号召力以及宣传媒介，尽力动员佛教徒在内的中华儿女投入爱国救亡的洪流中。在杂志的文字里，可以让读者充分感受到从印度原始佛教发展到本土中国佛教一以贯之的政治态度：佛教从来都是以和平主义者的形象出现在世人面前，倡导国家或民族要自立自强，同时互不侵犯。在佛教看来，政权统治者或者佛教徒在面对其他敌对势力欲以恶意对自身进行侵犯时，不应坐以待毙，首先尝试以适宜方法化解冲突的爆发，又或采取尽量俘虏敌人、减少伤亡的方法予以阻止。但在战争不可避免时，要以"救众生想"，用必要而激烈的武力措施给予回应。⑥ 这种观念有利于不同政治主体之间矛盾问题的妥善解决，符合各国老百姓的切身利益，也是佛教慈悲精神的展示。

---

① 朱寿桐主编《澳门文学编年史》（1），花城出版社，2019，第350页。
② 李栋财：《爱国爱教树典范：抗战时期的澳门佛教界》，《中国宗教》2019年第12期，第19页。
③ 邱逸等：《战斗在香港：抗日老兵的口述故事》，中华书局（香港）有限公司，2014，第28页。
④ 李国强等：《香港在抗日期间》，香港文史出版社有限公司，2005，第195页。
⑤ 霭亭：《我所认识的莲觉居士》，《觉音》总第27、28期，1941，第35页。
⑥ 龙慧：《原始佛教的政治思想》，《现代佛教学术丛刊（61）：佛教与政治》，第33页。

　　《觉音》除了作为反映当时佛教界抗战爱国相关史实的一手史料之外，还有其他内容值得仔细研究。杂志中登载的很多佛学讲记、论文都是当时知名法师所著，如第 14 期竺摩法师的《维摩经语体讲录》、第 18 期与第 19 期连载之太虚法师的《我怎样判摄一切佛法》、第 24 期与第 25 期合刊之弘一法师的《佛教之简易修辞法》等，这些文字展示出作者较高程度的佛学水平，在诠释佛教思想的内容与方法方面有明显的时代特征，对今人研究时人佛学思想很有帮助。作为彼时佛教界法师与其他各界社会名流互动的平台，《觉音》刊有很多僧俗之间的交流信件与互赠的诗词作品，如第 13 期有杨刚、杨庆光与陶亢德等致竺摩法师的信件，第 17 期"觉音诗筒"载梁彦明与竺摩法师互赠的诗、竺摩法师赠高剑父的诗，其中不乏田汉、郭沫若等文化名人投稿的诗作等。刊中还有"寻人启事"一类的内容，如"自宁波沦陷后，久居甬江之亦幻和尚，谈玄法师及张圣慧居士等，俱无消息，近各方友好正在探询中"①。这些都可以作为梳理当时佛教界名僧与俗人名士之间交往关系的重要历史线索。

_____

　　①　记者：《教界简讯》，《觉音》总第 29 期，1941，第 33 页。

参话禅理路溯源

聂 清

【内容提要】 通过分析参话禅的理论预设，可以发现它对心识问题的见解及相应解决思路，与中唐时期的禅学以及初期禅学高度契合。由此可以推知，在不同时期的主流禅宗立场之间存有理路上的贯通。

【关键词】 参话禅　心识　楞伽师

【作　者】 聂清，哲学博士，上海科技大学人文科学研究院副教授。

参话禅于大慧宗杲之后成为禅林最为重要的法门。它一方面纠正文字禅葛藤之弊，另一方面又杜绝默照禅枯寂之病，禅门风范为之一变直至今日。可以说大慧宗杲是马祖道一之后禅宗实践模式转化的另一个重要节点，必须将参话禅纳入视野才能形成关于禅宗的完整印象。如何看待参话禅同早期乃至初期禅学的关系，将影响到我们对于禅宗的整体判断。

一　参话禅的理论预设

马祖以来即心是佛之说大行其道，加之另有非心非佛之论，其间机锋颇不易解。大慧宗杲对心佛之理解说道：

> 学世间法，全仗口议心思。学出世间法，用口议心思则远矣。佛不云乎，是法非思量分别之所能解。永嘉云：损法财、灭功德，莫不由兹心意识。盖心意识乃思量分别之窟宅也！决欲荷担此段大事因缘，请猛着精彩。把这个来为

先锋去为殿后底，生死魔根一刀斫断，便是彻头时节。正当恁么时，方用得口议心思着。何以故？第八识既除，则生死魔无处栖泊。生死魔无栖泊处，则思量分别底，浑是般若妙智。①

大慧宗杲从悟前和悟后两个角度阐发思量分别（心）与般若妙智（佛）之间的关系。他首先指出参究佛法与世间法的不同之处在于，凭借日常认知所依赖的语言和思考不足以达至佛法目标。因为包含语言和思考的心意识本身就是问题所在，所以此时心与智处于对立状态。这种日常状态对应于马祖所言"非心非佛"，因为无论是作为意识活动的心还是作为概念指称的佛，此时都不包含真实的内容。而一旦达至无生之境，则分别思量转而化为般若妙智。此时具体的心识与绝对的佛性之间达成彻底统一，由是方可称为"即心是佛"。

通常情况下宗杲多从悟前的角度阐发心佛关系，强调"不是心、不是佛、不是物"胜过"即心是佛"。相比对悟后体用不二的阐发，宗杲更倾向于从日常实际心识状态出发展开教学。鉴于宗教实践同日常意识活动有密切关联，必然涉及对现实心识的判定。宗杲给予日常意识现象明确的负面判定："聪明利智之士，往往多于脚根下蹉过此事。盖聪明利智者，理路通。才闻人举着个中事，便将心意识领览了。及乎根着实头处，黑漫漫地不知下落。却将平昔心意识学得底引证，要口头说得。到心里思量计较得底，强差排，要教分晓。殊不知，家亲作祟，决定不从外来。"②宗杲的批评对象不限于士大夫，也包含了伶俐衲子。因为他们擅长运用概念思维，所以习惯性地对参禅法门予以理智理解并转化为语言范畴。然而这种做法不仅于事无补，反倒是类似于家贼难防。宗杲对于《楞严经》非常看重，他所谓"家亲作祟"相当于《楞严经》中的"认贼为子"譬喻："此是前尘虚妄相想惑汝真性，由汝无始至于今生认贼为子，失汝元常故受轮转。"宗杲不厌其烦地指出，日常熟习的心识活动是参禅最大的障碍："众生无始时来，为心意识所使，流浪生死不得自在。"③

正是在这种理论预设之上，大慧禅师才对当时常见的禅病展开批评，尤其对当时士大夫参学之弊痛下针砭："今时士大夫学此道者，平昔被聪明灵利所使，多于古

① 《大慧普觉禅师语录》卷20，CBETA，T47，no.1998A，p.896a。
② 《大慧普觉禅师语录》卷20，CBETA，T47，no.1998A，p.897b。
③ 《大慧普觉禅师语录》卷29，CBETA，T47，no.1998A，p.934b。

人言语中作道理，要说教分晓。殊不知，枯骨头上决定无汁可觅。纵有闻善知识所诃肯，离言说相离文字相，又坐在无言无说处，黑山下鬼窟里不动。欲心所向无碍无窒，不亦难乎？"① 在大慧禅师看来参禅的主要错误有两种：要么试图从思想的角度对公案进行分析，要么完全摒弃认知而陷入枯寂。从《楞严经》的角度看这两种错误性质类似："如汝今者承听我法，此则因声而有分别。纵灭一切见闻觉知，内守幽闲犹为法尘分别影事。"前者的错误在于将因缘生灭意识误认作绝对心性，而后者过错在于全然不知摒弃外部感知之后的内在经验依然只是一种意识状态。

在指出常见的错误模式之后，宗杲提倡参话禅来避免两种弊端。他首先借用无意味话头来杜绝思虑纷飞之弊："所谓工夫者，思量世间尘劳底心，回在干屎橛上，令情识不行，如土木偶人相似。觉得昏怛没巴鼻可把捉时，便是好消息也。"② 参话禅的用意，是将纷飞思虑专注于无意味话头之上，最终达至无可思量之境方是佳境。虽然宗杲将此境界形容作"土木偶人"，但并非枯心静坐："今时有一种杜撰汉，自己脚跟下不实，只管教人摄心静坐，坐教绝气息。此辈名为真可怜悯，请公只恁么做工夫。山野虽然如此指示公，真不得已耳。若实有恁么做工夫底事，即是污染公矣。此心无有实体，如何硬收摄得住。"③ 宗杲对于默照禅法的流弊多有批驳，一方面是基于《楞严经》"内守幽闲"之说，从学理上而言观心看净皆非究竟，另外一方面他认为约束心识从实践的角度无法完成。佛家常把心识活动譬喻作猢狲，宗杲借用此喻道："闭眉合眼做死模样，谓之默而常照。硬捉住个猢狲绳子，怕他勃跳。古德唤作落空亡外道魂不散死人。真实要绝心生死浣心垢浊伐心稠林，须是把这猢狲子一棒打杀始得。"④ 他认为默照禅的流弊在于，误认为可以通过强制性地约束意识活动使其驯服。但心识的本性犹如猿猴念念不住，必须从根本上离心意识方得太平。

参话禅的目的即在于彻底打破心识的遮蔽，而非在心识活动之中找到暂时的安稳。舟峰长老形容参话禅，就如同罚没其人全部家产，却依然要追加赔偿一般。宗杲对此譬喻大加赞赏："尔譬喻得极妙！我真个要尔纳物事，尔无从所出。便须讨死

---

① 《大慧普觉禅师语录》卷24，CBETA，T47，no.1998A，p.912a。
② 《大慧普觉禅师语录》卷28，CBETA，T47，no.1998A，p.931c。
③ 《大慧普觉禅师语录》卷26，CBETA，T47，no.1998A，p.924c。
④ 《大慧普觉禅师语录》卷22，CBETA，T47，no.1998A，p.903a。

路去也，或投河赴火。拼得命方始死，得死了却缓缓地再活起来。"① 他们所借用的这个比喻，清晰呈现了参话禅对于心识活动的态度。所谓罚没全部资产意味着对于心识活动的摒弃，以无意味话头堵塞思量推理和语言理解；但此事又非忘言绝虑即可，接下来还要进一步追究赔偿，这意味着探究心识活动所不能达至的境界；所谓交困之际不得不自寻死路，则用来形容参禅至心识路绝依然孜孜不倦的状态；随后死后得活意味着悟得心识与佛性本无二致，至此方达圆满之境。

无论是参话禅所针对的弊端还是它提出的解决方案，都建立在对心识现象的理解之上。只有深入大慧宗杲对于心识虚妄的判定，才能澄清参话禅理论和实践的根基所在。

二　参话禅与中唐禅学

土屋太祐指出："到了圆悟的时代，公案完全失去其具体的意思，不过是帮助开悟的工具了。大慧宗杲则基于这些思想活动创造了看话禅，但实际上在圆悟克勤的时代，已经可以看出几乎所有的看话禅的因素。"② 的确，参话禅虽然在大慧宗杲发扬之下蔚为大观，但反观其来路却渊源甚远。

就目前材料而言，在洪州宗兴盛时期已经可以发现参话禅迹象。比较明显的证据可见于黄檗断际《宛陵录》："若是个丈夫汉，看个公案。僧问赵州：狗子还有佛性也无？州云：无。但去二六时中看个无字，昼参夜参行住坐卧，着衣吃饭处，阿屎放尿处。心心相顾，猛着精彩，守个无字。日久月深打成一片，忽然心花顿发，悟佛祖之机。"③ 参话禅的元素在黄檗断际此处已经基本齐备：就公案中一句难以理解的陈述展开参究，日久功深豁然大悟，从此得大自在妙作用。很多研究意识到洪州宗平常自然的一面，却少人关注洪州宗着力参究的一面。鹅湖大义禅师《坐禅铭》有言："莫只忘形与死心，此个难医病最深。直须坐究探渊源，此道古今天下传。正坐端然如泰山，巍巍不要守空闲。直须提起吹毛利，要剖西来第一义。瞪却眼兮剔

① 《大慧普觉禅师语录》卷16，CBETA，T47，no. 1998A，p. 879c。
② 〔日〕土屋太祐：《北宋临济宗杨岐派的公案禅》，《中国哲学史》2006年第3期。
③ 《黄檗断际禅师宛陵录》卷1，CBETA，T48，no. 2012B，p. 387b。

起眉，反覆看渠渠是谁。"① 这段论述明确指出了"忘形死心"参禅模式的错误，以及参话禅模式对于破解此弊所起到的作用。

《坐禅铭》对"忘形死心"的批评不禁令人想起神会抨击北宗的言论。其实《坛经》已经指出了"观心看净"的错误："不见自性本净，起心看净，却生净妄。妄无处所，故知看者看却是妄也。净无形象，却立净相，言是功夫。作此见者，障自本性，却被净缚。"② 慧能认为内心的清净状态只是意识的虚构，因此固守清净无法解除来自心识的束缚。神会将慧能的观点详加阐发道：

> 知识，谛听，为说妄心。何者妄心？仁者等今既来此间，贪爱财色、男女等，及念园林、屋宅，此是粗妄，应无此心。为有细妄，仁者不知。何者是细妄？心闻说菩提，起心取菩提；闻说涅槃，起心取涅槃；闻说空，起心取空；闻说净，起心取净；闻说定，起心取定，此皆是妄心，亦是法缚，亦是法见。若作此用心，不得解脱，非本自寂净心。作住涅槃，被涅槃缚；住净，被净缚；住空，被空缚；住定，被定缚。作此用心，皆是障菩提道。③

在神会看来通常人们能够觉察到明显的妄想活动，但很少有人意识到凝心入定、住心看净、起心外照、摄心内证等细微的心识活动也是妄想。其原理在于："无始无明依如来藏，故一念微细生时，遍一切处。六道众生所造，不觉不知，无所不遍，亦不觉不知从何所来，去至何所。……犹如人眼睡时，无明心遍一切处。"④ 妄想之所以无所不在，是因为无明遮蔽了源头的阿赖耶，所以凡是心识所现必有无明所覆。从神会的角度看，北宗的错误不仅在于观心看净等具体实践，更在于根本理论层面对心识性质的误解。

虽然宗密声称"荷泽洪州参商之隙"⑤，但事实上神会与洪州之间颇多共通之处。曾经参学马祖道一的东寺如会禅师，当发现众人将"即心即佛"之说诵忆不已时，断然指明此风气错误所在："佛于何住而曰即心？心如画师而云即佛？……心不是佛

---

① 《缁门警训》卷2，CBETA，T48，no. 2023，p. 1048b。
② 李申校译《敦煌坛经合校译注》，中华书局，2018，第47页。
③ 杨曾文编校《神会和尚禅话录》，中华书局，1996，第8页。
④ 杨曾文编校《神会和尚禅话录》，第100～101页。
⑤ 《禅源诸诠集都序》卷1，CBETA，T48，no. 2015，p. 401b。

智不是道。剑去远矣尔方刻舟。"① 东寺如会针对世人对于马祖"即心是佛"的误解提出"心不是佛",明确判定意识现象如画师一般纯属虚妄。南泉普愿也曾表示,心识乃是虚妄之源而非究极自性:"若心相所思,出生诸法,虚假不实,何以故?心尚无有,云何出生诸法? ……故老宿云:不是心,不是佛,不是物,且教你兄弟行履。"② 洪州宗同神会一样反对基于心识状态的禅观,所谓"将心修行,喻如滑泥洗垢"③。其原因在于他们都认为心识现象虚妄不实,所谓"起心是天魔、不起心是阴魔,或起不起是烦恼魔,我正法中无如是事。……住止没生死,住观心神乱。为当将心止心,为复起心观观?若有心观是常见法,若无心观是断见法,亦有亦无成二见法"④。在所有意识活动都先验地被无明所染的情况下,于其中进行任何修正皆于事无补。

参话禅的源头之所以可追溯到中唐时期,其原因在于大慧宗杲以参话禅破默照禅,与神会、马祖等人破清净禅拥有一致的理论依据。这种跨越时代的呼应,基于他们对于心识性质的一致判定。无论是神会还是洪州诸师都认为,心识活动之中并不存在真净的成分,必须经过彻底转化才能切换为般若智慧。宗杲所倡参话禅拥有共通的理论预设,同样否认心识之中具有真净的元素。正是基于这种共同预设他们才会提出类似的批评,无论是指责唐代的清净禅还是破斥宋代的默照禅,都源于对方将经验性的心识误认作超越的心性。

三 参话禅与初期禅学

我们不仅可以发现宗杲所倡参话禅对默照禅的批评,与六祖门下抨击北宗持有类似的理论预设,还可以发现大慧宗杲的思想与初期禅学楞伽师之间也拥有内在的关联。

大慧宗杲多次在语录中提道:"但有心分别计较,自心见量者,悉皆是梦。"这段话原自《菩提达摩四行论》,直至 20 世纪才从敦煌残卷和高丽古籍中提取出来,在此之前罕为人知。或许大慧本人未必知道这段话的确切出处,毕竟此时离初期楞

---

① 《景德传灯录》卷 7,CBETA,T51,no. 2076,p. 255b。
② 《五灯会元》卷 3,CBETA,X80,no. 1565,p. 73b。
③ 《诸方门人参问语录》卷 1,CBETA,X63,no. 1224,p. 26c。
④ 《诸方门人参问语录》卷 1,CBETA,X63,no. 1224,p. 27a。

伽师已经过去了六百年，但这并不妨碍他引用此说作为参话禅的重要依据。宗杲能对初期楞伽师希若星凤的只言片语念念不忘，不可不谓别具只眼，因为这段话是了解初期禅学的关键。宋译《楞伽经》对于心识虚妄的判定非常清晰，印顺法师曾对此有精要解析。

> 唯心所现，不是究竟的真实，宋译是明确的宣示，而魏与唐译每不同。……《楞伽》说唯心，而着重于超越唯心，宋译是特重于此；这应是达磨禅的重视宋译《楞伽》的理由吧！①

从目前最早的禅宗文献《菩提达摩四行论》中可见，初期楞伽师继承了《楞伽经》的立场。

> 问曰："订（证）有余涅槃，得罗汉果者，此是觉不？"答曰："此是梦订。"问曰："行六波罗蜜，十地万行满足，觉一切法不生不灭，非觉非知，无心无知无解无为，此是觉不？"答曰："此亦是梦。"问曰："十力四无畏，十八不共法，菩提树下道成正觉，能度众生，乃至入于涅槃，岂非是觉？"答曰："此亦是梦。"问曰："三世诸佛平等教化众生，得道者如恒沙，此可非是觉？"答曰："此亦是梦。但有心分别计较，自心现量者，皆悉是梦。"②

受《楞伽经》影响的初期楞伽师，用梦来譬喻心识自身的虚幻不实而不仅仅是心识中呈现的现象。《菩提达摩四行论》之所以否定传统佛教所推崇的阿罗汉、菩萨、佛陀乃至六度万行等概念并非反对佛教，其目的是指出日常心识对于佛教的理解存在误区。这就如同在梦境之中所有的判定和推理，都不具备存在的合理性一样。与《菩提达摩四行论》类似，大慧宗杲也借助梦喻对心识虚妄进行解说："却来观世间，犹如梦中事。教中自有明文，唯梦乃全妄想也。而众生颠倒，以日用目前境界为实。殊不知，全体是梦，而于其中复生虚妄分别，以想心系念神识纷飞为实梦。

---

① 印顺：《宋译楞伽经与达摩禅》，张曼涛主编《现代佛教学术丛刊》卷12，大乘文化出版社，1977，第22页。
② 〔日〕椎名宏雄：《天顺本〈菩提达摩四行论〉》，吴言生主编《中国禅学》第二卷，中华书局，2003，第22页。

殊不知，正是梦中说梦，颠倒中又颠倒。"① 论述中宗杲借用的是《楞严经》文句，但他试图说明的内容同初期楞伽师并无二致，皆判定心识活动"全体是梦"。因此于其中进行任何分别思量，都无异于梦中说梦而只能重加迷闷。二祖弟子满禅师曾感慨道："诸佛说心，令知心相是虚妄法。今乃重加心相，深违佛意。又增论议殊乖大理。"② 这段陈述是初期禅学心识观念最为清晰的表达，揭示了后来贯穿于神会、洪州宗乃至于参话禅的统一立场。

从心识虚妄立场出发，初期楞伽师形成特别的禅观模式："心虽即惑入，而不作无惑解。解心若起时，即依法看起处。心若分别时，即依法看分别处。若贪若嗔若颠倒，即依法看起处。若不见起处，即是修道。若对物不分别，亦是修道。"③ 在初期楞伽师看来，去除妄想的举措本身会带来新的妄想。充分理解妄想"不见起处"，即意识到心识本身不具备实在属性才会导向正确禅观。如能做到妄无所起，或者对妄不加分别，都属于正确的修道模式。与之类似的是，大慧宗杲常引用德山宣鉴之言道："汝但无事于心，无心于事，则虚而灵空而妙。若毛端许言之本末者，皆为自欺。"④ 此处所谓无心非如默照禅般心如木石顽然无知，而是指"谓触境遇缘，心定不动。不取着诸法，一切处荡然无障无碍。无所染污，亦不住在无染污处。观身观心如梦如幻，亦不住在梦幻虚无之境。到得如此境界，方始谓之真无心"⑤。由此可见，宗杲所言无心即是初期楞伽师"对物不分别"境界。宗杲曾道："然正烦恼时，仔细揣摩穷诘，从甚么处起？若穷起处不得，现今烦恼底却从甚么处得来？正烦恼时，是有是无？是虚是实？穷来穷去，心无所之。"⑥ 这种参究方法同初期楞伽师"若贪若嗔若颠倒，即依法看起处。若不见起处，即是修道"的用功方式如出一辙。

四　方法论反思

自胡适倡导"《金刚经》革命"以来，禅宗史研究逐步呈现碎片化倾向。目前

---

① 《大慧普觉禅师语录》卷29，CBETA，T47，no.1998A，p.935c。
② 《续高僧传》卷16，CBETA，T50，no.2060，p.552c。
③ 〔日〕椎名宏雄：《天顺本〈菩提达摩四行论〉》，吴言生主编《中国禅学》第二卷，第23页。
④ 《大慧普觉禅师语录》卷23，CBETA，T47，no.1998A，p.911c。
⑤ 《大慧普觉禅师语录》卷19，CBETA，T47，no.1998A，p.891a。
⑥ 《大慧普觉禅师语录》卷27，CBETA，T47，no.1998A，p.929b。

学术界不仅认为在菩提达摩与慧能之间存在根本性的断裂，而且马祖道一实际上别开一脉，至于大慧宗杲所倡导参话禅更是别出心裁，其间歧路旁出不胜枚举。这种分别方式所凭借的依据主要有两个：一个是所依据的经典不同，另外一个就是表述形态存在差异。从凭借的经典来看，大慧宗杲时期盛行《楞严经》《圆觉经》，而中唐禅学倾向于借用《般若》，初期禅学自然是依仗《楞伽经》。问题在于依据不同的经典未必产生不同的思想，因为经典之间完全可能是贯通的。如《楞伽经》就同时贯通中观、如来藏与唯识。另外禅宗表述风格的差异，并不意味着背后存在不同理论预设。《菩提达摩四行论》中已经存在机锋禅萌芽，而洪州门下业已出现参话禅观念，不同禅风可能只是偏重不同而非基本立场有别。

阿部肇一曾意识到了通行禅宗分期的不足："以往的研究表明其经历了初期纯禅时代、开花时代、隆盛时代、衰退时代。但是，依据敦煌文献的发现，南宗以前即基于'二入四行'教说的禅思想中，也有后世南宗禅'纵横机略'之风，从这样的思想视点来看，对上述阶段性的画一性发展形式不得不有疑问。"① 他转而认为，佛教僧团之外的世俗化因素才是决定禅宗整体面貌的根本原因。佛尔同样借用了解构主义思路，只是具体结论与阿部肇一稍有差异。② 他们的共同之处在于，都认为禅宗自以为的连续性不过是社会力量的虚构。其实这并不是新思路，胡适早就认为："实在是一个很服从的女孩子，他百依百顺的由我们替他涂抹起来，装扮起来。"③ 只是如果将思想问题还原为权力争斗，无法解释为何有些观念相比较而言更具有理论上的说服力和实践上的积极效应。

本文所试图指出的是，那些在历史上获取成功的禅宗流派之间具有高度的相似性和内在的连续性。通过追溯参话禅思想渊源，可以呈现存在于初期禅学、中唐禅学与宋代禅学的一贯脉络，那就是他们对于心识属性的基本判定和对心识现象的特殊处理。现代禅宗史研究普遍认为，传统禅宗自身所认为的统一性已经被证伪，因此可以从旁观者的角度对其进行重新分解。但从考察参话禅理路的工作中可见，禅宗自身的统一性可能只是被通行的研究所忽略而已。

---

① 〔日〕阿部肇一：《中国禅宗史之研究——南宗成立以后的政治、社会史的考察》，第 2 页。转引自龚隽、陈继东《中国禅学研究入门》，复旦大学出版社，2009，第 122 页。

② Bernard Faure: *Chan Insights and Oversight—An Epistemological Critique of the Chan Tradition*, Princeton University Press, 1996.

③ 胡适：《胡适文存一集》，黄山书社，1996，第 228 页。

《〈大乘起信论〉料简》之料简[*]

昌　如

【内容提要】　20 世纪初有关《大乘起信论》的争论相当引人注目，其核心原因是《大乘起信论》对于中国宗派佛教来说是基础性的。如果否定了这个基础，也就否定了中国特色的宗派佛教。以至于后来的学者，一提到《大乘起信论》就绕不开当年的这个争论。基于此点，本文以王恩洋（1897～1964）《〈大乘起信论〉料简》为中心，深入解析王恩洋当时解读《大乘起信论》的时代背景、逻辑结构、价值标准与取向，并与佛学原有之价值论、目的论、方法论、效果论进行对比，发现王恩洋囿于其时代圭臬西方哲学的逻辑架构，即本体与现象的严格二分，从而形成众生与佛、烦恼与菩提、生灭与真如等也严格二分的价值判断，以致无法理解《大乘起信论》中所阐释的生灭与真如、烦恼即菩提的命题；也忽略了生灭即真如、烦恼即菩提的核心指向是众生成佛的方法论，即除人我与法我，而不是在逻辑上，用本体论的架构来论证生灭与真如如何平等，烦恼与菩提如何相即。此外，笔者发现如果从成佛方法论即除我法二执的视角来沟通唯识与《起信》，二者在方法论上是一致的，异曲同工。

【关键词】　唯识　生灭　真如　《大乘起信论》　方法论

【作　者】　昌如，哲学博士，中国佛学院副教授。

---

*　本文是国家社科基金后期资助项目"南北朝时期佛教中国化研究——以'地论学派'为例"（项目号：21FZJB006）的阶段性研究成果。

前　言

20世纪初，有关《大乘起信论》的争论极为引人注目。因为《大乘起信论》对于中国宗派佛教诸如天台、华严、禅宗的作用是基础性的，所以否定了《大乘起信论》就等于否定了中国特色的宗派佛教，因此笔者不得不面对、重视、深入研究。在继欧阳竟无（1871~1943）之后，其得意门生王恩洋（1897~1964）继承衣钵，发表《〈大乘起信论〉料简》[①]与《〈起信论〉唯识释质疑》[②]，全面否定《大乘起信论》的教义与思想，并引发全面的论争。[③]在王恩洋发表《〈大乘起信论〉料简》之后，教内外诸多学者发文驳斥，如陈维东发表《料简〈起信论料简〉》[④]，唐大圆发表《〈起信论〉解惑》[⑤]《〈起信论料简〉之忠告》[⑥]，常惺发表《〈大乘起信论料简〉驳议》[⑦]，守培发表《〈起信论料简〉驳议》[⑧]，以维护《大乘起信论》在中国宗派佛教中的基础性地位，但其路径也是用唯识思想来维护，没有就《大乘起信论》自身的思想特色去维护。同时期，印顺发表《起信平议》[⑨]，试图沟通二家的争论，但仍不能脱离奉西学为圭臬的时代背景。2001年，周贵华在《法音》上发表《起信与唯识》（上）[⑩]、《起信与唯识》（下）[⑪]，试图沟通二家，其沟通的路径是：如来藏中有唯识，唯识中也有如来藏，二者相通，本来一致。这个在逻辑上是平顺的，但深层次的原因没有突显，只是用逻辑平衡了逻辑。本文以王恩洋《〈大乘起信论〉料简》一文为中心，深入分析王恩洋的思想和论述背后的架构是否符合佛学系统的价值论、目的论、方法论、效果论，并以此为标准来评判《大乘起信论》的思想与价值。

---

① 王恩洋：《〈大乘起信论〉料简》，《现代佛教学术丛刊》第35册，大乘出版社，1981，第83~120页。
② 王恩洋：《〈起信论〉唯识释质疑》，《现代佛教学术丛刊》第35册，第151~158页。
③ 聂清：《〈起信论〉义理真伪之争》，《佛学研究》，1996，第288页。
④ 陈维东：《料简〈起信论料简〉》，《现代佛教学术丛刊》第35册，第121~132页。
⑤ 唐大圆：《〈起信论〉解惑》，《现代佛教学术丛刊》第35册，第133~150页。
⑥ 唐大圆：《〈起信论料简〉之忠告》，《现代佛教学术丛刊》第35册，第161~164页。
⑦ 常惺：《〈大乘起信论料简〉驳议》，《现代佛教学术丛刊》第35册，第165~175页。
⑧ 守培：《〈起信论料简〉驳议》，《现代佛教学术丛刊》第35册，第187~281页。
⑨ 印顺：《起信平议》，《现代佛教学术丛刊》第35册，第283~298页。
⑩ 周贵华：《起信与唯识》（上），《法音》2001年第10期，第1~5页。
⑪ 周贵华：《起信与唯识》（下），《法音》2001年第11期，第14~19页。

一 王恩洋的正法标准：缘生真实即法性即真如

与其老师欧阳渐立五法为正法不同，王恩洋用世谛与第一义谛统括一切佛法，以架构其所认为的正法。

> 所云正法者，一切佛法二谛所摄，一者世谛，二者第一义谛。云何世谛？谓一切法缘生真实义，是有为故，有变转故，世间众生由此于此起妄执故，此之实义名曰世谛。云何第一义谛？谓即彼缘生诸法真实法性，是无为故，无变转故，出世间相，不可上故，此之实义名曰第一义谛。①

世谛的核心是缘生，即一切法皆是因缘和合而生。世间众生由于没有认识到缘生的真实性，从而生起妄执；若认识到这个缘生的真实性就是第一义谛，也称为法性，亦是诸缘生法的真生性。这就是王恩洋所认为的正法的标准，假如把真如作为绝对本体论，因类不符合缘生，即非正法。必须承认王恩洋对于真如的理解是非常到位的，他认为缘生即真如，真如即缘生。真如不是一种恒常的、绝对的、能生起万法的本体，而是指缘生这种状况的真实性，也就是法性。因此，王恩洋认为认识到缘生的真实性即是法性、正法；本体论因为不符合缘生法则非正法。王恩洋自身对于唯识学的理解是很精深的，但是他把《大乘起信论》的思想理解成为一个本体生起万法的系统，也是不符合《大乘起信论》原义的。之所以出现这样的问题，源于忘却系统的界限与差异。虽然唯识学与《大乘起信论》同属于佛学这个大的系统，但在这个大的系统下，又属于有差异的小系统。同属一大系统则说明他们的目的论、方法论、价值论是一致的，然而小系统的差异则说明其着重点、论证方法则会有所差异。如果我们站在这个维度上，或许就能理解这两个有差异的小系统。剧烈地摒弃一个，抬高一个，其背后往往是强烈的"我执"判断。当然，依正法可以摒弃相似法或邪法，问题是判断一个系统为相似法或邪法，需要特别谨慎，因为我们大部分人都没有摘掉"我执"这个有色眼镜。

---

① 王恩洋：《〈大乘起信论〉料简》，《现代佛教学术丛刊》第 35 册，第 83 页。

二 王恩洋的真如观及其存在的问题

（一）王恩洋的真如观

当然，王恩洋所树立的缘生真实为正法的标准是没有问题的，他依据唯识义用大量篇幅，围绕何谓缘生、何者缘生、缘有几种、缘生有几种、缘生有何决定义、缘生有何相、缘生相如何等这些问题，对缘生的真实性进行了论述。① 其实，王恩洋的这些论述都是为了得出一个结论：真如非真常。这个判断其实在他论述缘生相中已经开始铺垫，王恩洋认为缘生的相状有六：一、无主宰，二、不自在，三、无常，四、不断，五、不一，六、不异。② 因为缘生即法性即真如，所以王恩洋认为真如非真常，并以此为标准，对《大乘起信论》真如义进行批判。

> 问者曰：所谓法性者，何耶？答曰：即诸法真如实性，所谓无为法是也。虽然，如前所言，一切诸法皆从缘生，非一非常，如幻化等，更有何法可名真如，更有何性可名实性，更有何法得称无为。……唯识之教，何独不然。故成唯识云：遮拨为无，故说为有；遮执为有，故说为空，勿谓虚妄，故说为实，理非妄倒，故名真如，不同余宗离色心等有实常法，名曰真如，故诸无为非定实有。以是义故，吾师恒云：真如者，非表词，乃遮词也。所遮者何？曰：遮彼二我之假，显此无我之真，遮彼有执之妄，显此无执之如，如是而已。③

王恩洋认为所谓法性就是指诸法的真如实性。至于真如与缘生的关系，他认为缘生即真如，离开缘生，没有一个实在的、恒常的、绝对的、本体的真如存在，所以真如是遮诠，不是表诠。遮，即通过遮人我与法我之假，从而显现无我之真；遮有执之妄，显无执之如，此即是真如。

---

① 王恩洋：《〈大乘起信论〉料简》，《现代佛教学术丛刊》第35册，第83~84页。
② 王恩洋：《〈大乘起信论〉料简》，《现代佛教学术丛刊》第35册，第89~91页。
③ 王恩洋：《〈大乘起信论〉料简》，《现代佛教学术丛刊》第35册，第99~100页。

（二）王恩洋真如观存在的问题

笔者认同王恩洋的说法：真如不是一个本体论的概念，同时，认为真如也只是一个方法论的概念，其核心目的是人我执与法我执。此与《大乘入楞伽经》五法中如如的概念不谋而合："彼名彼相，毕竟无有，但是妄心，展转分别，如是观察，乃至觉灭，是名如如。"① 此中"如如"即是指向一个方法论，而不是一个本体论，其方法论的核心即是通过观察发现一切名相皆是妄心所转（即缘生），毕竟无有（即无我），乃至灭除妄心与我执，从而产生觉心，即为"如如"。在《大乘入楞伽经》中，"如如"的表相称为真如。由此，笔者认为解读佛学应当是方法论的视角，即去人我与法我，而不是本体论的视角，这是佛学的核心价值所在。但是王恩洋对此视角执行得并不彻底，他对于真如的论述，仍受西方哲学二元论的影响，对于真如的界定较为模糊与摇摆，这些可见于他对真如的总结中。

> 如是真如法性之义已显，于此有当注意者：第一，应知真如非一实物，非诸法之本质，非诸法之功能，而诸法之空性、空相、空理也。是故，非以有真如故，生于万法，乃由万法生灭不息故，而真如之理存焉耳。第二，当知真如亦名无为，以无为故，离生、住、异、灭之有为相。是故性非所生，亦非能生。非所生故，不为万法；生非能生故，不能生万法。第三，吾人当知此真如之与万法，若当体以彰名者，实相、真如即一切法。是故经云：一切法皆如也，一切众生亦如也，至于弥勒亦如也。是故，正智固真如，无明亦真如，佛固如，众生亦如。②

王恩洋从三个方面对真如法性进行了总结。第一，真如只是一个理的存在，而不是某种实在，这个理就是指万法缘生的真实性；离开万法，则没有所谓真如之理的存在。这个观点在真如即缘生万法之理的同时，也将真如束之高阁，因为王恩洋没有强调真如之遮二我，显无我，遮有执，显无执的方法论的意味与含义，而只是强调了真如的真实性，却没有提供认识这种真实性的方法论。第二，真如与万法的关系是非能非所，既不能生万法，又不为万法。但是，在第一点中，王恩洋强调了

---

① （唐）实叉难陀译《大乘入楞伽经》卷5，《大正藏》第16册，第620页下。
② 王恩洋：《〈大乘起信论〉料简》，《现代佛教学术丛刊》第35册，第101页。

真如与万法的合一性，此处又在切割真如与万法，将真如归于一种本体理的意味浓烈，更别说强调真如作为方法论的意味了。第三，真如即一切法。那么问题出现了，这个一切法与万法的范畴是否一致？如果一致，那么上来为何说真如非能生万法，不为万法？而此处又说真如即是一切法？非常混淆。

三 王恩洋解读"众生即佛"存在的问题

王恩洋只强调真如作为理的真实性的一面，而忽略了真如作为方法论遮人我与法我核心特质的界定。他只是明确了真如就是指万法缘生的真实性，离生灭万法没有一个实在的真如；但实际上，如果想要认识到缘生万法的真实性，那么就必须有一个前提，即遮除人我执与法我执。因此，众生只有消除人我执与法我执后，才会如理如法地认识到万法缘生的真实性，这才是真如的核心所在。正因为王恩洋对于真如的理解，仅停留在他所谓的"理"的层面，非方法论的层面，所以他对于《大乘起信论》的批判，也只是在理的层面，而不是方法论的层面。这也是他无法理解《大乘起信论》的根本原因，此点在他解读佛与众生如何平等，以及烦恼如何即菩提等问题时，更加明显地体现出来。据王恩洋《〈大乘起信论〉料简》所说：

> 然经有云：佛与众生平等。平等者，依无为说，依法性说也。又云烦恼即菩提，佛未成佛，以菩提为烦恼，佛已成佛，以烦恼为菩提者，此就取不取说，住不住说，非谓菩提烦恼自性无差别故而说也。菩萨希求菩提，不亡相故，有执有取有分别，此为菩提，彼为烦恼，即彼菩提而成烦恼矣！成佛以后，无执无取，心得无住。得无住故，都无分别，而以无相一相之行，缘一切法，照见诸法，自性皆空，平等平等，烦恼相不可得，菩提相亦不可得。以一切法性皆如故，烦恼如不异菩提如，菩提如不异烦恼如，就法性说，故云烦恼即菩提，以烦恼为菩提也。如必随名言而执着者，则佛既成佛，习气永断，岂尚有烦恼在，而以之为菩提。菩萨既未成佛，菩提本未成就，岂得以之为烦恼也？①

---

① 王恩洋：《〈大乘起信论〉料简》，《现代佛教学术丛刊》第35册，第102~103页。

依据引文，在王恩洋的思想中佛与众生平等是可能的，其设置的前提就是法性的视角，也就是佛的视角。王恩洋认为只有在佛位时，佛如，众生亦如，所以佛与众生是平等的；若在众生位，佛与众生不可能平等，因为此际佛如，众生不如，二者的属性是完全不一样的，也就不可能平等，所以王恩洋认为"佛既成佛，习气永断，岂尚有烦恼在"。同理，众生"既未成佛，菩提本未成就"，怎么能够以菩提为烦恼呢？至于经论中所说"烦恼即菩提"的论述，王恩洋的解读是，这是就"取不取""住不住"而言，并不是说烦恼的性质与菩提的性质没有差别。在逻辑上，王恩洋的论述是没有漏洞的；但是他的视角是一种"理"的纯粹逻辑思考，而不是众生成佛的方法论。其实王恩洋注意到了经论中烦恼即菩提的视角是就"取不取说，住不住说"，这就是方法论层面，也是佛学关注的核心点：执取即为烦恼，不取即无烦恼，即菩提。因此，解读经论中所谓"烦恼即菩提"这个二律背反，并不是用一个王恩洋所说的"理"，或者西方哲学中本体论意味上的法性或真如，来消除二者性质上的差异，从而达致统一。佛学系统提出"烦恼即菩提"这个命题的核心指向是从"取"变为"不取"，从"住"变为"不住"，与作为方法论意味的"如如"或"真如"同一指向，即去除人我执与法我执，但是，在王恩洋的思想中，这是一个盲点。他不明确众生与佛之间的差异是迷与悟，而迷悟转换方法论就是取与不取，那么所谓佛即众生与众生即佛，其着眼点是强调众生成佛之圆顿的方法论，也就是迷悟转换，也就是取与不取，住与不住的转换。这个盲点导致的后果是，在王恩洋的思想中，佛与众生是严格二分的。因此，就众生位而言，众生不可能与佛平等，他只承认就佛位而言，因为佛如，众生亦如，由此可以说佛与众生平等。其背后所隐藏的是用"如"这个"本体"来统摄佛与众生，也就是西方哲学中，现象不能摄本体，但本体可以摄现象的哲学模式。

四 王恩洋解读"烦恼即菩提"存在的问题

对于烦恼与菩提，王恩洋也是严格二分。他认为只有众生成佛时，因为彼际烦恼如，菩提亦如，烦恼与菩提相同，所以烦恼即菩提的命题成立，但是众生未成佛时，因为烦恼不如，菩提如，二者有根本的差异，所以烦恼即菩提的命题不能成立。但是，如上文所述，佛学系统中，佛与众生的差别就是悟与迷的差别，而迷悟转换的方法就是"取与不取，住与不住"，这才是经论中佛与众生平等、烦恼即菩提等命题的核心：顿悟，即不取不住，也就是众生成佛的方法论。佛的自性是悟，众生的自性迷，佛与众生自性差异就是迷与悟，而迷悟转换的方法才是佛学系统关注的核心点。王恩洋也关注到这种方向"此就取不取说，住不住说"，但没有将此作为核心点，其关注的核心点是烦恼与菩提的二分，"非谓菩提烦恼自性无差别故而说也"。王恩洋没有将核心关注点放在迷悟转换方法论的问题上，而这恰恰是佛学的核心价值。

五　王恩洋解读"生灭即真如"存在的问题

与上文所述同样的道理，王恩洋也无法理解和接受《大乘起信论》中真如即生灭、生灭即真如的说法。由此，他对《大乘起信论》展开了批判。

> 诸有不达真如义者，以闻真如为诸法实性故，以闻真如常一故，便谓真如为诸法体，能生万法，如水起波，湿性不坏。又或谓无漏功德名为真如，能熏无明等。夫真如能生，应非无为，一法生多，因不平等。无漏功德为真如故，正智应非有为。正智能熏无明故，应不能起对治。法性既乖，缘生亦坏，对治不起，还灭不成，性相体用，一切违害，此则邪见谬执，是外道论，非佛法也。[①]

王恩洋认为《大乘起信论》的真如有种种"违害"。第一，真如为实体，也就是本体能生万法。如上所述，他认为真如不离生灭，是生灭之理，而不是生起生灭的实体。第二，真如能熏无明。他认为真如是无漏，无明为有漏。真如是无为，无明是有为，二者不能互熏。第三，正智若非有为，则不能对治无明。王恩洋的意思是说如果真如能熏无明，由于真如的属性是无为，那么正智亦应该非有为即无为，但是如果正智是无为的，那么无为的正智就不能对治有为的无明，由此造成的后果是还灭不成。当然这些都是基于他对《大乘起信论》真如义的理解。实

---

① 王恩洋：《〈大乘起信论〉料简》，《现代佛教学术丛刊》第35册，第103页。

际上，王恩洋对于《大乘起信论》的批判，如其老师欧阳渐，也是基于西方哲学的框架，所以其有意无意间将西方哲学的价值体系与方法论平移到佛学体系中，从而造成理解上的困顿，也是必然。如上文系统的界限与差异中所述，西方哲学与佛学系统还是有各自的价值论、目的论与方法论的，并不是毫无差异的，或者干脆将西方哲学价值、目的与方法直接套用在佛学系统上，这是有违西方哲学探索真理精神的。

六　王恩洋的二重标准：缘生即法性的正法与生灭即真如的邪法

（一）缘生即法性的正法与生灭即真如的邪法

诡异的是王恩洋在论述缘生与法性的关系时，却是纯粹的佛学系统的价值判断与思维。

> 法性之性依缘生而体显，缘生之相依法性而用彰。即有而空，空非恶取，即空而有，有非所执。即此非所执之有，名为妙有。即此非恶取之空，是曰真空。妙有真空，体非离异。既非离异，则即有而有见除，即空而空相遣，是故相宗言有则曰假有，性宗言空亦复空空，非有非空，是中道义。若夫于缘生之外而别求法性，于法性之外而别求缘生，骑驴觅驴，怖影急走，愚妄可哀，实相焉解也。①

此处，王恩洋用的就是佛学系统"即"的思想：法性即缘生，缘生即法性。如果在缘生外别求法性，或者在法性外别求缘生，那么就如同骑驴找驴，愚昧可哀，法性就是真如，缘生就是生灭，但是依据上面王恩洋的观点，真如是无漏，生灭是有漏，二者性质不同，是不可能即的。虽然将真如替换为法性，生灭替换为缘生；但是，法性也应该不能即缘生。很显然，王恩洋的结论是矛盾的。

（二）王恩洋二重标准的原因

王恩洋树立缘生即法性，却极力排斥《大乘起信论》中生灭即真如，从而形成

---

① 王恩洋：《〈大乘起信论〉料简》，《现代佛教学术丛刊》第 35 册，第 103 ~ 104 页。

二重标准，此中的原因是什么呢？在王恩洋一段有关"悟入"的论述中，或许可窥一斑，据其《〈大乘起信论〉料简》云：

> 复次，我佛说教，空有两轮。说缘生有，所以显示法相用故；说法性空，所以显示法性体故。知法有用，则能正起功德；知法无体，则能悟入无得。以功德故，劫量满而即得菩提；以无得故，烦恼断而毕竟涅槃。般若大悲，妙用斯尽。是故悟知缘生法性义者，即于佛法名为悟入矣！①

对于佛学的悟入，王恩洋也是二分为悟入缘生与悟入法性。王恩洋认为悟入缘生，则知法相有，能正起功德，以此功德，只需劫量满，即可得菩提；悟入法性，则知法无体，能悟入无得，以此无得，断烦恼，毕竟涅槃。此段论述，有诸多矛盾点：第一，王恩洋强调缘生即法性，法性即缘生。据此，悟入缘生即是悟入法性，然而此处为何二分？第二，悟入缘生有，能正起功德。此处功德为何？若是指正智对治无明，那么所谓"劫量满而即得菩提"，只是在用时间的无限性，去推测一种可能性吧？是以此将问题的核心点推迟到未来的时空中的一种假想吧？！此有如神秀"时时勤拂拭，勿使惹尘埃"，其潜在的价值判断是未来时空，劫量满时，终能成就；但是五祖直接否定了神秀的幻想。第三，悟入法性空，知法无体，悟入无得，以此无得，断烦恼得涅槃。然而，佛学的一般体系是断烦恼，得菩提，证涅槃。上来用悟入缘生有，经劫量满，获得菩提，而不是用断烦恼，得菩提。此处又用悟入法性空，获无得，以此无得，断烦恼得涅槃。显然因果关系是混乱的。综合以上三点，可以看出王恩洋对于佛学之价值观、目的论、方法论的理解并不透彻与清晰。佛学之价值观为佛与众生之间的根本差异就是迷与悟，而造成迷与悟的根本原因就是我执或者说业力，因此其根本目的就是断我执或业力，更精确地说是不受我执或业力所牵扰。对于断我执或业力的方法，有二种观点，一为渐修，即是对治法，就是两个在性质上矛盾对立的事物，通过去此得彼的对治程序，最终只有彼，没有此，如用正智对治无明，或如西方哲学中用善对治恶，其背后的价值判断是假想经过无量时空的精勤与努力，终能圆满成就。很显然，王恩洋就是这个路径。二为顿悟，其强调的迷

---

① 王恩洋：《〈大乘起信论〉料简》，《现代佛教学术丛刊》第 35 册，第 104 页。

与悟两种样态的转换，如同一个人有不明白与明白两种样态的转换，其从不明白转换到明白的根本原因是想通了，困惑解除了，也就是知见到位了，并不是说一个性质上的坏人变成了一个好人，所以《法华经·方便品》云如来为一大事因缘出现于世，为令众生开示悟入佛之知见。因此悟入佛之知见，是众生与佛转换的第一因、根本因，此为顿悟，而非渐修。

七　王恩洋对于《大乘起信论》的误解

（一）王恩洋对于《大乘起信论》原义的改写

或许因为处于奉西学为圭臬的时代背景，王恩洋如其老师欧阳渐，也是认为二分的、对治的、除恶得善的才符合真理，并据此对《大乘起信论》的思想展开了猛烈的批判。因此，王恩洋将《大乘起信论》之众生心替换为心，并将其与唯识之阿来耶识等同，再依唯识系统来抉择《大乘起信论》系统，[1] 全然不考虑两个系统的不同背景与各自特征与差异，强行横向比较，自然也就无法理解《起信论》原有目的与本义，从而歪曲《起信论》之原义。王恩洋通过将《大乘起信论》立义分中的众生心开二门，替换为一心开二门，再将此一心替换为真如，从而将《大乘起信论》立义分改写成真如绝对本体论。

> 如是则此论所云之真如者，为一实物，其性是常，其性是一。以其常故，性恒不变，以其一故，遍一切法，以为实物故，能转变生起一切法，而一切法皆此真如之现象及与作用。是故万法之生从真如生也，万法之灭复还而为真如也，是故真如称为一法界大总相法门体。[2]

《大乘起信论·立义分》分明是以众生心为核心，到了王恩洋这里则变成了以真如为中心，并将《大乘起信论》立义分的核心点——众生心即真如即生灭，生灭即真如即众生心——替换成为西方哲学意味上绝对本体与现象及其作用的关系，而且

---

① 王恩洋：《〈大乘起信论〉料简》，《现代佛教学术丛刊》第 35 册，第 108 页。
② 王恩洋：《〈大乘起信论〉料简》，《现代佛教学术丛刊》第 35 册，第 108 页。

将其改写为以绝对本体即真如为核心，然后以此为靶子，进行批判。王恩洋从三个方面批判《大乘起信论》，即破法性、坏缘生、违唯识，笔者认为有必要对此进行回应。

（二）王恩洋认为"破法性"的误解

所谓破法性，就是指破真如义，王恩洋在其《〈大乘起信论〉料简》中从四个方面对《大乘起信论》所立真如义进行批判。第一，王恩洋的真如是一个非实体的空性之理；但是，《起信论》把真如当成万法本质的本体。第二，王恩洋认为真如是无为法，不能有用，不能生成万法。第三，王恩洋认为真如是显示诸法生灭无常之理，并非有一个常住之体。第四，王恩洋认为真如是无为法，生灭是有为法，真如不能生生灭，因为真妄不能俱存。综合此四点，王恩洋认为《大乘起信论》所立真如义是违背法性，也就违背《般若》《瑜伽》等所言真如义。[1]

（三）王恩洋认为"坏缘生"的误解

另外，王恩洋认为《大乘起信论》的真如义违反了被他奉为圭臬的缘生义，"如是真如能生万法者，不但违失法性，亦失坏缘生"[2]。他从三个方面进了破斥。第一，不平等因。王恩洋认为"诸缘生法，能生所生，性必平等"[3]，然而，他认为《大乘起信论》所立的真如义是真如能生万法，但是万法不能生真如。因此，"真如但能生，而非是所生"[4]，从而违背了王恩洋所认为的缘生法中，能生所生必须平等的准则。第二，真如与诸外道、梵天、上帝同义。因为《大乘起信论》的真如，只为能生，不为所生，并且真如性是常，是一，所以其真如义诸外道、梵天、上帝同义，而非正法。[5] 第三，因为真如为一切法因，所以"无明因即正智因，有漏因即无漏因，善因即恶因，恶因即善因"[6]，如此就会造成因果的混乱，从而导致缘生义的破坏。

（四）王恩洋认为"违唯识"的误解

再者，王恩洋认为，《大乘起信论》悖唯识之理，他认为《起信论》所说的一个

---

① 王恩洋：《〈大乘起信论〉料简》，《现代佛教学术丛刊》第 35 册，第 109 ~ 110 页。
② 王恩洋：《〈大乘起信论〉料简》，《现代佛教学术丛刊》第 35 册，第 110 页。
③ 王恩洋：《〈大乘起信论〉料简》，《现代佛教学术丛刊》第 35 册，第 110 页。
④ 王恩洋：《〈大乘起信论〉料简》，《现代佛教学术丛刊》第 35 册，第 110 页。
⑤ 王恩洋：《〈大乘起信论〉料简》，《现代佛教学术丛刊》第 35 册，第 110 页。
⑥ 王恩洋：《〈大乘起信论〉料简》，《现代佛教学术丛刊》第 35 册，第 110 页。

真如能够生出万法的观念，会产生"一因、共因、不平等因之过"①。因此，王恩洋认为《起信论》的唯心说是"伪唯心，非真唯心"②。

综合以上三点，王恩洋认为"此论定非佛法，虽则满篇名相"③，但所说之理皆为外道之理，而且自相矛盾。究其原因是王恩洋对于《大乘起信论》的理解，囿于知识论的分析，而略于方法论的解读。

（五）唯识学为知识论，为方法论？

即使王恩洋所崇奉的唯识，其核心也在于方法论，而非知识论，如《成唯识论》开篇即说：

> 今造此论，为于二空有迷谬者生正解故。生解为断二重障故。由我法执，二障俱生；若证二空，彼障随断。断障为得二胜果故。由断续生烦恼障故，证真解脱；由断碍解所知障故，得大菩提。④

《成唯识论》上来就交代得十分清晰：造《成唯识论》的目的是破我执和法执，从而生起我空与法空的正解。其方法是以此正解断烦恼障和所知障。其效果是断烦恼障证真解脱，断所知障得大菩提。

（六）正法之标准：佛学之价值论、目的论、方法论与效果论

其实整个佛法系统都是如上的目的、方法与效果，其价值指向迷与悟的转换，即迷的众生与悟的佛之间的转换。无论是唯识的五法三自性，还是《大乘起信论》的一心开二门，或者说评价一个体系是否为佛法体系，主要看其价值是否为迷悟的转换，目的是否为破执，方法是否是以正解断障，效果是否为证解脱得菩提。无论佛学的知识系统如何演变与发展，这样的价值论、目的论、方法论、效果论都是不能改变的。四谛、俱舍、中观、瑜伽、天台、华严、禅都延续着佛法系统核心的价值论、目的论、方法论与效果论。相反，如果脱离了佛法系统核心的价值、目的、方法与效果，则诚如王恩洋所说，纵使"无一名，非佛典中名；无一句，非佛典中

---

① 王恩洋：《〈大乘起信论〉料简》，《现代佛教学术丛刊》第35册，第114页。
② 王恩洋：《〈大乘起信论〉料简》，《现代佛教学术丛刊》第35册，第114页。
③ 王恩洋：《〈大乘起信论〉料简》，《现代佛教学术丛刊》第35册，第115页。
④ 《成唯识论》卷1，《大正藏》第31册，第1页上。

句；名句分别无非佛法中文"①，但是"合贯成辞，则无一不为外道中理！"② 然而，王恩洋判定《大乘起信论》非为佛法的标准却是"曰背法性故，坏缘生故，违唯识故"③，据此他认定"是故此论定非佛法"④。很显然，王恩洋并不是从佛法系统或者唯识系统的价值论、目的论、方法论、效果论去判断的，而是以他所理解的"唯识真理"去判断的。因此，我们不得不重新审视他的判断。

（七）《大乘起信论》之价值论、目的论、方法论与效果论

实际上，我们判断《大乘起信论》是为佛法的标准应该是《大乘起信论》是否符合佛法系统的价值论、目的论、方法论与效果论。如果符合，则是佛法；反之则不是。那么《大乘起信论》的价值论、目的论、方法论、效果论是什么呢？据《大乘起信论·立义分》云：

> 摩诃衍者，总说有二种。云何为二？一者，法，二者，义。所言法者，谓众生心，是心则摄一切世间法、出世间法。依于此心显示摩诃衍义。何以故？是心真如相，即示摩诃衍体故；是心生灭因缘相，能示摩诃衍自体相用故。所言义者，则有三种。云何为三？一者，体大，谓一切法真如平等不增减故。二者，相大，谓如来藏具足无量性功德故。三者，用大，能生一切世间、出世间善因果故。一切诸佛本所乘故，一切菩萨皆乘此法到如来地故。已说立义分。⑤

依据立义分，《大乘起信论》要夯实和明确它所认定的大乘佛法，它认为所谓的大乘，可以从两个维度进行表述："法"和"义"。所谓"法"，即指向《起信论》所要论述的他所认为的"大乘"之核心观点如下。

1. "众生心摄一切世间法、出世间法。"

我们可以将众生心、世间法、出世间法之间的关系分为三个命题：

（1）众生心摄世间法：众生心与世间法，属于同一性质，在逻辑上也能理解。

（2）出世间法摄众生心：依据一般的西方哲学观点，将出世间法理解为本体，

---

① 王恩洋：《〈大乘起信论〉料简》，《现代佛教学术丛刊》第 35 册，第 115 页。
② 王恩洋：《〈大乘起信论〉料简》，《现代佛教学术丛刊》第 35 册，第 115 页。
③ 王恩洋：《〈大乘起信论〉料简》，《现代佛教学术丛刊》第 35 册，第 115 页。
④ 王恩洋：《〈大乘起信论〉料简》，《现代佛教学术丛刊》第 35 册，第 115 页。
⑤ 《大乘起信论》卷 1，《大正藏》第 32 册，第 575 页下 ~576 页上。

将众生心理解为现象，用本体摄现象，这在哲学上也能理解。

（3）众生心摄出世间法：依据一般的西方哲学观点，众生心是染，或西哲之恶；出世间法是净，或西哲之善。但是，如果说染即净、恶即善，或者说众生心能摄出世间法，或如四明知礼之"佛外无魔，魔外无佛"。依据西方哲学的标准与逻辑，会产生困惑与不解。因为在属性上，众生心与出世间法是对立的、矛盾的，怎么可能用众生心摄出世间法呢？在逻辑上是说不通的。然而，如果我们换一个视角，依据佛学之迷与悟：众生心迷时，摄一切世间法；众生心悟时，摄一切出世间法。所以，《大乘起信论》所说的"众生心摄出世间法"有两层含义：第一，作为因时的可能性，众生迷时，从可能性上讲，众生心能摄出世间法；第二，作为果时的能，众生悟时，众生心就是出世间法，二者不一不异。世间与出世间只是在迷与悟的视角上存在，众生与佛也是在迷与悟的视角上的差异。

2."依于此心显示摩诃衍义。何以故？是心真如相，即示摩诃衍体故；是心生灭因缘相，能示摩诃衍自体相用故。"

依据上述众生心与世间法、出世间法的关系，开出心真如相与心生灭因缘相。因此"心真如相"也是指"众生心的真如相"，心生灭因缘相也是指众生心的生灭因缘相。需要注意的是，这个真如相与生灭因相缘，依据众生心、世间法、出世间法的关系，二者既不是本体与现象的关系，也不是二元对立的关系，而是心真如相即心生灭因缘相的二律背反（哲学意义上）。当然这个二律背反必然也是指向佛学的系统迷与悟：众生心迷时，即是心生灭因缘相；众生生悟时，即是心真如相。因此，这个心真如与心生灭在佛学系统中只是迷与悟的差别，并不是指向哲学意义上的本体与现象，或者二元对立。也就是王恩洋所说的真如即缘生法之理，即法性。

八　结语

综上所述，《大乘起信论》的价值论也是迷与悟的转换，此点与佛法系统相符合。他强调众生心能摄一切世间、出世间法，实际上是将众生与佛的转换，也就是迷悟转换的关键点放在众生心上。这在刚刚确定一切众生皆有佛性的南北朝时期，又是一个开凿时空的壮举，这一观点背后所隐藏的观点，不仅是承认一切众生皆有佛性，而且明确了众生成佛的方法与枢纽在众生心，而不是在佛心。因此，王恩洋判定《大乘起信论》为邪法是没有依据的。相反，王恩洋并没有站在整个佛法系统的视角上析出佛法的核心特质，如价值论、目的论、方法论、效果论等，他更多地站在唯识学，并且是在西哲二元对立框架下的"唯识学"的立场，认为缘生即法性即真如，是唯一的真理。必须承认，王恩洋对于唯识的理解是很精深的，但是忘却了如《成唯识论》开篇所说的目的、方法、效果与价值，也算是一种遗憾吧?!

此外，王恩洋在其《起信论唯识质疑》一文中对《大乘起信论》的唯识义提出种种责难与质疑。确实，如同"地论学派"作为宗派的前期，是一个不完备的形态。这种不完备的状态，与《大乘起信论》某些唯识学的不完备，倒是相对称的。在此点上，《大乘起信论》倒真是有可能是中土的著述，甚至也有可能是出自"地论学派"南道系之手。因为，在成佛的方法论上，《大乘起信论》强调的是真修，而非缘修;如此，用"地论学派"成佛的方法论来反证《大乘起信论》南北朝中后期着眼于成佛方法论之真修的论著，它与"地论学派"北道系之缘修的主张是不一样的，"地论学派"北道系，后来为"摄论学派"所吸收。所以，在民国时代，用唯识学的标准来评价《大乘起信论》，就相当于用"地论学派"北道系的观点来衡量"地论学派"南道系的对错与否，标准本身就是有问题的，二者本身就不是一个系统。如此，"地论学派"南道系，所着力回应的时代命题就是"众生如何成佛的问题"，他的答案就是"真修"，即是顿悟成佛，而《大乘起信论》开宗立义"众生心开二门，一真如门，一生灭门"之深义不在于本体论意义上的心，而在于:1. 将成佛的方法的基点，明确为众生心;2. 众生心开二门，即众生心，既不是本体论意义上的众生心（即众生心作为绝对的本体能统摄一切），也不是生成论意义上的众生心，即众生心能生成真如门、生灭心;而是成佛方法论意义上的众生心，即成佛的基石在众生心，成佛之关键在众生心，成佛之枢纽在了众生心，搞定众生心，即能成佛。此处众生心，与真如、生灭，一体三面，只是维度不同，如果众生能契入此知见，即为"真修"。此点与早期佛教四谛之集与灭之间的顿悟遥相契应。如此，南北朝隋唐诸大师，如净影寺慧远、智者、吉藏、法藏之流，并非平庸乏善之辈，他们选择继承《大乘起信论》或者"地论学派"南道系的思想，并不是盲无目的的。与其说《大乘起信论》误导了南北朝中后期、隋唐宗派佛教的思想（如吕澂），不如说《大乘起信论》是南北朝中后期继中土精确界定了空、佛性的含义后，一次正面回应成佛的方法论的论著，只是《大乘起信论》扛起"真修成佛"或"顿悟成佛"的大旗，在理论形态，限于当时的时空与译著的支离破碎，它对于这面旗帜的论证还没有那么完备。因此笔者认为，在民国时代有关《大乘起信论》的论争，是用后面的完备的形态去评价历史上不完备的形态，然后放大、否定《大乘起信论》，这可能是不科学的，也是不完备的。我们应该回到《大乘起信论》的历史定位、价值、时代命题中去评价《大乘起信论》在那个时代的伟大的意义，他的伟大在于：1. 明确成佛的基础、关键在于"众生心"，这与南北朝前期明确的"一切众生皆佛性"具有同样的划时代的意义；2. 明确"顿悟成佛"或"真修成佛"的方法论，《大乘起信论》将真如与生灭、无明与烦恼、真如与熏习"融"为一体的关键神器在于"顿悟"，或者"真修"，而不是本体论或生成论；3.《大乘起信论》之所以对隋唐佛学影响巨大，是因为自南北朝末期开始，特别是隋唐佛学开始对之前教义进行梳理和判定（判教），用巨篇宏论在总结前人的基础上，不断固定顿悟成佛的方法论，所以对于隋唐之天台、华严我们应该站在这个立场上就不理解祖师在干什么，想干什么，也只有在经过天台、华严等宏大、严谨的论证之后，才有中国人自信到把六祖所述称为"经"，所以一部《六祖坛经》亦是"奋六世之余烈"而开一部之精华，可以说《大乘起信论》开了好头，《六祖坛经》收了好尾。如此，再回应《大乘起信论》当时的历史情境，托古或为必然。如果把二者换位，估计《坛经》也会托古，而《起信》亦必然为公开被中国人署名的论著吧？！

从"数息观"的再阐释看天台禅法的中国化

——兼论慧思、智顗援道入佛之异同[*]

李华伟

【内容提要】 本文通过梳理早期禅法中的"数息观"以及慧思、智顗对之的继承与发展,将天台禅法放在禅观中国化的动态历史中去考察,揭示了天台禅法于中国化进程中的线索正在于"呼吸"。其中,慧思禅法以般若空观为核心,他虽然继承了早期禅观以观察"身、心"为重点的基本理路,但改变了"呼吸"的核心地位,将之变为与不净观、诸法观平行同等的观察对象。而智顗则继承了早期禅观的结构,重新赋予"息观"以关键地位,他尤为重视"息""身""心"的关系,注重融摄道教方法,使佛教禅修的微妙境界更易把握,也使禅修中可能出现的问题更易理解与解决。通过"数息观"的梳理我们也可以看到:在援道入佛方面,慧思与智顗的出发点和程度并不相同。

【关键词】 数息 天台禅观 智顗 禅病 援道入佛

【作 者】 李华伟,文学博士,河南师范大学文学院副教授。

禅法中国化是佛教中国化的重要路径之一,天台一系作为最早具备自身完善禅法体系的宗派,其禅法上承魏晋禅法之要领,将之融会提炼,导入大乘的悲智愿行,并凸显天台宗核心经典的圆融法义,融会般若、如来藏等经典要旨,可谓提取众善,曲尽其妙,蔚为大观。但在关于中国禅法的研究中,天台宗一系的禅法始终未得到足够重视,对天台禅法中国化方面的探讨就更有限,主要集中在智顗禅法著作中

---

* 本文为国家社科基金一般项目"隋唐诗乐舞与佛教东亚传播研究"(项目号:23BZJ016)的阶段性研究成果。

"通明观"与禅病治疗问题，[①] 和智者大师在其"通明观"以及禅病理论中对道教方法的应用。这些论述固然已有先驱发明，然而并未进一步解答智顗为何如此凸显其"禅病"观念，为何设通明观，为何要融摄道教修法，天台一系在禅法承上启下的过程中究竟如何定位，以什么为核心。

要回答这些问题，我们需将天台禅法放在禅观中国化的动态历史中去考察，找到天台禅法在中国化进程中的着力点。我们可以看到，天台禅法中国化的线索正在于"呼吸"，"通明观"的设置实际上是从中国本土对身体与呼吸的知识出发，对"息""身""心"的关系做以微妙细致的体察，使佛教禅修中这一特殊步骤更易把握，"禅病"理论也是围绕"呼吸"，将佛道二教的知识做以融会，去解决禅修中容易出现的种种问题。且在援道入佛方面，慧思与智顗的出发点和程度并不相同，慧思更倾向于一种自发的表达，并无会通之实，而智顗对道教的融摄却是一种自觉的理论建设。

一 早期禅法中的"息"

汉末至晋宋时期，于中土传译禅法者有安世高、支娄迦谶、竺法护、佛陀跋陀罗、鸠摩罗什、昙摩密多、畺良耶舍、沮渠京声等，所译之禅经亦有多种。[②] 这一时期，随着大乘经典的传译，已出现观佛、拜忏、持咒这些与大乘经典相应的观法，[③]且达摩亦已来至嵩洛，但禅法的主流依然围绕"五门禅法"而开展。"五门"即五种令心安住的基本方法，又称"五停心观"，包括"不净观""慈悲观""因缘观"

---

① 王慧昕：《早期天台止观对道教修法的融摄模式——以智者大师〈释禅波罗蜜次第法门〉〈通明观〉章为中心》，《第五届魏晋南北朝文学与思想学术研讨会论文集》，台南：成功大学中文系，2004；林惠胜：《智者大师的禅法：以〈通明观〉为中心的论述》，《成大宗教与文化学报》2004 年 12 月第四期；Kim，Jong-Doo：*Taoist ascetic practices in Tiantai*（*The Korean Society For Seon Studies*），Journal of Seon Studies 25，2010. 4，pp. 121 ~ 145. Li Silong：Zhiyi's Notion of Disease and Its Relationship with Taoism 亦有其他一些论述聚焦智者大师对禅病的观念。

② 关于中土早期禅经的翻译与传播，可参考冉云华《中国早期禅法的流传和特点——慧皎、道宣所著"习禅篇"研究》，《华冈佛学学报》第七期，第 63 ~ 99 页；圣凯：《晋宋时代的禅经译出与禅法传播》，《闽南佛学》第六辑，宗教文化出版社，2008；不过冉云华先生所说"早期"，包含了达摩所传禅法与天台宗的禅法，而圣凯法师聚焦于"晋宋"，没有列入汉末之安世高、支娄迦谶、竺法护等人。本文所说之"早期"，指的是中土未进行自己的抉择与改造之前，所流传的传统禅法，时间跨度从汉末至南北朝时期。

③ 如昙摩密多与畺良耶舍所传禅法。

"数息观""界分别观"。"五门禅法"之外，另外一个重要概念是"安般六事"，即禅修的六个阶段："数息""相随""止""观""还""净"。五门是方法，六事是次第，这便是早期禅法的主要结构。早期禅法以五门禅法与安般六事为核心，辅以早期佛教的基础教义：四圣谛、四念处、十二因缘、三十七道品等，形成禅法与法义相辅相成互为辐射的基本特征，这种基本特征一直持续，直至大乘禅法的开展仍是如此。

如此我们看到，数息既是方法，亦是次第，在方法中，它是核心，在次第中，它是基础。接下来，我们以当时影响较大的两部禅经为例，[①] 考察"息"在其中的阐释。

（一）《安般守意经》对"息"的阐释

《安般守意经》，全名《佛说大安般守意经》，为汉末安世高所译，也是安世高传译经典中影响最大的一部，[②] 康僧会、支遁、道安等都曾注此经。《安般守意经》分为上下两卷，在流传过程中应是有所附会篡改，[③] 经文某些地方的语义次序不甚紧密，但对观察整体经意影响不大。整个经文上卷都是围绕"数息"展开的，以"数息"为中心，按照安般六事的基本顺序，讲述整个"安般六事"，每一事都不离数息，最后论述六事中的"还"与"净"。下卷的重点在于"观"，但仍从对"数息"的强调开始，中间亦讲述了安般守意的"十八恼"，[④] 即十八种可能出现的问题，每一种都与"息"相关。

经中对"数息观"主要阐述了以下一系列问题。

1. 数息的目的和原因

数息是为了使意近乎"道"，之所以要数息，是因为人们意念纷乱，以数息为基础的安般六事，就是使人的意识由世间纷扰化为道用的必经途径。佛陀教习数息有

---

① 当然，早期禅经还有很多，如《阴持入经》《佛说禅行三十七品经》《修行禅要经》《修行道地经》《法观经》《身观经》等，此一时期的禅经中，已开始出现大乘禅观，所以也有不少禅经表现为大小乘禅观的结合，不过多数禅经皆为强调五门禅观之其中一观，而将五门禅法与安般六事进行较为全面介绍的，仅有《安般守意经》与《达摩多罗禅经》两部。

② 从（梁）《高僧传》可见，安世高译经有多部，流传下来的有《安般守意经》《大道地经》《禅行法想经》。

③ 全经的逻辑不甚紧密，有些语句有明显的依汉地思维习惯附会之嫌，如经文开篇对"安般"的解释。

④ "一为爱欲，二为瞋恚，三为痴，四为戏乐，五为慢，六为疑，七为不受行相，八为受他人相，九为不念，十为他念，十一为不满意，十二为过精进，十三为不及精进，十四为惊怖，十五为强制意，十六为忧，十七为匆匆，十八为不度行爱，是为十八恼。"《佛说大安般守意经》，《大正藏》第15册，第169页中。

四种原因：不欲痛、避乱意、闭因缘、欲得泥洹道。

2. 数息的注意事项

数息有三个注意事项：一是需要坐着；二是见色当念非常不净；三是要警醒嗔恚痴嫉等念头，升起时要让它们过去。

3. 息与意的配合关系

息与意的配合关系是安般禅法的关键，息从意生，念息合一，息亦是意亦非意，意不复着是为得息。如果数乱了，就需要甄别原因。① 安般禅法是以数息为基础，贯穿安般六事，每一事都以"意"为目的，其配合方式为：数息→遮意，相随→敛意，止→定意，观→离意，还→一意，净→守意。

4. 数息不得的原因

在息与意的配合中，可能会出现数息不得的问题，一是呼吸了好几次，却只数了一次；二是还没开始呼吸，却已经开始数。其根本原因在于"失意""颠倒"。大体原因有三种：罪到、行不工、不精进；就个人具体情况来讲原因有四种：念生死校计故、饮食多故、疲极故、坐不得更罪地故。②

5. 息的状态与种类

息的状态，其实便是息与意配合的状态。禅者需要自知息的十六种状态：长、短、动身、微、快、不快、止、不止、欢心、不欢心、念万物已去不可复得、内无所复思、弃捐所思、不弃捐所思、放弃躯命、不放弃躯命。这也叫作"十六实时自知"。息有四种：风、气、息、喘；另外还可分为杂息、净息、道息；或大息、中息、微息。③

本经着重阐释了"长息""短息"，如果息与意有所分离，或者不安，或者心念万物，或者坏复更数，都叫作"长息"；如果得息，安定、无所念，都叫作"短息"。但关键是长短自知，念息不离。数息应该莫过十息，莫减十数，息已尽未数为失数，息未尽便数为不及，是为"两恶"。

---

① 数息乱者当识因缘所从起，其中，第一、三、五、七、九呼吸为吸入，与之配合的是内意；第二、四、六、八、十为呼出，与之配合的是外意；嫉、嗔恚、痴，此三意属内；杀、盗、淫、两舌、恶口、妄言、绮语，此七意属外。《佛说大安般守意经》，《大正藏》第 15 册，第 169 页下。

② 《佛说大安般守意经》，《大正藏》第 15 册，第 164 页下。

③ 《佛说大安般守意经》，《大正藏》第 15 册，第 165 页上。

6. 数息与六事及四禅、六根六入、十二因缘等诸法的关系

经文上卷是大体按照六事的次序来阐述的，在解说每一事的时候，都解说了"息"依此次序应该达到的状态，例如数息并且能做到相随，便进入了二禅，"知出入息灭，灭为得息相，知生死不复，用为得生死相，已得四禅"①。经中将出入息分作两事，将不同的意识状态也分为内外，这样，就可以与出入息相摄了，还将六根归为"内因缘"，将"六触"归为外因缘，数息断外，相随断内，又可以相摄了。②

在上卷尾声处，经文进入对"观"的强调，一方面倡导从"息"至"净"皆为观，另一方面强调出息入息与观的配合，观者主要观五阴，十二因缘、五十五事，尤其强调因缘观以及因缘与息的关系，"是乃应数因缘尽便得定意也"，"息见因缘生，无因缘灭，因缘断息止，数息气微不复觉出入，如是当守一念止也。息在身亦在外"，"得因缘息生，罪未尽故有息，断因缘息不复生"，"息生身生，息灭身灭"。③ 经文的整个下半卷主要是对"观"进行阐释，强调观"三十七道品"，认为"安般六事"即完成了"三十七道品"，"息"与"观"的关系时时穿插其中，且介绍了"安般守意十八恼"，即十八种不能入道的情况，这十八种情况无一不涉及"息"。

我们可以看到，在《安般守意经》中，"息"与"观"实际上是非一非异的关系，而"止"与"观"也像一枚硬币的两面，虽然可以两面去看，但实则是同一事物，因此经文论述"观"的时候，也时时论述到"止"，"还"与"净"只是数息、相随、止观的结果。

（二）《达摩多罗禅经》对"息"的阐释

《达摩多罗禅经》将修行分为"退灭、住、胜进、决定"四种状态，④ 上卷以对这四种状态的解说为次序统摄五门禅观与安般六事，下卷重点在于阐释"观"，强调不净观、慈悲观、界分别观，以及观五阴、六入、十二因缘。也可以理解为，上卷重在止，以对呼吸的说明为中心，将观想穿插其中；而下卷重在"观"，既然数息已决定成就，那么便将观想拣择出来，每一项都进行细论，以保障禅观的顺利进行。

---

① 《佛说大安般守意经》，《大正藏》第 15 册，第 165 页下。
② 《佛说大安般守意经》，《大正藏》第 15 册，第 165 页中至下。
③ 本段几处引文见《佛说大安般守意经》卷上，《大正藏》第 15 册，第 165 页下 ~ 166 页中。
④ "退灭"即修行的退步，处于退灭状态的修行者三昧不起，烦恼执着；"住"即修行的停滞，住于相，处于"住"状态的修行者不能够顺利完成数息观，不能够进行闻思，不能修习不净观，亦不能"止"；"胜进"即修行增进；"决定"即最终成功。

此经关于"息"的基本观念与《安般守意经》相同：都极为强调"息"的重要性，强调要系念于鼻端，数息时心念要紧紧相随，强调需自知息的轻重冷暖等各种状态，包括四禅次第以及相应的呼吸状态等，但也有一些不同之处，主要有以下几个方面。

1. 更具次第

经文上卷依"退""住""胜进""决定"的次序，分"方便道"与"胜道"交替进行阐释，凡所"方便道"全名为"修行方便道安那般那念退/住/胜进/决定分"，也即用呼吸的状态贯穿了修行的退、住、胜进、决定全过程。在《安般守意经》中使人觉得伦次无第的阐述都可以借此经重新观察。

以《修行方便道安那般那念退分》为例，此分是第一分，其内容是说明修行退失的状态，退失包含修行由浅入深、由低到高的全过程，按照这种顺序依次说明，恰好可以反观修行中"息"的次第与状态：入息→觉知轻重冷暖状态→善知息数→气息通流→善观出入息→不能急喘→善知六事，善观息去息还→善觉察长息短息→遍身尽觉知，身体渐休息→出息入息灭。

又如《安般念住分》，其强调的是：于出入息觉察→解闻思修次第→数息成就后应随顺息去。

如此，在安般念退分、住分、胜进分、决定分，都阐述了呼吸与修行的过程，但其阐述是不同的，是分别围绕"退""住""胜进""决定"的关键，合而观之，则详备井然。

2. 对数息、止、观三者的关系阐释得更加明确

如果说《安般守意经》中呼吸与止观还呈现一种安般六事中的次第的关系，那么《达摩多罗禅经》中对数息与止观的阐释就更明确：之所以数息就是为了止心，修行若止增，起之令从观，修行观若增，制之令从止。

3. 强调出息以及出入息相摄，以"风大"观呼吸

此经在对要领的把握和表述方面独具一格，例如在《安般念胜进分》中，尤为强调出入息的相摄，"安那摄般那，是摄持诸根""般那既已灭，次第阿那生"，重视出息，"修行出息时，诸根随所缘，心心法俱顺，是亦说般那。出息归于灭，乃入根本地；正受及命终，斯由舍出息"。此经非常重视界分别观，尤其强调"息"与"四大种"的关系，"长养四大种，当知从息起"，并且将"息"作为"风大"的表现来看待，这样就从聚焦呼吸变成了宽视角地观察，可以使观察更细微，正因为将

"风大"持入了体内，所以才会使得一切境界的流转都与"风大"的状态相关，同时，"风大"也是造色的所依，因此也是所有观想的所依，① 如何守持"风大"与禅者的界有密切关系。②

此经对出入息的长短、长短息配合的状态，以及配合长短息进行的观想，都阐释得更为精确。③ 把出入息比作"牵旋轮"，"屈伸互往来"，且四禅次第中，初禅禅息最长，二禅禅息较短，第三禅觉知已遍布全身，到第四禅气息就停止了。④ 还用山顶的泉水涓流、壮夫负重上山先奔跑后调适的状态来比喻二禅的气息，帮助人了解为何初禅只有长息。⑤

4. 在对呼吸的观察中具备一定的大乘思想

《达摩多罗禅经》由观察呼吸的无常，从而知出入息皆无作者，"本无所从来，去亦无所至；去来不可得，亦不须臾住。慧智明见此，离诸知作者；出息无作者，

---

① "于脐处所起，净治毛孔道；由此风义故，彼说出在前。""阿那般那念，缘风为境界。虽曰正思惟，而非真实行。一切所修观，彼悉缘风起。于观有差别，次第今当说。""修行观风大，造色从彼生。唯心与心法，依彼造色起。非彼造色已，而复有种大。"《达摩多罗禅经》卷上，《大正藏》第15册，第306页中至下。

② "欲色二有系，无色无身依。非彼最后禅，身密无息故。或谓根本地，亦复是眷属。说言唯眷属，非是根本地。欲使彼舍性，在于根本地；阿那般那念，应当在八地。所言唯眷属，如是舍根，知彼安般念，唯在于五地。此定在五地，依是处回转；欲中间未至、及后二眷属，最上顶四禅。彼虽有舍根，无有于彼身，净治毛孔道。第四及眷属，彼中说二种：报生与长养，唯有无依风。出息与入息，是风名为依；以身极厚密，无依说二种。佛说出入息，四禅正受刺；亦言咽喉处，明知有所说，是彼方便故，亦以禅义摄。出息与入息，彼处定无有，修行观出息，上际第四禅。"《达摩多罗禅经》卷上，《大正藏》第15册，第307页上。

③ "或说长在前，或说短在前，如其决定义，今当次第说。谓出息始起，说言短在前，是说非所应，势渐增进故。息去渐久远，乃至未还时，当知尽是长，谓短则不然。出息渐增长，未到究竟处，是中所观察，说名长中短。一心勤方便，专念正思惟，增长至究竟，说名长中长。观已风回转，舍离余求想，然后得决定，此则短中长。入息极短时，还到所起处，于是所观察，说名短中短。如是正思惟，修行善明了，已得决定分，复进余方便。满身遍觉知，出入身行息，修行如是觉，则为决定分。"《达摩多罗禅经》卷上，《大正藏》第15册，第309页下～310页上。

④ "修行正思惟，观察依风相，初远然后近，长短义亦然。犹如牵旋轮，屈伸互往来，往远名为长，来近则为短；息风迭出入，长短亦复然。譬彼真谛观，先苦而后集；观息亦如是，先长然后短。若初禅息短，第二禅息长，以违正受义，是说则不然。于彼初禅中，息风势极远；第二禅息短，正受渐差别；满身遍觉知，则依第三禅；最后身行息，以离毛孔故。此说诸三昧，随顺功德相，修行安住彼，不为觉想乱。"《达摩多罗禅经》卷上，《大正藏》第15册，第310页上。

⑤ "何故初禅中，唯说长无短？不舍诸所依，由是故息长。彼以觉想力，能令息去长；第二舍诸依，势羸故息短。甚深修多罗，佛说山顶泉，涓流势不远，余处无来故。如彼山顶喻，第二依亦然，唯从其处起，是终不能远。彼说健士夫，负重而上山，竭力令气奔，息风急回转，既到安隐处，其息乃调适；是喻说彼息，前短而后长。所说健士夫，负重而上山，以身力方便，是乃令息长。如彼劣方便，不自力负重；以无力方便，息微故不远。譬如壮夫射，能令箭极远；劣力无方便，势弱去则近。此喻应当知，是说长短义。修行细微觉，一切谛明了，如是十六分，悉名为决定。"《达摩多罗禅经》卷上，《大正藏》第15册，第310页中。

见则堕颠倒。出息已过去，彼则不可见；命断诸息灭，过去亦复然"①。进而引发出接近于大乘佛教 "缘起性空" 的表述，如 "自相无坚固，寂灭空无我，因缘力所起，从缘起故灭"②，又如 "色如聚沫，受如水泡，观想如炎，行如芭蕉，观识如幻，是五虚妄，欺诳之相。修行如是观已，其身安隐，柔软快乐。复观流所起处，无垢相现，如水净泡，渐渐增长，充满其身"③。

5. 在观四大、五阴、六入、十二因缘等法时有更详细的方式

《达摩多罗禅经》在观四大、五阴、六入、十二因缘等法时有更详细的方式，如观四大时，依此观四大的辗转相坏；④ 观五阴时，首先内思维欲度烦恼海，便会起离欲，生润泽，自身快乐，再观 "五种坏相能坏诸缘"，然后 "于明净境界观察阴流从一处出，分为二分，如是观已，还合为一"，最后，以五阴喻作五怨贼，鼓励禅者应作执杖破贼的勇夫；⑤ 观六入也应用了多种比喻，如观六入如空村，如铁枪，外如贼，内如利剑，守持净戒如栴檀涂身，能生无量功德，而毁失净戒如鸟失双翼，等等；⑥ 观十二因缘时，先将十二因缘分为 "连缚" "流注" "分段" "刹那"，对每一种都详加解说，然后从不净观缘起，从四分别相观缘起，以及选取十二因缘中的某一阶段观缘起。⑦

6. 对因呼吸而引起的修行病态有一定的表述

《达摩多罗禅经》对因呼吸而引起的修行病态有一定描述，如 "是说修行退，气息不通流，冲击于鼻面，头顶悉苦痛，内或绞风起；息乱失其道，而彼不知治，身体极烧热，其心生愦乱"。不过这种描述是为了说明修行退失的状态，重点并不在于禅病和疗愈本身。

从《安般守意经》与《达摩多罗禅经》我们可以看到：数息是早期禅法的根本，止观是早期禅法的核心，正确的数息实践辅以不净观、慈悲观、界分别观，以及对五阴、六入、十二因缘、三十七道品等的观想，便是整个的禅法，使人达到

---

① 《达摩多罗禅经》卷上，《大正藏》第 15 册，第 306 页上。
② 《达摩多罗禅经》卷上，《大正藏》第 15 册，第 309 页中。
③ 《达摩多罗禅经》卷下，《大正藏》第 15 册，第 320 页下。
④ 《达摩多罗禅经》卷上，《大正藏》第 15 册，第 310 页下至第 311 页上。
⑤ 《达摩多罗禅经》卷下《修行观阴第十五》，《大正藏》第 15 册，第 321 页中至下。
⑥ 《达摩多罗禅经》卷下《修行观人第十六》，《大正藏》第 15 册，第 321 页下至第 322 页下。
⑦ 《达摩多罗禅经》卷下《修行观十二因缘第十七》，《大正藏》第 15 册，第 322 页下至第 325 页下。

"还"与"净"的状态。大乘禅法的展开只不过是在此基础上将"观"由早期佛教的朴素法义扩展到大乘经典的实相、念佛、法身、三昧等，我们可以从鸠摩罗什所翻译的混合了大小乘观法的禅经中看出这一点。

二 慧思禅法的两种可能性及慧思对"息"的再阐释

（一）慧思禅法的两种可能性

慧思特重禅思，一生都是在禅修的种种体悟与感应中，辅以经诵与羯磨，不断地来体证自心。法华三昧及圆顿之旨，智顗都是谘受其处。故自慧思始，虽未创天台之宗，实已具教观双美。其今存无争议的禅观著作为《诸法无诤三昧法门》《随自意三昧》《法华经安乐行义》三部。①

《法华经安乐行义》以围绕经题的提问结构全篇，具有鲜明的如来藏思想立场，通过解释"妙""法""安""乐""行"，阐述法华安乐行的优越性，介绍安乐行之无相行与有相行的行持方法。《随自意三昧》以六威仪结构全篇，阐述菩萨行、住、坐、眠、食、语六威仪的功德，在每品中详述一种威仪，并阐述菩萨如何在行持这种威仪时具足六波罗蜜；《诸法无诤三昧法门》上卷先称扬禅定功德，论证一切诸法皆从禅定出，禅波罗蜜与无量法等同，有着无量的异名（实际相当于反向阐述了如何以无量法修习禅定），最后落脚到"四念处"，阐明修观四念处可以具足佛法，其下卷阐述如何分别观察四念处，深入四禅。

我们可以看到，慧思的思想倾向在三部著作中的表现不尽相同，概括来讲，他具有相当明确的如来藏思想，《法华经安乐行义》全篇都是如来藏思想的表达；《随自意三昧》阐述的是如何在每种威仪中具足六波罗蜜，是典型的般若思想了，但在对每种威仪的具体阐述中，开头或结尾都会有如来藏思想的表达；②《诸法无诤三昧

---

① 《续高僧传》称其著作"四十二字门两卷，无诤行门两卷，释论玄，随自意，安乐行，次第禅要，三智观门等五部各一卷，并行于世"。道宣：《续高僧传》卷十七《行禅篇》，《大正藏》第50册，第564页上。

② 比如《行威仪》中，在解释菩萨在行威仪中如何行持才具有六波罗蜜之后，发起问答，引入对"首楞严定"的称赞，并解释"无心、心数法，便是自性清净心，自性清净心便是涅槃"，整个《行威仪》的后半部分，几乎是慧思自身如来藏思想的独白，对"自性清净心"进行了深入的阐释。《随自意三昧·行威仪品》，《续藏经》第55册，第497页上。

法门》下卷是以空观观四念处，但上卷开篇仍有相当的篇幅谈的是如来藏。① 对于慧思来说，如来藏是旨归，而般若是方法，二者是可以合一的，慧思以空性推求诸法，在推求至"空""无生"之后，随即便会转入"空即是常""无生即是常"以及"一相无相"即是"诸法实相"的表述。

除了将般若与如来藏合而为一之外，慧思还在多处自然地掺杂了唯识的观点，将如来藏、般若、唯识融合到一起，对慧思来说，似乎自然而然，《随自意三昧》中的一段表述最能代表慧思的这种思想，"一切众生用智有异不得一等，愚痴凡夫用六情识，初心菩萨用二种识，一者转识，名为觉慧，觉了诸法，慧解无方，二者名为藏识，湛然不变，西国云阿梨耶识，此土名为佛性，亦名自性清净藏，亦名如来藏"②。这点跟楞伽很像，他的幻人之喻，以及在推求"业"的存在与否，如"心行若无常，我亦无业报。何以故？念念灭尽故。心行若是常，我亦无业报。何以故？常法如空，不变易故"③，很像《楞伽经》的表述。而他推求六根时的表述又跟楞严很像。

楞伽与楞严的影响使得慧思禅法中始终存在"顿观疾成"的倾向，在《法华经安乐行义》中，慧思着意强调了顿与渐的区别，依照他的表述，法华安乐行与渐观法门的区别表现在：

（1）法华菩萨不需要依四禅次第。④

（2）二乘及钝根菩萨是苦乐行，而法华菩萨是安乐行。⑤

这就使得慧思禅法内部呈现了一种矛盾：如果我们依照《法华安乐行义》对

---

① "复次欲坐禅时，应先观身本，身本者如来藏也，……天人诸趣，实无来去，妄见生灭，此事难知，当譬喻说。身本及真心，譬如虚空月，无初无后无圆满，无出无没无去来，众生妄见谓生灭。大海江河及陂池，溪潭渠浴及泉源，普现众影似真月。身身心心如月影，观身然欲甚相似，身本真伪亦如是。月在虚空无来去，凡夫妄见在众水，虽无去来无生灭，与空中月甚相似。虽现六趣众色像，如来藏身未曾异，譬如幻师着兽皮，飞禽走兽种种像，……"《诸法无诤三昧法门》卷上，《大正藏》第 46 册，628 页上。

② 《随自意三昧·坐威仪品第三》，《续藏经》第 55 册，第 503 页上。

③ 《诸法无诤三昧法门》卷下《法念处品》，《大正藏》第 46 册，第 640 页中。

④ "法华菩萨即不如此，不作次第行，亦不断烦恼。"慧思做了这样的一个比较："诸余禅定三界次第，从欲界地，未到地，初禅地，二禅地，三禅地，四禅地，空处地，识处，无所有处地，非有想非无想处地，如是次第，有十一种地差别不同，有法无法，二道为别，是阿毗昙杂心圣行，安乐行中深妙禅定即不如此。何以故？不依止欲界，不住色无色，行如是禅定，是菩萨遍行，毕竟无心想，故名无想行。"《法华经安乐行义》，《大正藏》第 46 册，第 698 页中~700 页上。

⑤ 慧思对"安乐行"有两次解释，第二次解释中，他比较了苦行（凡夫）、苦乐行（二乘及钝根菩萨）、安乐行（法华菩萨）。"苦乐行"是先有"受"，再舍"受"，而"安乐行"中"毕竟无三受"，"观行虽同，无三受间故，巧慧方便能具足，故是名安乐行，安乐行中观则不如此，正直舍方便但说无上道"。依照这种解释，《诸法无诤三昧·受念处》对诸受的观法是苦乐行。《法华经安乐行义》，《大正藏》第 46 册，第 701 页上至中。

"顿""渐"的划分，那么《诸法无诤三昧法门》就是"渐"的方法。那么，如何把握慧思禅法中的这种矛盾便成了一个问题。笔者认为，慧思本意绝非要在自己的禅法中区分"顿""渐"，一者，《诸法无诤三昧法门》便是要以早期禅观之"四念处"会通圆融于大乘，慧思绝不会是以之为"渐"法的；二者，《诸法无诤三昧法门》中也很自然地提到了顿观的方式，① 而《随自意三昧》虽着眼于"顿"，没有依四禅次第深入，但其具体观法与《诸法无诤三昧法门》有颇多雷同之处，即使是《法华安乐行义》，其中对六根清净之性的推求过程与《诸法无诤三昧法门·法念处》中对六根的推求过程是相似的，所介绍的"三忍"之"众生忍"（身行诸受）与《诸法无诤三昧法门·受念处》中对三受的观察是一致的，而且慧思在《法华经安乐行义》中两次对"受"的观法是前后矛盾的。因此，这三部禅观互相圆融，都属"顿"的范畴。

那么，这个矛盾呈现的根源就在于，慧思大师在《法华经安乐行义》中对"顿"法的表达，有种连四禅次第都抛舍，直趋顿入的潜在倾向，其实也是与楞伽禅相近的倾向，这种"顿"与能与四禅次第圆融之"顿"法是不同的两种倾向，两条路线。

（二）慧思对"息"的再阐释

在对慧思禅法做以整体把握之后，我们便能够把握慧思禅观中"呼吸"的作用和地位。慧思禅观中对"呼吸"的阐述主要集中在《诸法无诤三昧法门》和《随自意三昧》，在《诸法无诤三昧法门》中，观察呼吸是"身念处"的主要内容，在《随自意三昧》中，观察呼吸是"住威仪"中的主要内容，两处的表述是有雷同的。慧思禅法中，观察呼吸虽然重要，但主要是为达成空观服务的，不再是整个禅法开展的前提，其主要变化如下。

1. 变量息为观息

慧思禅法一变早期禅法中的"数息"而为"观息"，"息"从止观的基础一变而为与"色""身"同等的观修对象，因此没有了对"数息"的要求，只有观察呼吸的方法。另外，观息与不净观趋向于融合，《诸法无诤三昧法门·心念处》中的偈颂

① 在《诸法无诤三昧法门》的开篇，尚未开始阐述禅观的诸种异名，慧思便说："复次欲坐禅时，应先观身本，身本者如来藏也，亦名自性清净心，是名真实心。不在内，不在外，不在中间，不断不常，……无一二，无前无后，无中间，从昔已来无名字。如是观察真身竟，次观身身，复观心身。"慧思在此处说的坐禅方式，是直接观察如来藏，也即"真身"，观察"真身"之后，再观察"身身"，最后才是"心身"。这和后面阐述的由"息""心""身"次第观察深入四禅的方法很不相同。《诸法无诤三昧法门》卷上，《大正藏》第 46 册，第 628 页上。

很能说明这种特征："初坐禅时观不净，观出入息生灭相。不净观及出入息，是心心数非心性。……二观具足成一观，获得三明见三世。"① "不净观"本身也较早期禅观有所发展，将在第三点中详述。

2. 观息的目的和原因

在慧思的禅法中，观息的目的是为了观心，先观息是因为比较容易入手。"若先观色，粗利难解，沉重难轻。若先观心，微细难见，心空无体，托缘妄念，无有实主。气息处中，轻空易解。""若先观色性，粗朴难解，应先观息，是息由心遍色处中易知。何以故，先观息实，然后观息遍身，还归实相。所以者何，若先观有，即受念着，颠倒难遣，是故新学菩萨先观息实相，观其出入。"观息之后观心，通过观息去领悟心。"即观此心住在何处，复观身内，都不见心，复观身外，亦无心相，复观中间，无有相貌，复作是念，心息既无，我今此身从何生。""若心与息俱无名相，我今色身从何处生。"② 从而达到"息""心""色（身）"俱空。

3. 改变了观息的要领

由早期禅法的必须坐数改为可以立观，"菩萨立时，谛观此身色之空法，头等六分如空中云，气息出入如空中风，身色虚妄如空中华"，《达摩多罗禅经》中仅用几句提到的空观在此得到全面阐发，重点在于观察入息与出息皆没有来处与去处，没有生灭，进而观察心也是如此，再进而观察身也是如此。同时，不净观得到了发展，呼吸观与不净观二观合一，"毛孔汗垢气息"一同出入，③ 然后配合呼吸的逐渐轻空，以"芭蕉观""泡观""水沫观""影观""虚空观"五观次第观色身，身体的粗重之相也慢慢舍弃。

4. 观息与其他诸观

慧思对早期禅观的基本方法是有所继承的：《诸法无诤三昧法门·身念处》以及《随自意三昧·住威仪》中都有呼吸观与不净观；《诸法无诤三昧法门·受念处》中对苦受主张"慈悲修空，忍之不生嗔恚"，这是慈悲观的体现，其中的"忍法"我们也能在《达摩多罗禅经》中找到肇始；《诸法无诤三昧法门·法念处》中能看到对十二因缘的具体观法；《随自意三昧·坐威仪》中则有详细的对十八界的观法。

---

① 《诸法无诤三昧法门》卷下，《大正藏》第 46 册，第 637 页中。
② 本段引用文字见《随自意三昧·住威仪品第二》，《续藏经》第 55 册，第 498 页下。
③ "然后观息遍身出入，先观鼻中气息往还入出，次观遍身，从头至足从皮至髓，毛孔汗垢气息一时微细出入，审谛观察明了见之，观此色身五相次第归空寂灭。"《随自意三昧·住威仪品第二》，《续藏经》第 55 册，第 499 页上。

应该说，慧思禅法的基本观修对象并没有变，仍然是四大五阴十二入十八界十二因缘等，也保留了五门禅法的基本方式，且目标也是完成三十七道品，但在具体的方法上是有很多发展变化的。

在观四大的时候，慧思主张"如空如影，复观外四大，地水火风，石壁瓦砾，刀杖毒药，如影如空，影不能害影，空不能害空"①。

在观十二因缘的时候有两种方法，一种方法是应视眼未见色时的"无始无明"为父，"贪爱"为母，"应观察生死父母，断令皆尽，不令有余"，在眼见色时，对眼识的产生以及眼根的存在进行细致的推求，"空是眼耶？明是眼也？尘是眼也？意是眼也？为当识独生名为眼也？眶骨是眼也？精泪是眼也？瞳人是眼也？"②经过推求发现这些都不是眼，便破除了无始无明。另一种方法是眼见色时，从推求眼、色开始，次第推求六根六识，最终发现六根空无主，六识是随缘所生，也即破根本无明。

观五阴的时候，观五阴如相，不可得。观十八界的时候，"菩萨观内六根性空无所得，观外六尘性空无所得，观中六识性空无所得，若不观察亦不能得"③。

由此我们看到，慧思对诸法观的发展主要是进行细致的观空，在具体观空之时，运用譬喻、推求等种种方式，了解到诸法空无所得，进而体会到诸法如如，本来清净，正如他在《诸法无诤三昧法门·法念处》中所说，"不名有所得，不名无所得，名为如如性"④。

5. 沟通了"观息"与"神通"

在慧思的禅观中一直着意提到如何获得神通，⑤可以说，在慧思禅法中，观息与

---

① 《诸法无诤三昧法门》卷下《身念处》，《大正藏》第46册，第633页中。
② "如是观时，不见眼始末处，无始法亦无求无始法，不可得故，名曰无始空无，有无始可破故，亦无无始空，为世流布故，名为方便慧明解。"《诸法无诤三昧法门》卷下《身念处》，《大正藏》第46册，第639页下。
③ 《随自意三昧·坐威仪品第三》，《续藏经》第55册，第500页中。
④ 《诸法无诤三昧法门》卷下《法念处》，《大正藏》第46册，第639页下。
⑤ 慧思具有非常浓厚的神通思想，这与他身处的时代环境有关，也与他一生的经历有关，他认为"欲求佛道持净戒，专修禅观，得神通能降天魔，破外道，能度众生断烦恼"，同时认为十方诸佛若欲说法度众生，必须先入禅定，以神通力进行观察，然后才能说法，而诸佛之所以示现神通正是为了"报禅定恩"，如"十方诸佛，若欲说法度众生时，先入禅定，以神通力，能令大地十方世界，六种震动，三变土田，转秽为净。或至七变，能令一切未曾有事，悉具出现，悦可众心，放大光明，普照十方，他方菩萨，悉来集会，复以五眼观其性欲，然后说法"。"复次般若波罗蜜光明释论中，有人疑问佛：佛是一切智人，智慧自在，即应说法，何故先入禅定，然后说法，如不知相？论主答曰：言如来一切智慧，及大光明，大神通力，皆在禅定中得，佛今欲说摩诃般若大智慧法，先入禅定，现大神通，放大光明，遍照一切十方众生，报禅定恩故，然后说法。"《诸法无诤三昧法门》卷上，《大正藏》第46册，第629页上。

神通有着必然的联系，主要包括下面两点。

其一，获得每种神通的过程，都需由观息开始深入禅定。

"复次菩萨，为起神通故，修练禅定，从初禅次第，入二禅三禅四禅，四空定，乃至灭受想定，一心次第入，无杂念心，是时禅波罗蜜，转名九次第定。复次菩萨，入初禅时，观入出息，自见其身，皆悉空寂，远离色相，获得神通，乃至四禅，亦复如是；入初禅时，观入出息，见三世色，乃至微细，如微尘许，悉见无碍；亦见众生出没果报差别，于无量劫通达无碍，是名天眼神通，乃至四禅，亦复如是……"①

其二，慧思禅法中的"神通"不仅仅是佛教的六通，还有一个重要的特征是"飞翔"，将观息与"飞翔"联系在一起。在《诸法无诤三昧法门·身念处》中，慧思主要是结合观息与不净观，在以色相五观观呼吸之后，"是息风力能轻举，自见己身空如水沫，如泡如影，犹如虚空。如是观察，久修习竟，远离色相，获得神通，飞行无碍，去住远近"②。早期禅经中虽对"飞翔"有所提及，③但并未有诸多描述，慧思禅法中对这种微妙神通却很重视，不仅用较多篇幅对其息观技巧详述，还强调"飞行十方无障碍"④，不能不说是受本土道教飞升思想的影响。

从慧思对数息观的再阐释中我们可以看到：

1. 慧思禅法是以般若空观为核心方法的，他继承了早期禅法以观察"身""心"为重点的基本理路，但改变了呼吸的核心地位，将之变为与不净观、诸法观作为平行同等的观察对象。

2. 慧思禅法与早期达摩禅确有共性，主要表现在《诸法无诤三昧法门》中无须观呼吸，也无须从四禅次第深入，而是先观真身，观如来藏，且其中多次出现与《楞伽经》相似的表达。另外，慧思盛赞"首楞严定"，《随自意三昧》中一方面是六波罗蜜观，另一方面是直接首楞严定。

---

① 《诸法无诤三昧法门》卷上，《大正藏》第 46 册，第 631 页上。
② 《诸法无诤三昧法门》卷下《四念处观》，《大正藏》第 46 册，第 633 页中。
③ 如《达摩多罗禅经》中有"根本四禅中，修起五神通，三昧现在前，系心观自身。作轻及软想，渐举不令动，境界现在前，离地如胡麻，稍进如大麦，转次高四指，此床至彼床，渐渐能随意，飞行及变化，自在无障碍，是名修行者，微妙神通力"。《达摩多罗禅经》卷下《修行方便不净决定分第十二》，《大正藏》第 15 册，第 319 页上。
④ 《诸法无诤三昧法门》卷下《四念处观》，《大正藏》第 46 册，第 633 页下。

3. 慧思禅法具有浓厚的神通思想，经常提到深入禅定，获得神通，在对神通的描述中有"飞升"之念，但并无具体的会通之实，更像是一种自发的表达。

三　智颛禅法中对"息"的再阐释

智颛择"止观"二字为核心，依《中论》建立一心三观，三谛圆融，皆为实相，分立五略十广，深宣广敷，将慧思禅法中的圆融顿观之义发展得更加系统，且明确依早期禅法次第，抛舍了慧思禅法中与达摩禅相类的顿观倾向，真正建立了系统完备的大乘止观体系。这一体系不仅对"止观"的大体、名义、体相、摄法、偏圆进行了细致的抉择，更为大乘止观建立了完备的二十五方便和十乘观法，循序渐进，详瞻浃备，佛教戒定慧三学都融摄其中，小大兼摄，蔚为大观。

智颛一方面坚持早期禅观的基本结构与次第，另一方面始终立足于整体的佛教，对之做再次的把握与阐解，既不拘泥于小大，亦不拘泥于宗派，使得天台禅观呈现两个突出特点：一是真正沿着早期禅观发展而来，极具系统性；二是极具包容性，非常方便别的宗派随手取择，我们能看到，至今禅宗寺院所使用的坐禅、行禅等方法，实际上出自《摩诃止观》，可谓禅观尽于天台。

由于"息"是早期禅观的根本，而智颛禅观继承了早期禅观的结构，因此在智颛禅法中，"息观"重新被赋以关键地位，《天台智者大师禅门口诀》全篇都在阐述呼吸，智颛不仅以早期"息观"为基础对之做以新的阐解，且将"息观"置于整体禅门中，对其地位、特点、功用做以整体把握，具体发展有以下几个方面。

（一）重新解释"安般守意"

1. 运用比喻强调息、身、心的关系

在《天台智者大师禅门口诀》的开篇，智颛即对"安般守意"四字进行阐解。我们可以看到，早期禅经只是朴素地解释了数息是为了近道，更多是对"息"与"观"在操作方法方面的记述，而智颛的解释则运用比喻形象地强调了息、身、心的关系，"师言安般守意，当知色心相因而息，犹然火缘薪以烟，睹烟清浊则览燥湿之形，察息软粗，用镜真邪之候，守之者庶使望云造浦，候岸制篙，识其机道，船获济矣。师言身安意正，其若油净灯明。是故既欲守意，先在安身，安身者，安处身风，无令风事违净"①。将"守意"归结为"安身",又将"安身"归结为"安处身风"。

2. 安身与"身风"

智颛大师将"安身"归结为"安处身风",又列举了种种"身风",将身体的不适对应于风位之相乱。"何谓风事,身中有行风、横起风、诸节风、百脉风、筋风、力风、骨间风、腰风、脊风、上风、下风,如此诸风位各有分,不可相乱,乱则贼。大则颠狂废绝,小则虚实相陵,虚则痒实则痛,痛痒在身何暇系念,颠狂之流故自亡言。"② 这里的风显然与四大之"风"不是同一概念,也非智颛在下文中所述的作为"息"的状态之一的"风",这里的"风"类似于身体的存在状态,不仅在诸节百脉中存在,也伴随身体的行住坐卧各种状态以及上下左右各方位,含有"生命力"的意义。

关于如何安处身风,文中说:"凡事动静施为,当先作是想,想现在前,然后即事也。不尔者粗细相忤,新陈交逆,如礼禁奸,其何可得止。今略举其一余悉类之,假令将就坐时先作是想,我当于彼处,坐彼处去此,应若干步,随下足时,稍申其气,渐放身体,住风稍来,行风渐去,其余威仪亦复如是,如是想者是名安身也。"③ 简明讲,便是一直处于对身体状态的觉知当中。

(二)整体把握"息观"在禅门方法中的地位

在《释禅波罗蜜次第法门》中,"禅"是一条既可以抽象把握又可以具体实践的路线,每个人都可以从对其论述的阅读中得到"禅"的概念,而观息与观色、观心一起构成"禅"的三条门径,这三条门径既有所达目的地远近的区别,又是相通的。智者大师将禅门分为"世间禅门"、"出世间禅门"以及"出世间上上禅门",分别对应"息""色""心"。以"息"摄心,可至四禅四空四无量心,十六特胜通明等禅,属于世间禅门;以"不净观"等摄心,可至九想、八念、十想、背舍、胜处、一切处、次第定、师子奋迅、超越三昧等处,属于出世间禅门;用智慧反观心性,可至法华、念佛般舟、觉意、首楞严诸大三昧及自性禅,乃至清净净禅等,属于出世间上上禅门。④

---

① 《天台智者大师禅门口诀》,《大正藏》第 46 册,第 581 页上。
② 《天台智者大师禅门口诀》,《大正藏》第 46 册,第 581 页上。
③ 《天台智者大师禅门口诀》,《大正藏》第 46 册,第 581 页上至中。
④ 《释禅波罗蜜次第法门》,《大正藏》第 46 册,第 479 页上至中。

但这种分别并非绝对，因为三门之间本来就是相互联系的，"息""色""心"分别对应"命""暖""识"，有出入息才有寿命，有寿命，业持火大，才有"暖"，地水等色才不臭烂，而此中的心意即为"识"，也就是"刹那觉知心"，三法和合构成了人我众生，因此，"此三法通得作世间、出世间、出世间上上等禅门。所以者何？一如息法，不定但属世间禅门。何以得知？如毗尼中，佛为声闻弟子说观息等十六行法，弟子随教而修皆得圣道，故知亦是出世间禅门"①。同样，反观心性也并不仅仅是出世间上上禅门，"当知三门互通，但三种人用心异故，发禅得道亦各不同"②。而之所以将三者作以分别，是因为"一切义理有通有别，教门对缘益物不同，异说无咎，复次前非了义之说，未可定执"。至于单纯的数息能不能得证"九想八背舍自性等禅"，智颉的回答是"或得或不得"，因为能不能证得并不是根据发心，发心只是缘的表现，"缘尽则灭谢"，而禅次第必须"因修得证"，"不进终不成就次第法门"③。

（三）"息观"与禅次第的配合

1. 作为禅波罗蜜外方便的"息观"

作为禅波罗蜜的外方便，息与饮食、眠睡、身、心共同为需要调节的五法，这五法中，饮食和眠睡可单独调节，息、身、心三法则互相联系。智颉首先说明了如何调身与吐气，调身得当则身息调和，接着说明了息相与调息方法，进而过渡到调心，另用相当的篇幅说明了如何觉察息、身、心三事的调与不调，如何调整以及如何出定。

2. 作为禅波罗蜜内方便的"息观"

在智颉所述的禅次第中，"止"是内方便之一，其他四个内方便是"验善恶根性、安心法、治病患、明觉魔事"，这里的"止"不再是早期禅观中与"观"简单并列的意义了，它成为禅波罗蜜的方便，而不再是内容的核心。在早期禅观中，"止"等同于"数息"，而智颉禅次第中的"止"包括"系缘止、制心止、体真止"，与具体的数息无甚关联，都是直接从"心"的层面展开，"不净观"就含摄在"系缘止"当中。

"验善恶根性"是"禅波罗蜜次第"的第二个内方便，其"善根性"又分"外

---

① 《释禅波罗蜜次第法门》，《大正藏》第46册，第479页下。
② 《释禅波罗蜜次第法门》，《大正藏》第46册，第479页下。
③ 本句引用文字见《释禅波罗蜜次第法门》，《大正藏》第46册，第480页上。

善"与"内善",五门禅法是内善,"二明内善者,即是五门禅:一阿那波那门,二不净观门,三慈心门,四因缘门,五念佛三昧门,此五法门通摄一切诸禅,发诸无漏故,名为内善"①,"数息""随息""观息"即是阿那波那门所对应的善根表征,"数息善根"是初禅的表征,"随息善根"是十六特胜的表征,"观息"是通明禅的表征,同样,"不净观""慈心观"等也不再是像早期禅法中那样需要练习的步骤,而是自然生发的善根表相。在"恶根性"中,观息被用作对治的方法,对治觉观之病。另外,第四个内方便"治病患"的成就也全靠"息观",这一点会在下文讨论息观的道教化及其与禅病关系时详述。

3. 作为初禅至四禅方法的"息观"

在智𫖮的禅法结构中,将从初禅到四禅称为"世间禅",将六妙门、十六特胜与通明观列为"亦世间亦出世间禅",将"九想""八念""十想""八背舍"等称作"出世间禅",此外,还有"非世间非出世间禅"。这很容易给人一种印象,以为这是从近到远渐次递进的结构,但事实上,智𫖮禅法的核心结构仍然是"初禅"到"四禅",从前到后,不过是不断深入提纯断漏的过程,如同从奶到酪,再到生酥、熟酥。在修证过程中,"初禅"以及"六妙门""十六特胜"与"通明观",都是通过对出入息相细致微妙的体察来达到的。"初禅"是根本,它完全通过数息来达到,只是与早期禅经对数息的说明相比,智𫖮的说明增添了对"息名""息相""用息不同"以及以心观息的阐解,更易操作;"六妙门"其实便是"安般六事",与早期禅法相比更注重"息"与"心"的相应;"十六特胜"的前四特胜都是关于对"息"的觉察,其说明尤重"息"的微妙状态;"通明观"则需要依靠在出入息中觉察"息""身""心"的关系方能得以实现。

(四)"息观"对道教方法的融摄及其与禅病的关系

1. "息观"与道教呼吸吐纳功法

智𫖮的"息观"融会了道教的呼吸吐纳功法,重视"息"与"意"在丹田、经脉、毛孔等处的配合与感受。如:"温师一家,系念在己脐中央,如豆瓣处,解衣谛观取其相,然后闭目合口,开齿举舌向腭,令息调均,一心谛观。若有外念,摄之令还,若念不见,复解衣看之,熟取其相,还复如前。"至于为何系念在脐,

---

① 《释禅波罗蜜次第法门》卷三,《大正藏》第46册,第494页上。

智颛回答了两条原因，首先因为脐是息出灭的根本之地，可以助发无常观；① 其次，因为脐是肠胃根源，可以助发不净观，"识神托生之始，与精血合根在于脐，是以人生时唯脐连持，若行者见脐分明，自然生厌离，免于系也"。虽然智颛与无常、不净等佛教的概念结合了起来，但早期禅观并不强调系心于脐，"系心于脐"明显受道家吐纳功法中系心丹田的影响，另外，这里的"识神"本身也是道教的概念。

关于经脉，智颛有如下描述："云身中脉如百川归海，心如拘物头，四片相合一片，各有十纪，脉共绞络，故心端有四十脉也。其下一脉直往趣脐，号曰优陀那风，优陀那者中也，故号此脉为中脉也。"② "身内诸脉心脉为主，复从心脉内生四大之脉，一大各十脉，十脉之内，一一复各九脉合成四百脉，从头至足四百四脉，内悉有风气血流相注，此脉血之内亦有诸细微之虫依脉而住。"③ 早期禅经如《治禅病秘要法》中只强调"四百四脉"，并没有细讲这四百四脉的构造，更没有强调"心脉""中脉"等，智颛显然结合道教的任督二脉，解释了四百四脉的构成。

另外，智颛在"通明观"中尤重呼吸，通过体察"息""色""心"的微妙关系来引发通明，④ 例如，体察"息遍毛孔出入"是获证通明观的前提。虽然早期禅经中已经提到"见毛孔息"是人初禅的重要表征，⑤ 但智颛"通明观"中的"入禅"、"中证"与"出禅"都强调"毛孔"的觉受，"发初禅时，即豁然见自身九万九千毛孔空疏气息遍身毛孔出入"⑥。"次明中证相，行者住此定内三昧渐深觉息后，五脏内生息相各异，所谓青黄赤白黑等，随脏色别，出至毛孔，若从根入，色相亦不同，如是分别，气相非一。"⑦ 至于出定时的注意事项，"欲出定时，应前放心异缘开口放气，想息从百脉随意而散，然后微微动身，次动肩胛及头颈，次动两足悉令柔软，然后以手遍摩诸毛孔，次摩手令暖，以掩两眼，却手然后开目，待身热汗稍歇，方

---

① "脐是息之出灭所由，为知无常故所以念脐。"《天台智者大师禅门口诀》，《大正藏》第46册，第581页中。
② 《天台智者大师禅门口诀》，《大正藏》第46册，第586页上。
③ 《释禅波罗蜜次第法门》卷八，《大正藏》第46册，第530页中至下。
④ "所言通者谓从初修门即通观三事，若观息时即通照心心，若观色乃至心亦如是，此法明净能开心眼无诸暗蔽，既观一达三彻见无阂，故名通明。"《释禅波罗蜜次第法门》卷八，《大正藏》第46册，第529页上。
⑤ "法行比丘获得初禅，人禅已欲得身通系心鼻端观息人出，深见九万九千毛孔之出入，见身悉空乃至四大亦复如是。"《释禅波罗蜜次第法门》卷八，《大正藏》第46册，第533页下。
⑥ 《释禅波罗蜜次第法门》卷八，《大正藏》第46册，第530页上。
⑦ 《释禅波罗蜜次第法门》卷八，《大正藏》第46册，第530页中。

可随意出入"①，这类似于道教功法的建设，是早期禅经所没有的。

2. 以息观疗愈禅病

在早期禅经《治禅病秘要法》中，禅病既包含由坐禅导致的四大不调、鬼神侵扰等症状，也包括贪淫、喜好利养等违背戒律的行为，或者说，凡修行中出现的问题都可称之为禅病，而不仅仅是坐禅。对禅病的疗愈主要通过观想来达成，观想的内容非常多元，也很有针对性，比如治水大猛盛，应观想金翅鸟，观想火珠，而治好歌呗偈赞，"先当想一七宝高幢，有乾闼婆，在其幢端，身如白玉，动身赞偈，身毛孔中，出大莲华，百千比丘，在莲华上，声万种音，过于己身，百千万倍，因是渐渐息其骄慢"②。

而智颉禅法中的禅病概念，是指狭义的禅病，即在坐禅的过程中出现的五种状况，《智者大师禅门口诀》中将之分为"一身作病，二鬼作病，三魔作病，四不调息成病，五业障病"。除第二、第三外，其他三种都借由观息来达成。对于"身作病"，"治法者用息从头流气，向背脊历骨节边注下，须好用心方差耳"；对于"不调息成病"，"治法用遍息正用心息之息，名为遍满息，用之法以心住息，从头溜气遍满四肢，此是不解用息，使筋脉焦枯身无润泽，令以此二息从上流下，令息遍身故名遍息满息，息遍满故身即平复可用止息。云何名止息，平心直住不动是名为止息"；对于"业障病"，智颉列举了种种，如"举身肿满颜色虚肥而黄"者，"复有四肢痿弱无力，两臂两足欲落，或一臂欲落者"，"若有宿痖冷热等病，用息向下流使病灭，身中细碎众病皆用息治之，若冷病即用热息流之，若热病即用冷息流之，对治作法各用此二息治之"。③

除了治愈禅病，"息观"也治愈广义的疾病，在《释禅波罗蜜次第法门》中，智颉将治病作为禅波罗蜜的前方便，这里的"病"是广义的病患之义，不单指禅病。智颉列举了五种治病方法，第一种也是最重要的一种便是"息观"，包括"六种息"与"十二种息"：

> 一者气息治病，所谓六种息，及十二种息。何等为六种息？一吹二呼三嘻

---

① 《释禅波罗蜜次第法门》卷二，《大正藏》第 46 册，第 490 页中。
② 《治禅病秘要法》卷下，《大正藏》第 15 册，第 338 页上。
③ 本段引用文字见《天台智者大师禅门口诀》，《大正藏》第 46 册，第 582～583 页。

四呵五嘘六呬，此六种息，皆于唇口之中，方便转侧而作。若于坐时，寒时应吹，热时应呼；若以治病，吹以去寒，呼以去热，嘻以去痛；及以治风，呵以去烦，又以下气，嘘以散痰，又以消满，呬以补劳；若治五脏，呼吹二气，可以治心，嘘以治肝，呵以治肺，嘻以治脾，呬以治肾。复次有十二种息，能治众患。一谓上息，二下息，三满息，四燋息，五增长息，六灭坏息，七暖息，八冷息，九冲息，十持息，十一和息，十二补息，此十二息，皆心中作想而用，今略明十二息对治患之相。上息治沉重，下息治虚悬，满息治枯瘠，燋息治肿满，增长息治损，灭坏息治增，暖息治冷，冷息治热，冲息治壅结不通，持息治战动，和息通治四大不和，补息资补四大。善用此息，可以遍治众患，用之失所，各生众患，推之可知。[①]

可以看到，这里的“十二种息”主要靠观想不同呼吸状态来治愈疾病，而“六种息”其实就是道教六字诀，在陶弘景的《养性延命录》中便有了。

结　论

“数息观”是天台禅法中国化的重要线索，无论慧思还是智顗，都在对“数息观”的诠释中显示了他们禅法的走向。

慧思禅法以般若空观为核心方法，他继承了早期禅法以观察“身”“心”为重点的基本理路，但改变了呼吸的核心地位，将之变为与不净观、诸法观作为平行同等的观察对象。且慧思禅法同时具有顿观疾成的倾向，与早期楞伽禅确有共性。慧思重视神通，如果说“息观”在慧思禅法中有什么特别之处，便体现在它是获得神通的基础。

而智顗不仅继承了早期禅观的结构，还重新赋予“息观”以关键地位，将“息观”置于整体禅门中，对其地位、特点、功用皆做以整体把握，在智顗禅法中，“息观”既是方便，又是次第，既是前行，又是修证，贯穿了整个禅波罗蜜次第。智顗重视“息”“身”“心”的关系，不仅对三者关系做出抽象的解释，禅次第中的一些

---

① 《释禅波罗蜜次第法门》卷四，《大正藏》第46册，第506页上。

特别步骤如"通明观"，就是借助对三者关系的微妙体察来达到的。另外，智顗在"通明观"一节以及其"禅病"理论中，融摄了大量的道教方法，这些来自中国本土的关于身体以及呼吸吐纳的知识，既丰富了佛教禅修的架构，增强了佛教禅修的画面感与操作性，也更方便于人们理解。因此，天台禅观至智顗呈现两个突出特点：一是真正沿着早期禅观发展而来，极具系统性；二是极具包容性，非常方便别的宗派随需取择。

　　通过"数息观"的梳理我们也可以看到：在援道入佛方面，慧思与智顗的出发点和程度并不相同，慧思之援道入佛仅为提到相关概念，只是一种自发的表达，并无会通之实，而智顗之援道入佛乃是一种自觉的理论建设，且智顗禅观与道教会通的根基正在于"呼吸"，"呼吸"亦是其禅病理论的基础。

华严十玄门思想发展演变

觉　深

【内容提要】　华严一乘十玄门思想在华严宗思想体系里有着极其重要的地位，华严诸祖皆以十玄门来释解《华严经》中所诠华严一乘缘起法界事事无碍之义理分齐。那么，华严一乘十玄思想体系发展情况是怎样的？十玄门思想肇启者是谁？十玄门思想提出者又是谁？从古十玄到新十玄之间，十玄门思想发展如何？新古十玄之说是由谁来确立的？慧苑的两重十玄与华严诸祖所主张的十玄思想有何不同？澄观为何对慧苑两重十玄主张进行批判？这些都是本文将要讨论的内容。

【关键词】　新古十玄　两重十玄　所依体事　慧苑
【作　者】　觉深，中国佛学院讲师。

一　序论

十玄门，又名十玄缘起，全称十玄缘起无碍法门，或称华严十玄门、一乘十玄门，是华严诸祖为释解《华严经》所诠华严一乘法界事事无碍之义理分齐而立。十玄门名目最早出现在智俨《华严一乘十玄门》中，随着华严思想体系的逐渐完善，在华严诸祖的著作中，十玄门名目次第也相应地出现了一些变化，如我国近代佛学理论家黄忏华先生在《中国佛教史》中说：

十玄门有新古之别。智俨所立，名古十玄；法藏所立，为新十玄。①

从古十玄到新十玄的过程，也是华严思想体系开始建立、逐渐完善、最后定型的过程。这一过程，包含有十玄门这一思想的肇启、提出、发展、变化、定型等几个方面。

第一，十玄门思想的肇启。实际上包含两个方面的内容，即十玄名目出现以及十玄思想源头这两个方面。十玄名目的出现，以智俨《华严一乘十玄门》为代表；而十玄思想源头这一方面，则要从《华严一乘十玄门》的撰号说起，在这一著作中，智俨明确表示"承杜顺和尚说"，由此得知，智俨的十玄思想是由杜顺传承而来。另外，澄观的《华严法界玄镜》也表示，在杜顺《华严法界观门》中所说的"周遍含容观第三"中有"十门"，此十门所说与十玄门能够一一对应。是故，澄观得出结论"十玄亦自此出"②。

第二，十玄门思想的提出。是华严二祖智俨的《华严经搜玄记》与《华严一乘十玄门》。在《华严经搜玄记》中"随文解释"时，智俨提出以十玄门来明《华严经》所诠义理分齐；在《华严一乘十玄门》中，智俨以教义、理事、因果等十对法来诠表法界万法，并提出以十玄门，从喻、缘、相等十个角度来阐述法界诸法之间的关系。显明法界诸法，相遍相容、相摄相即而无有障碍。即谓，华严一部经宗，通明法界缘起，此华严一乘法界缘起，不同于大乘、二乘缘起，但能离断常等过。此宗不尔，一即一切，无过不离，无法不同也。

第三，十玄门思想的发展。在智俨提出十玄思想之后，法藏承其所说，在大多著作中皆有对十玄思想的阐发。如在《华严五教章》中以"十玄缘起无碍法"阐明华严一乘教之义理分齐；在《华严经文义纲目》中，以十玄门总标《华严经》之大意义理；在《华严经探玄记》中，以十玄门彰显《华严经》所诠义理分齐。只是，在法藏不同的著作中，十玄名目次第亦略微有不同，尤其在《华严经探玄记》中，不但十玄次第不同于智俨所说，在十玄名目上亦有变动，将"诸藏纯杂具德门"改为"广狭自在无碍门"，且不立"唯心回转善成门"，增立"主伴圆明具德门"。此

① 黄忏华：《中国佛教史》，上海文艺出版社，1990，第225页。
② 澄观述《华严法界玄镜》卷二，《大正藏》第45册，第683页。

中十玄名目的变动为后来澄观所赞同并继承，也被后人称为"新十玄"。

第四，十玄门思想的变化。在法藏之后，其有上首弟子慧苑，继续法藏未完成的《华严经略疏》，对新译八十卷《华严经》进行注释，成《华严经刊定记》。只是在《华严经刊定记》中，慧苑并没有以智俨法藏一脉相承的十玄门来彰显《华严经》所诠义理分齐，而是立"体事""德相""业用"三门，以"体事"为所依，并谓"体事"有"纯净无漏"和"通漏无漏"两种，"纯净无漏"是德相所依体事，"通漏无漏"是业用所依体事。于"德相""业用"中各立十门，而成两重十玄，此两重十玄为后来澄观所批。

第五，十玄门思想的定型。在慧苑之后，澄观承继法藏华严思想，以法藏所说为正统，对慧苑所说两重十玄大加批驳，认为慧苑所立两重十玄"德相、业用虽异，不妨同一十玄，无不该摄"[1]。同时，在澄观诸多著作中，大多采用法藏《华严经探玄记》所立十玄。并在《华严经随疏演义钞》中，谓"贤首所立有次第故"。也就是说，澄观认为，《华严经探玄记》中所立十玄，是从浅至深，次第宣说华严一乘法界事事无碍之义理分齐。在《华严经随疏演义钞》中，澄观还将智俨所立十玄称为古十玄，也就有了新古十玄思想的确立，十玄思想体系至此定型。

二　华严十玄思想之肇启

十玄思想的肇启，是源自华严初祖杜顺。虽然，十玄名目的最初出现，是智俨所著的《华严一乘十玄门》和《华严经搜玄记》。但是，在《华严一乘十玄门》的撰号中，智俨明确表示"承杜顺和尚说"，也就是说，智俨的十玄思想实由杜顺传承而来。另外，在《华严法界玄镜》中，澄观在对杜顺《华严法界观门》"周遍含容观第三"中"十门"进行释解时，谓此十门所说义与十玄门一一对应，并得出结论"十玄亦自此出"。

1. 智俨承杜顺和尚说十玄

在杜顺的著作中，未见有"十玄门"名目的出现，但也不能排除有一种情况出现的可能，即杜顺的华严思想传承中，包含有十玄门思想，只是未曾将十玄门思想

---

[1]　澄观述《华严经随疏演义钞》卷十，《大正藏》第36册，第76页。

具体著述成书而已。在智俨《华严一乘十玄门》中，证明了这种可能性的存在，在此书的撰号中，作如是说：

> 大唐终南太一山至相寺释智俨撰，承杜顺和尚说。①

从此撰号中，可以很明显地看出，《华严一乘十玄门》是智俨所撰，也是承杜顺和尚所说而成。十玄门名目虽是智俨所立，但并非智俨首创，而应是师有所承，如撰号中"承杜顺和尚说"。只是到了智俨之时，将之具体明白地表达出来而已。

智俨是杜顺之弟子，其师从杜顺不久，即被送到至相寺杜顺弟子达法师处修学。但其感念于杜顺传承教导之恩，在杜顺圆寂后，特至杜顺的"龛所"，化导乡川，此如《续高僧传》卷二十五中所说。②

2. 杜顺著作十玄思想的体现

在杜顺的著作中，虽未见有"十玄门"名目的出现，但其著作中，也有"十玄"思想的体现，如澄观在《华严法界玄镜》卷二中的表述。在此书中，澄观在注释"周遍含容观第三"时，提出了"十玄亦自此出"的观点，如文中所云：

> ……由其初门理如事故，一可为多；由第二门事如理故，多可为一；……第十门，即同时具足相应门；"九"即因陀罗网境界门；由"第八"交涉互为能所，有隐显门；其"第七"门相即相入门；"五"即广狭门；"四"不离一处即遍，有相即门；"三"事含理事故，有微细门；"六"具相即、广狭二门；"前三"总成诸门，事理相如，故有纯杂门；随"十"为首，有主伴门显；于"时"中，有十世门故。初心究竟，摄多劫于刹那；信满道圆，一念该于佛地。以诸法皆尔故，有托事门。是故"十玄亦自此出"。③

澄观的《华严法界玄镜》一书，是对杜顺《华严法界观门》的注疏。此上一段引

---

① 智俨撰《华严一乘十玄门》卷一，《大正藏》第 45 册，第 514 页。
② 道宣撰《续高僧传》卷二十五中有云："弟子智俨，名贯至相。幼年奉敬，雅遵余度。而神用清越，振绩京皋。华严、摄论，寻常讲说。至龛所，化导乡川。故斯尘不终矣。"《大正藏》第 50 册，第 654 页。
③ 澄观述《华严法界玄镜》卷二，《大正藏》第 45 册，第 683 页。

文，即是澄观对《华严法界观门》中第三观"周遍含容观"的注释。"周遍含容观"计有"十门"，其名目分别是：1. 理如事门，2. 事如理门，3. 事含理事门，4. 通局无碍门，5. 广狭无碍门，6. 遍容无碍门，7. 摄入无碍门，8. 交涉无碍门，9. 相在无碍门，10. 普融无碍门。

依澄观所说，"周遍含容观"中"十门"可与十玄门一一对应。其中，第十"普融无碍门"者，与"同时具足相应门"对应；第九"相在无碍门"者，与"因陀罗网境界门"对应；第八"交涉无碍门"者，与"秘密隐显俱成门"对应；第七"摄入无碍门"者，与"诸法相即自在门"相对；而第六"遍容无碍门"者，含摄"广狭自在无碍门"与"诸法相即自在门"二门义；第五"广狭无碍门"者，与"广狭自在无碍门"相对；第四"通局无碍门"者，亦与"诸法相即自在门"对应；第三"事含理事门"者，与"微细相容安立门"对应。

又，澄观认为，"周遍含容观"中前三门（理如事门、事如理门、事含理事门），总说"诸藏纯杂具德门"义；"周遍含容观"中十门所显事事无碍之理，总明"主伴圆明具德门"义。又，观文中有"一法全在一切中时，还令一切恒在一内，同时无碍"等"时中"句，则是论说"十世隔法异成门"义；又云"以诸法皆尔故，有托事门"，此即明"托事显法生解门"。

澄观认为，杜顺在《华严法界观门》所立三观分别与理法界、理事无碍法界、事事无碍法界相对应。而第三"周遍含容观"中所说，即是事事无碍法界。依据澄观对于"周遍含容观"的解释。此观中"十门"，一一门中，皆分别诠释了十玄无碍之思想理念。是故，澄观得出结论"十玄亦自此出"。

三　智俨十玄思想的提出

十玄思想的提出，是华严二祖智俨的《华严一乘十玄门》和《华严经搜玄记》。在《华严经搜玄记》卷一中，智俨只是简单地列举十玄门之名目，并没有过多的解释。而在《华严一乘十玄门》中，智俨对于十玄门一一列名，并一一释解其意，是最早完整建立十玄思想体系的著作。

1. 智俨建立十玄思想体系

从现存资料来看，在智俨之前，并没有十玄名目的出现。或者说，在杜顺的著作中，并没有关于十玄名目的具体展现。是故，杨文会先生称智俨为阐扬十玄之鼻祖。

> 华严大教，阐扬十玄者，引为鼻祖。贤首仍之，载于《教义章》内，大意相同，而文有详略，及作《探玄记》，改易二名。①

智俨于《华严一乘十玄门》一书中，建立十玄门思想体系。其目的有二：一者，明一乘法界缘起，不同于大乘、二缘缘起；二者，明华严一部经宗，所明法界缘起之理。如文：

> 明一乘缘起，自体法界义者，不同大乘二乘缘起，但能离执常断诸过等。此宗不尔，一即一切，无过不离，无法不同也。
> 今且就此华严一部经宗，通明法界缘起。……今约教就自体相，辨缘起者，于中有二：一者，举譬辨成于法；二者，辨法会通于理。所言"举譬辨"者，……上明举十数为譬说竟；此下，明"约法以会理"者，凡十门：一者，同时具足相应门（此约相应无先后说）……②

在《华严一乘十玄门》中，智俨强调，华严一乘法界缘起，不同于大乘、二乘缘起。大乘、二乘缘起，但能离断常等过；华严一乘法界缘起，明一即一切一切即一。是故，一乘缘起，无过不离，无法不同。而《华严经》中，通明法界缘起。是故，智俨建立十玄思想体系，通过十玄，从喻、缘、世、行等十个角度，对华严一乘法界相遍相摄、相入相容、相即无碍之义理分别阐释。亦是通过十玄，从十个角度，分别展现华严一乘法界事事无碍之境。

2. 华严一乘十玄的思想体系

华严一乘十玄思想体系，包含两个方面：一者，事法，即立十对法以诠表法界无尽诸法；二者，理具，即以十玄门，从十个角度，明法界诸法相互之间的

---

① 杨文会撰《华严一乘十玄门》之《后记》，《大正藏》第45册，第518页。
② 智俨撰《华严一乘十玄门》卷一，《大正藏》第45册，第514~515页。

关系。

第一，事法。智俨在《华严一乘十玄门》和《华严经搜玄记》中，皆立十对法以诠表法界万法。十对法者为：（1）教义，（2）理事，（3）解行，（4）因果，（5）人法，（6）分齐境位，（7）法智师弟，（8）主伴依正，（9）逆顺体用，（10）随生根欲性。此十法为所依体事，十玄为能依。十玄门即分别从十个角度，对此十法进行观照，以彰显一乘法界事事无碍之境。

第二，理具。在智俨十玄思想体系中，论说十玄思想义理时，皆是依相应无先后、喻、缘等十个方面进行论述。现依《华严一乘十玄门》中所说，一一列举：第一"同时具足相应门"者，约"相应无先后"说；第二"因陀罗网境界门"者，约"譬"说；第三"秘密隐显俱成门"者，约"缘"说；第四"微细相容安立门"者，约"相"说；第五"十世隔法异成门"者，约"世"说；第六"诸藏纯杂具德门"者，约"行"说；第七"一多兼容不同门"者，约"理"说；第八"诸法相即自在门"者，约"用"说；第九"唯心回转善成门"者，约"心"说；第十"托事显法生解门"者，约"智"说。①

《华严经搜玄记》中所列，与《华严一乘十玄门》中大体相同，唯一不同的是第六"诸藏纯杂具德门"，《华严经搜玄记》说"但义从世异耳"。② 但值得注意的是，不论是《华严经搜玄记》还是《华严一乘十玄门》中，论述第五"十世隔法异成门"时，皆说约"世"说。是故，在《华严经搜玄记》中，说"诸藏纯杂具德门"约"世"说，应是误写，而应同《华严一乘十玄门》，是约"行"说。

智俨建立华严一乘十玄思想体系，从十个不同的角度论说华严一乘法界缘起义。或依相应无先后义，论说法界诸法，法法之间，相即相入，互摄互容，圆碍无碍之义；或从譬喻的角度，论说法界诸法混融无碍之义。或依诸法之缘，或依诸法之相，或依诸法之理，或依诸法之用，如是种种不同的角度，辨说此华严一乘缘起。不同二乘、三乘缘起，此一乘法界缘起，统摄法界万法。意谓：法界诸法，一即一切，一切即一。法法相即相入，法法圆融无碍。随于一法，即能摄一切法。随于一法，即能入一切法。一法与一切法，法法总为一团，而成一大缘起法界。

---

① 智俨撰《华严一乘十玄门》卷一，《大正藏》第 45 册，第 515 页。
② 智俨述《华严经搜玄记》卷一，《大正藏》第 35 册，第 15 页。

四 法藏十玄思想的发展

法藏承继智俨的十玄思想理念，在大多著作中皆有对十玄思想的阐发，以十玄无碍思想诠释华严一乘法界无碍缘起。只是，在不同的著作中，法藏所立十玄名目次第亦有略微不同。或是大同于智俨所立十玄，或是在智俨所立十玄之次第上略作改变，或是在智俨所立十玄之名目上略作改变。此下先标列智俨《华严一乘十玄门》中所立十玄，再以法藏诸著作中所立十玄，一一对比，以此来阐明在法藏时期十玄思想体系的发展情况。

智俨《华严一乘十玄门》中，所立十玄名目及次第如下：（1）同时具足相应门，（2）因陀罗网境界门，（3）秘密隐显俱成门，（4）微细兼容安立门，（5）十世隔法异成门，（6）诸藏纯杂具德门，（7）一多兼容不同门，（8）诸法相即自在门，（9）唯心回转善成门，（10）托事显法生解门。

1. 大同于智俨的《华严经文义纲目》

《华严经文义纲目》中所立十玄名目及次第如下：（1）同时具足相应门，（2）因陀罗网法界门，（3）秘密隐显俱成门，（4）微细兼容安立门，（5）诸藏纯杂具德门，（6）十世隔法异成门，（7）一多兼容不同门，（8）诸法相即自在门，（9）唯心回转善成门，（10）托事显法生解门。

在《华严经文义纲目》中，法藏以十玄门总标《华严经》之大意义理。此中所立十玄，与智俨所立相比，除"诸藏纯杂具德门"与"十世隔法异成门"二门之先后（第五、第六）次第有所变动之外，再将"因陀罗网境界门"改为"因陀罗网法界门"，其他地方再无变化。

2. 十玄次第改变的《华严五教章》

《华严五教章》中所立十玄名目及次第如下：（1）同时具足相应门，（2）一多兼容不同门，（3）诸法相即自在门，（4）因陀罗网境界门，（5）微细兼容安立门，（6）秘密隐显俱成门，（7）诸藏纯杂具德门，（8）十世隔法异成门，（9）唯心回转善成门，（10）托事显法生解门。

《华严五教章》是法藏华严思想之集大成者，本章中，法藏以"十玄缘起无碍法"阐明华严一乘教之义理分齐。此中所立十玄，除第一"同时具足相应门"及第九"唯心回转善成门"和第十"托事显法生解门"之外，其余十玄次第，皆不同于智俨所立。但此中所立十玄名目却无有丝毫改动。

3. 次第名目皆变的《华严经探玄记》

《华严经探玄记》中所立十玄名目及次第如下：（1）同时具足相应门，（2）广狭自在无碍门，（3）一多兼容不同门，（4）诸法相即自在门，（5）隐密显了俱成门，（6）微细兼容安立门，（7）因陀罗网法界门，（8）托事显法生解门，（9）十世隔法异成门，（10）主伴圆明具德门。

《华严经探玄记》是法藏对《六十华严》的注疏。本疏中，法藏以十玄门彰显《华严经》所诠义理分齐。此中所立十玄，不但十玄次第不同于智俨所立，就是十玄名目亦有了改动。将智俨所立"诸藏纯杂具德门"改为"广狭自在无碍门"，且不立"唯心回转善成门"，而增立"主伴圆明具德门"。此中十玄名目的变动为后来澄观所赞同并继承，也被后人称为"新十玄"。

4. 法藏后期的著述《华严金师子章》

《华严金师子章》中所立十玄名目及次第如下：（1）同时具足相应门，（2）一多兼容不同门，（3）秘密隐显俱成门，（4）因陀罗网境界门，（5）诸藏纯杂具德门，（6）诸法相即自在门，（7）微细兼容安立门，（8）十世隔法异成门，（9）由心回转善成门，（10）托事显法生解门。

《华严金师子章》是法藏后期的一部著作，是法藏参加《八十华严》译场后，为武则天讲述华严奥旨时的思想发露。此中所立十玄，与智俨所立相比，其次第暂且不说（《金师子章》原著现已不存，在现存的几种注疏中，所立十玄的次第不尽相同。此中所列，乃是依承迁所述《华严经金师子章注》中所列），单就十玄名目而言，与智俨所立是相同的。

上面所列举的法藏四部著作中，《华严经探玄记》是法藏承继于智俨《华严经搜玄记》对《六十华严》的注疏；《华严五教章》是法藏华严思想体系的集大成者；《华严经文义纲目》是法藏对《六十华严》经文纲要的归纳总结；《华严金师子章》是法藏四部著作中最晚的一部。其中，变动最大的反而是法藏早期对《六十华严》的注疏《华严经探玄记》，不仅是十玄次第不同于智俨所立，就是在十玄名目上亦做了相应的改动。而其晚期所著述的《华严金师子章》中，十玄名目与智俨所立反而相同。在《华严五教章》与《华严经文义纲目》二书中，亦基本上承袭了智俨所立的十玄名目，只是在十玄次第上略有变化而已。

综上所说，可以得出一个结论，在法藏生前，对于十玄名目的次第，并不是太过重视。或者说，在法藏时期，并没有以哪一种十玄名目次第作为定论。法藏所重视的，应是十玄门中所诠表的华严一乘无碍法界缘起之思想理念。

五　慧苑两重十玄的变化

在十玄门思想发展的过程中，法藏的上首弟子慧苑并没有完全继承法藏的十玄思想体系。慧苑在《华严经刊定记》中，另立两重十玄思想。若将慧苑所说与法藏及智俨所说相比较，主要有两个方面的不同：一是十玄所依体事的不同；二是所立两重十玄的不同。

1. 十玄所依体事的不同

慧苑在《华严经刊定记》中，以"时""方"等十法，作为十玄所依体事；不同于智俨与法藏，以"教义""理事"等十对法作为所依体事。

华严二祖智俨与华严三祖法藏，皆立"教义""理事"等十对法诠表法界万法，并以此作为十玄所依体事。此十对法，法藏与智俨所立，虽然在名目上或有些微不同，但其所表并无差别。

智俨《华严经搜玄记》中所立十对法，其名如下：（1）教义，（2）理事，（3）解行，（4）因果，（5）人法，（6）分齐境位，（7）师弟法智，（8）主伴依正，（9）逆顺体用自在，（10）随生根欲示现。①

法藏《华严经探玄记》中所立十对法，其名如下：（1）教义，（2）理事，（3）境智，（4）行位，（5）因果，（6）依正，（7）体用，（8）人法，（9）逆顺，（10）应感。②

智俨和法藏皆分别从"教义""理事"等十对法来诠表法界万法。同时，智俨在《华严经搜玄记》中强调"此等十门相应，无有前后"。法藏亦在《华严经探玄记》中提出"此十对，同时相应，为一缘起，随一各具余一切义"。

慧苑的《华严经刊定记》中，不同于智俨与法藏所立十对法，而是以"时"

① 智俨述《华严经搜玄记》卷一，《大正藏》第35册，第15页。
② 法藏述《华严经探玄记》卷一，《大正藏》第35册，第123页。

"方"等十法，作为十玄所依体事。同时强调，此所依体事有"纯净无漏"和"通漏无漏"两种不同。如《华严经刊定记》卷一中所说：

> 初"体事"者，即是"德""用"所依。此通二种：一、纯净无漏，是德相所依体事；二、通漏无漏，是业用所依体事。今，通前二体事，略举十法，余可思准，谓：色、心、时、处、身、方、教、义、行、位。①

慧苑认为，所依体事者，有两种不同：一者，纯净无漏；二者，通漏无漏。"纯净无漏"体事者，乃是德相之所依；"通漏无漏"体事者，乃是业用之所依。也即是说，法界万法，整体可分为两类，或是纯净无漏，或是通漏无漏。

慧苑在提出所依体事有两种不同之后，立十法以诠表法界万法。十法者：（1）"色"者，即摄外器世间一切所有事物，能造所造，上至微尘，上至方刹等；（2）"心"者，即摄所有染净心及心法，十法界圣凡尽皆包摄；（3）"时"者，即摄一切时中，实时假时，九世十世，刹那劫数，尽皆包摄；（4）"处"者，即摄尽十方世界依色法所显大小方量者，尘毛方刹，尽皆包摄；（5）"身"者，即摄一切众生身，下至毛孔，上至全身，佛身、菩萨身、二乘人身，尽皆包摄；（6）"方"者，即摄一切方位，东南西北，四维上下，极微尘毛毫端，极方十方虚空，尽皆包摄；（7）"教"者，即摄一切能诠之名句字声，一名一句，一字一声，一光一香，乃至种种无量差别名句字文等，尽皆包摄；（8）"义"者，即摄教法所诠之一切法门义理，教之所诠，尽皆包摄；（9）"行"者，即摄诸菩萨所有修行，一一行门，乃至无边行海，尽皆包摄；（10）"位"者，即摄一切修行阶位，从初发心，乃至三贤十地，上至佛位，尽皆包摄。

2. 所立两重十玄的不同

慧苑的《华严经刊定记》虽然是承继法藏之略疏而作，但在阐释《华严经》所诠华严一乘义理分齐时，并没有采用智俨与法藏一脉相承的十玄思想体系，而是以"体事""德相""业用"三门来彰显，并将所依"体事"分为"纯净无漏"和"通漏无漏"两种，谓："纯净无漏"者，是德相所依；"通漏无漏"者，是业用所依。

---

① 慧苑述《华严经刊定记》卷一，《卍新纂续藏经》第3册，第590页。

而"德相""业用"各有十门，即是慧苑所主张的两重十玄思想。

第一，十种德相。"德相"者，即是真如相。如《起信论》中明"真如相"时，说"相大，谓如来藏具足无量性功德故"①。此"德（性功德）"即是"相（真如相）"，故名德相也。依慧苑所说，此"德相"者，有因果二门。

"德相因"者，谓佛菩萨从初发意修诸行时，一一皆与性相应。常观诸法，所谓"同类异类、同体异体、杂染清净"等，相虽差别，其性是一。由真如性具足恒沙性德故，由真如随缘所起事法，其所具德量亦然。此事与德，同为无性，非相所迁，非分限可取，唯普眼所见。

慧苑为显所依体事之德相，引用第八回向中文，取其文意，谓真如具足十种德相："譬如真如与一切法而共相应，不相舍离，不离诸法，恒守本性无有改变，无所不在，一切法中性常平等，性常随顺，与一切法同其体性，常住无尽，普摄诸法，一切法中毕竟无尽。"②慧苑认为：由法界体事同法性"共相应不相舍离"故，成"同时具足相应德"；由真如"不离诸法"故，成"相即德"；由真如"无所不在"故，成"相在德"；由真如"性常随顺""恒守本性无有改变"故，成"隐显德"；由真如"与一切法而共相应"故，诸法相望故，成"主伴德"；由真如"与一切法同其体性"故，成"同体成即德"；由真如"常住无尽"故，成"具足无尽德"；由真如"普摄诸法""一切法中性常平等"故，成"纯杂德"；由真如"普摄诸法"故，一一随应故，成"微细德"；由真如"无所不在""一切法中毕竟无尽"故，成"如因陀罗网德"。

"德相果"者，如前真如具足十种德相，此"德相果"中亦自具足十门（十德），即：（1）同时具足相应德，（2）相即德，（3）相在德，（4）隐显德，（5）主伴德，（6）同体成即德，（7）具足无尽德，（8）纯杂德，（9）微细德，（10）如因陀罗网德。

第二，十种业用。"业用"者，即是真如用。如《起信论》中明"真如用"时，说"用大，能生一切世间、出世间善因果故，一切诸佛本所乘故，一切菩萨皆乘此法到如来地故"③。在《华严经刊定记》中，慧苑先显其因，后辨其相。

---

① 真谛译《大乘起信论》卷一，《大正藏》第32册，第576页。
② 慧苑述《华严经刊定记》卷一，《卍新纂续藏经》第3册，第591页。
③ 真谛译《大乘起信论》卷一，《大正藏》第32册，第576页。

"业用因"者，谓佛菩萨成就无碍法界相应三昧时，通明解脱陀罗尼等用。慧苑认为，此业用者，即"前体事对应度者，转变自在。此所转境，通于染净"①。

"业用相"者，谓佛菩萨于三昧定中，于法界万法，转变自在。于诸体事，同类异类、一多大小、长短去住、染净定散、位上下等，相望成用。所依体事等十法，随于一法，即能普示余之九门。法界诸法，无不同时具足相应，相即相入，所谓"一切染法一真性故，一切净法真所起故"。由此十法与真如法性德相应故，是故有同时具足相应用等十门（十用），即：（1）同时具足相应用，（2）相即用，（3）相在用，（4）相入用，（5）相作用，（6）纯杂用，（7）隐显用，（8）主伴用，（9）微细用，（10）如因陀罗网用。

六　澄观新古十玄的定型

澄观（738～839）与法藏（643～712）两人，并没有生活在同一时间段，所以也没有明确的师承关系。但澄观的华严思想，承继于法藏，并以法藏所说为正统。是以，对于慧苑所建立的两重十玄说，与法藏所说相违故，被澄观大加批判。另外，在澄观诸多著作中，其十玄名目及次第，大多承继于法藏的《华严经探玄记》，这是由于澄观认为，此中所立有次第故，不同于智俨所立。澄观将智俨所立十玄称为古十玄，新古十玄说由此确立。

1. 澄观对慧苑两重十玄的评论

慧苑的《华严经刊定记》，乃是承继法藏而作。法藏在参加唐译《华严经》译场后，即欲注释其书，然仅注毕"妙严""十定"等二品，即遽然入寂，慧苑乃继之完成注释。如慧苑在《华严经刊定记》开篇时所说：

> "刊定记"者，苑以薄祜，和上遽迁生所，制兹略疏，经才四分之一。始自"妙严品"，讫乎第二十行，并能造"十定"疏前之九定。而"悬谈"与中间，及"十定"后疏，并未修葺。其已撰者，不遑剪刻。今故鸠集广略之文，会撮旧新之说，再勘梵本，雠校异同，顺宗和教，存之以折衷，简言通意，笺之以

---

① 慧苑述《华严经刊定记》卷一，《卍新纂续藏经》第 3 册，第 591 页。

笔削云尔。^①

慧苑承继法藏《华严略疏》而作《华严经刊定记》。在《华严经刊定记》中，慧苑并没有完全继承法藏的华严思想体系，有些思想主张更与法藏不同，如将智俨法藏一系所主张的"十玄缘起思碍"思想改为"两重十玄"，将法藏所主张的"五教判"改为"四教判"等。对于慧苑的背师别说，澄观作如是评价：

> 苑公言续，于前疏亦刊削之。笔格文词不继先古，致令后学轻夫大经，使遮那心源道流莫抳，普贤行海后进望涯。将欲弘扬，遂发慨然之叹。^②

慧苑的两重十玄，是于"德相"和"业用"中各说十门。其中，有八门为两重十玄共说，另有二门不同。十重业用中，有"相入""相作"二门不同；十重德相中，有"同体成即""具足无尽"二门不同。对此，澄观在《华严经随疏演义钞》中作如是分析：

> 彼师意云："业用"是应机施设，故有相入相作，以本不入、今见入故。本来众生非佛，今生佛相作故，故是业用。德相不尔，故无相作相入。其"德相"本具，故有同体即一切法德，及具足无尽德。业用不尔，故无此二。此四互出，故各有十。历门备举，便成二十。^③

澄观认为，慧苑的"业用""德相"二门，是分别从应机施设和自体本具这两个方面而建立的。由"业用"之应机施设故，说相入相作，去众生之分别相，令知诸法相入相作；由"德用"之自体本具故，法即如如，一切诸法，本自具足一切性德，故说"同体成即""具足无尽"等义。由"德相"非依应机施设说故，无有相入相作；由"业用"非依自体具足义说故，不说同体成即及具足无尽之德。

慧苑在《华严经刊定记》中，以两重十玄阐释《华严经》中所诠义理分齐。对

---

① 慧苑述《华严经刊定记》卷一，《卍新纂续藏经》第3册，第570页。
② 澄观述《华严经随疏演义钞》卷二，《大正藏》第36册，第16页。
③ 澄观述《华严经随疏演义钞》卷十，《大正藏》第36册，第76页。

此，澄观以为，慧苑所说两重十玄，并没有超出智俨与法藏一脉相承的十玄思想范畴。

今明德相、业用虽异，不妨同一十玄，无不该摄。

德相亦有"相入""相作"故。故彼相在即相入也，彼相作者乃相即也，名异义同。今见出入，即业用门；常相涉入，如镜互照，即德相门。……又，真如随缘成一切法，何无作耶？若随情见作入，则但有业用义也。

其"同体成即德"，乃是此中托事显法生解门，但名异耳。故彼自释云"一一即是一切诸法"也。故与下释"托事"义同。其"具足无尽德"，即帝网门，亦微细门摄。①

《华严经随疏演义钞》卷十中，澄观指出，慧苑所立"德相""业用"两重十玄，所立虽异，所明虽异，实不出智俨法藏一系所说"十玄门"之范畴。慧苑所立的两重十玄，在"十重德相"中不说"相入""相作"二门，在"十重业用"中不说"同体成即""具足无尽"二门。而澄观认为，"德相"中亦有"相入、相作"义，"业用"中亦有"同体成即、具足无尽"义。

"德相，亦有相入相作"者，澄观认为："相在"即是"相入"，"相作"即是"相即"。而"相在""相即"二门，皆分别于德相十门和业用十门中可见，是即德相与业用，同有相入相作。"德相、业用同说相入"者，业用门是从"见出入"的角度随情而说，有诸法相入，起诸业用。德相门是从"常相涉入如镜互照"的角度而说，真如体遍虚空，入出无碍。"德相、业用同说相作"者，业用门乃是从"对机"而言相作义，德相门乃是从"本来相即"而说相作义。又谓：若说德相中无有相作义，真如则阙此德，真如则不应有普摄诸法德及遍一切法德，亦应无有能安立德及能持世间成就一切诸佛菩萨之德。

"业用，亦有同体成即、具足无尽"者，澄观认为："同体相即"者，即是十玄门中"托事显法生解门"也。而慧苑在《华严经刊定记》中自释"同体相即"时说："一一即是一切诸法。"② 所谓，随举一法，即自具足一切法义。此义即与托事显

---

① 澄观述《华严经随疏演义钞》卷十，《大正藏》第 36 册，第 76 页。
② 慧苑述《华严经刊定记》卷一，《卍新纂续藏经》第 3 册，第 592 页。

法生解义同，但名异耳。而"托事显法生解"者，即是真如用大，为"业用门"所摄。又，"具足无尽"者，即为"因陀罗网"摄，而"业用十门"亦说"因陀罗网用"。是故，"具足无尽"为"业用门"所摄。

在慧苑所立两重十玄中，有"同时具足相应""相即""相在""隐显""主伴""纯杂""微细""因陀罗网"等八门相同。在"十重德相"中，另有"同体成即""具足无尽"二门；在"十重业用"中，另有"相入""相作"二门。如是总成二十门。若将慧苑所立两重十玄与法藏《华严经探玄记》卷一中所立十玄门①对照，前八门中，第一"具足相应"者，即为"同时具足相应门"摄；第二"相即"者，即为"诸法相即自在门"摄；第三"相在"者，即为"一多相容不同门"摄；第四"隐显"者，即为"隐密显了俱成门"摄；第五"主伴"者，即为"主伴圆明具德门"摄；第六"纯杂"者，即为"诸藏纯杂具德门"（此系古十玄）摄，《华严经探玄记》中，改立此门为"广狭自在无碍门"；第七"微细"者，即为"微细相容安立门"摄；第八"因陀罗网"者，即为"因陀罗网法界门"摄。余四门中，依澄观说，"业用"中"相入"者，即是"相在"，亦为"一多相容不同门"摄；"业用"中"相作"者，即是"相即"，亦为"诸法相即自在门"摄；"德相"中"同体成即"者，即为"托事显法生解门"摄；"德相"中"具足无尽"者，亦为"因陀罗网法界门"摄。

将慧苑所立两重十玄，与智俨法藏一系所立十玄门名目相对照，就会发现：慧苑所立两重十玄，尽为十玄门摄尽。而十玄门中的"十世隔法异成门"，却不见于慧苑所立两重十玄中。之所以如此，是因为慧苑将"时"作为所依体事。

> 而彼无十世隔法异成门，彼以时为所依体事故。故彼体事，亦有十种。谓：色、心、时、处、身、方、教、义、行、位，则摄法无遗，斯亦有理。今明时无别体故，不为所依，但依法立，故入玄门耳。②

慧苑将"时"立为所依体事，是故在其所立两重十玄中，无有一门为"十世隔

---

① 法藏述《华严经探玄记》卷一，《大正藏》第35册，第123页。
② 澄观述《华严经随疏演义钞》卷十，《大正藏》第36册，第76页。

法异成门"所摄。而对于慧苑立"时"为所依体事，则不为澄观所认可。澄观认为，"时"者，无有别体，但依"法"而建立。既然"时"无有别体，是依"法"而说时，则不可立其为"所依体事"。是故，智俨法藏一系，以"时"而说"十世隔法异成门"。

综上所说，慧苑依"体事""德相""业用"三门，彰显《华严经》所诠义理分齐。又将"体事"分为"纯净无漏"和"通漏无漏"两种不同，谓"纯净无漏"为德相所依，"通漏无漏"为业用所依，以此而建立两重十玄。而依澄观意，慧苑所立两重十玄，皆为智俨法藏一系所立"十玄门"摄尽，所谓"德相、业用虽异，不妨同一十玄，无不该摄"。

2. 澄观对法藏十玄思想的继承

在澄观的诸多著作中，其十玄名目虽也有同于智俨《华严一乘十玄门》中所立，但大多数著作皆承继于法藏《华严经探玄记》中所立。如《新译华严经七处九会颂释章》中所立十玄名目次第，大同于智俨《华严一乘十玄门》中所立。而在《大华严经略策》《大方广佛华严经疏》《大方广佛华严经随疏演义钞》中所立，则大同于法藏《华严经探玄记》中所立。尤其在《大方广佛华严经随疏演义钞》中，澄观更以"此十门不依至相者，以贤首所立有次第故"[1] 等语明其承继法藏《华严经探玄记》中所立十玄名目次第的缘由。

在《新译华严经七处九会颂释章》中所立十玄，[2] 名目及次第如下：（1）同时具足相应门，（2）因陀罗网境界门，（3）秘密隐显俱成门，（4）微细兼容安立门，（5）十世隔法异成门，（6）诸藏纯杂具德门，（7）一多兼容不同门，（8）诸法相即自在门，（9）随心回转善成门，（10）托事显法生解门。此中所立十玄，大同于智俨《华严一乘十玄门》中所立名目次第。只是在第四"微细兼容安立门"与第七"一多兼容不同门"中，将智俨"微细相容安立门""一多相容不同门"中的"相容"改为"兼容"。又在第九"随心回转善成门"中，将智俨"唯心回转善成门"中的"唯心"改为"随心"。十玄其他名目及次第皆无变化。

在《大华严经略策》与《大方广佛华严经疏》[3] 中，所立十玄名目及次第相同。

---

① 澄观述《华严经随疏演义钞》卷十，《大正藏》第 36 册，第 75 页。
② 澄观述《新译华严经七处九会颂释章》卷一，《大正藏》第 36 册，第 717 页。
③ 澄观撰《大方广佛华严经疏》卷二，《大正藏》第 35 册，第 515 页。

如下：（1）同时具足相应门，（2）广狭自在无碍门，（3）一多兼容不同门，（4）诸法相即自在门，（5）秘密隐显俱成门，（6）微细兼容安立门，（7）因陀罗网境界门，（8）托事显法生解门，（9）十世隔法异成门，（10）主伴圆明具德门。此两部著作中所立十玄，大同于法藏《华严经探玄记》中所立名目次第。只是在第五"秘密隐显俱成门"中，将法藏"隐密显了俱成门"中的"隐密显了"改为"秘密隐显"。又在第七"因陀罗网境界门"中，将法藏"因陀罗网法界门"中的"法界"改为"境界"。

　　澄观《大方广佛华严经随疏演义钞》是对《大方广佛华严经疏》更进一步的注释。其中所立十玄名目次第，相承于《大方广佛华严经疏》中所立，即大同于法藏《华严经探玄记》中所立。在这部著作中，澄观不但说明了其所立十玄思想相承于法藏《华严经探玄记》的缘由，亦对法藏《华严经探玄记》中所立十玄不同于智俨所说做出了阐释。

　　　　今初十名全依贤首，是故上云"且依古德"。就列名中：其第二"广狭自在门"，同《法界观》中"广容普遍"之义，而名小异。此门贤首新立，以替至相十玄"诸藏纯杂具德门"。意云：一行为纯、万行为杂等，即事事无碍义。若"一理为纯，万行为杂"即事理无碍。恐滥事理无碍，所以改之。"主伴"一门，至相所无，而有"唯心回转善成门"。今为玄门所以，故不立之，而列名次，亦异于彼。彼云：一、同时具足相应门……十、托事显法生解门。今此十门，不依至相者，以贤首所立有次第故。①

　　澄观在《大方广佛华严经疏》和《大方广佛华严经随疏演义钞》中，之所以依承法藏《华严经探玄记》中所立十玄，彰显《华严经》中所诠一乘法界事事无碍之义理，其最主要的原因即是"贤首所立有次第故"。谓法藏在《华严经探玄记》中所立十玄，除第一"同时具足相应门"总说事事无碍法界之理，从第二"广狭自在无碍门"至第十"主伴圆明具足门"，即是从浅至深，次第宣说华严一乘法界事事无碍之义理分齐。

---

①　澄观述《华严经随疏演义钞》卷十，《大正藏》第36册，第75页。

法藏在《华严经探玄记》中所立十玄，有两门不同于智俨所立。即智俨（至相）十玄中"诸藏纯杂具德门"与"唯心回转善成门"二门不见于《华严经探玄记》。其中，"诸藏纯杂具德门"被调整为"广狭自在无碍门"，"唯心回转善成门"于《华严经探玄记》不立，而新增有"主伴圆明具德门"，以成十门。

《华严经探玄记》中，将"诸藏纯杂具德门"调整为"广狭自在无碍门"。澄观认为，在智俨所立十玄中，"诸藏纯杂具德门"是约"行"而说。若依"一行为纯，万行为杂"义，此门所说，即是事事无碍义；若依"一理为纯，万行为杂"义，此门所说，即是理事无碍义。而《华严经探玄记》中所立十玄，其所立"有次第故"，为恐"滥事理无碍"义，所以改之，而立"广狭自在无碍门"，明诸法相入无碍之理。

《华严经探玄记》中，不立"唯心回转善成门"而增"主伴圆明具德门"者，澄观认为，法藏所立，重在彰显《华严经》中所诠一乘法界事事无碍之义理，是有次第地阐释华严一乘法界事事无碍之境。是故，为玄门所以，故不立"唯心回转善成门"，而新立"主伴圆明具德门"为第十门，此门乃是结说事事无碍法界。谓法界诸法，具足主伴，随举一法为主，其余之法则为伴，周匝围绕，为唱为随。一法如是，法法皆然，主伴依持，连带缘起，无有障碍，是为华严一乘事事无碍法界之境。

澄观虽然在《新译华严经七处九会颂释章》中，所立十玄名目同于智俨所立，但在其重点阐释《华严经》所诠义理分齐的《大方广佛华严经疏》和《大方广佛华严经随疏演义钞》中，所立十玄名目皆是相承于法藏《华严经探玄记》，更在《大方广佛华严经随疏演义钞》中，明确用"今此十门，不依至相者，以贤首所立有次第故"等语，说明其承继法藏《华严经探玄记》所立十玄名目次第的缘由。也就是说，依澄观意，法藏在《华严经探玄记》中所立十玄，更能够有次第地阐释《华严经》中所诠华严一乘事事无碍法界之义理分齐。

3. 澄观所确立的新古十玄思想

新古十玄的确立，以澄观为分界线。澄观在《大方广佛华严经随疏演义钞》中，承继法藏《华严经探玄记》中所立十玄名目次第，谓"贤首所立有次第故"，将法藏《华严经探玄记》中所立十玄，与智俨所立区别开来。并将智俨所立十玄称为"古十玄"。新古十玄之说自此确立。

古十玄之名，出自澄观《大方广佛华严经随疏演义钞》中释解十玄"秘密隐显俱成门"时所说，如文：

> 疏下云"东方入正定"下，引证。东方入正受为"显"，西方从定起为"隐"，以此但见入定不见起故。古十玄亦云，于眼根中入正定即是"显"，于色尘中三昧起即是"隐"。①

上文所说"古十玄亦云，于眼根中入正定即是'显'，于色尘中三昧起即是'隐'"者，即是智俨在《华严一乘十玄门》中，释解十玄"秘密隐显俱成门"时所说。原文如下："又眼根入正受即是显，于色法中三昧起即名隐。而此隐显，体无前后，故言秘密。"② 也即是说，此中已很明确地将智俨所立十玄称为"古十玄"。

新十玄之名，在澄观的诸多著作中，不见有明确记载。既然澄观将智俨所立称为古十玄，那么，澄观承继法藏《探玄记》所说，于《大方广佛华严经疏》《大方广佛华严经随疏演义钞》《大华严经略策》等著作中所列，自应称为"新十玄"了。

古十玄与新十玄的最主要区别，就在于澄观所说的"贤首所立有次第故"这一句话。也即是说，澄观承继法藏《华严经探玄记》中所立的新十玄，在明华严一乘无碍法界时，阐明事事无碍法界之境时，是有次第的。而智俨所立古十玄，在明事事无碍法界之境时，是无次第的。这里值得一说的是，智俨在《华严一乘十玄门》中，明华严一乘无碍缘起法界时，其注重点并不在于依次第而明事事无碍法界之境，而是从相应无先后、譬、缘、相、世、行、理、用、心、智等十个不同的角度，阐明世间万事万法之间的关系，总显法界缘起事事无碍法界之境。

澄观所立新十玄，其注重点在于次第阐明华严一乘法界事事无碍之境。依澄观于《华严经随疏演义钞》卷十中所说，新十玄中，第一，同时具足相应门，是总说事事无碍之境，冠于九门之初。第二，广狭自在无碍门，是别说事事无碍之始，是基于"理事无碍"之"事理相遍"而说"事事相遍"，"方"者，即事如理遍，"狭"者，即不坏事相。第三，一多兼容不同门，由前广狭自在故，事事相遍故，事事相入相容，以一望多故，有一多兼容，如是二体俱存，力用交彻。第四，诸法相

---

① 澄观述《华严经随疏演义钞》卷十一，《大正藏》第 36 册，第 79 页。
② 智俨撰《华严一乘十玄门》卷一，《大正藏》第 45 册，第 516 页。

即自在门，由前事事相遍、事事相容故，得事事相摄相即意。此能容彼，彼便即此。彼能容此，此便即彼，彼此相即自在。第五，秘密隐显俱成门，由前彼此相容相即故，得诸法隐显俱成意。此能摄彼，此即是彼，彼隐此显。彼能摄此，彼即是此，此隐彼显。相即如波水相收，隐显则如片月相映。第六，微细兼容安立门，由前此能摄彼故，是故一切全能由此摄也，一切全能入于此而宛然安立，无有杂乱，是为兼容安立。此能摄彼如是，彼能摄此亦复如是，是为微细兼容安立。第七，因陀罗网境界门，由此能摄彼，彼能摄此，此中有彼，彼中有此，彼此相摄无尽，如帝网重重，是为因陀罗网境界。第八，托事显法生解门，法界诸法，法法相容相摄，此即是彼，彼即是此。一即一切，一切即一。是故，随取一法，即能诠显无尽诸法，是为托事显法。第九，十世隔法异成门，由前八所明皆是所依之法，今明能依之时。所依之法相摄相即无碍，能依之时亦复相摄相即无碍。第十，主伴圆明具德门，法界诸法，具足主伴，随举一法为主，其余之法则为伴，周匝围绕，为唱为随。一法如是，法法皆然，主伴依持，无有障碍。

七　结语

十玄门思想在华严宗思想体系里有着极其重要的地位，华严诸祖皆以十玄门来释解《华严经》中所诠华严一乘缘起法界事事无碍之义理分齐，以十玄门来阐述华严宗所主张之别教一乘义理分齐。从华严诸祖对十玄门思想的阐述中，可以清晰明了地看出十玄门思想体系发展演变之过程。

十玄门思想之肇启与提出，分别是华严宗初祖杜顺和二祖智俨。智俨的《华严经搜玄记》《华严一乘十玄门》是最早出现十玄名目的著作，而智俨的《华严一乘十玄门》更是"承杜顺和尚说"。由此可以得出结论：十玄思想的肇启，源自华严初祖杜顺；十玄思想的提出，来自华严二祖智俨。

澄观的《华严法界玄镜》，在阐释杜顺《华严法界观门》中"周遍含容观第三"之十门时，将此十门与十玄门一一对应，从而提出"十玄亦自此出"。也从另一个方面证明十玄思想的肇启，源自华严初祖杜顺。

华严三祖法藏的许多著作，皆列有十玄名目，只是在不同的著作中，十玄的名目次第亦有略微不同。这里值得一说的是，《华严经探玄记》是法藏对《六十华严》

的注释,《华严五教章》是法藏华严思想之集大成。这两部著作中,《华严经探玄记》所立十玄的名目次第都做了相应的改动;而《华严五教章》中,十玄名目大同于智俨所立十玄。另外,作为法藏后期著作的《华严金师子章》中所立十玄,名目亦大同于智俨所立十玄。是故本文得出结论,法藏时期的十玄思想,并没有以哪一种十玄名目次第作为定论。

法藏的上首弟子慧苑,从德相和业用两个方面,各立十门,即两重十玄思想。两重十玄思想的重点,即是将所依体事分为两种,一种是纯净无漏,另一种是通漏无漏。此两种无漏分别为德相和业用所依,而成两重十玄。这可以说是十玄思想传承过程中的变化,从慧苑的角度来说,自有其道理。在慧苑的华严思想中,其比较重视对真如性的认知(如其四教判:迷真异执教、真一分半教、真一分满教、真具分满教)。是故,其将所依法界诸法分为纯净无漏(真如性)和通漏无漏(真如随缘所成法)两种也就可以理解了。

慧苑的两重十玄,自然不会被以法藏华严思想为正统的澄观所接受。澄观对慧苑的两重十玄大加批驳,认为慧苑所说两重十玄,皆为智俨法藏一脉相承的十玄思想所该摄。在澄观十玄思想主张中,其对法藏《华严经探玄记》中所立十玄更为认可,认为以"贤首所说有次第"故,更是称智俨所立十玄为"古十玄",十玄思想至此定型,新十玄说与古十玄说就此成立。纵观澄观主张及智俨在《华严一乘十玄门》中所立十玄,可以得知,古十玄的注重点在于,从譬、缘、行、理等十个不同的角度,阐明世间万事万法之间的关系,总显法界缘起事事无碍法界之境;新十玄的注重点在于,依于十玄门所立前后顺序,次第彰显华严一乘法界事事无碍之境。

华严一乘十玄门思想,最初的肇启源自华严初祖杜顺;华严二祖智俨,承杜顺和尚所说,于《华严一乘十玄门》《华严经搜玄记》等著作中,提出十玄思想,并加以阐发;华严三祖法藏,继承智俨华严思想,对十玄思想多有发挥,在一些著作中,十玄名目次第亦有略微变动;法藏上首弟子,虽承继法藏《华严略疏》而作《华严经刊定记》,但其在一些思想上,背师另说,更建立了两重十玄说;华严四祖澄观,以法藏华严思想为正统,对慧苑两重十玄说大加批判。以智俨所说十玄为古十玄,并承继法藏《华严经探玄记》中十玄思想,谓"贤首所立有次第"故,而立新十玄,新古十玄说自此确立,十玄思想体系自此定型。

近代天台佛学中的"无我"诠释

——以谛闲法师《〈百法明门论〉讲义》为中心

源　正

【内容提要】　"无我"是佛教的核心概念之一，有关"无我"的诠释成了大小乘佛法极为关注的话题，也是后期佛教各宗派之间的重要分歧之所在。从"无我"的诠释中，可以略见不同宗派在思想上的差异。本文探讨的主题是近代天台佛学中的"二无我"，为了方便论述，本文将聚焦在近代中兴天台宗大德谛闲法师的《百法》释义上。首先，从《百法》的整体性入手，说明它的要点与行文逻辑。然后，以谛闲法师《〈百法明门论〉讲义》为中心，旁及其他的相关著作，参照唯识学诸师的注释，以比较的方式来呈现谛闲法师对于"二无我"的诠释。同时也考察了在他的天台教学中《百法》等唯识典籍处于怎样的位置，以及他对于唯识学有着怎样的考量等问题。

【关键词】　谛闲法师　《百法》　人无我　法无我
【作　者】　源正，中国佛学院讲师。

"无我"是佛教的法印之一，建立在这一基础之上的"二无我"，是大乘佛教在思想上的重要特色。因此，"二无我"成为大乘佛教各宗各派绕不开的论述主题。谛闲法师作为近代中兴天台的大德，在他的著作中提及"二无我"的地方有百处之多，真正着墨较多的是有关《百法明门论》的解释，即《〈百法明门论〉讲义》和《始终心要解略钞》中对"五位百法"的梳理和解读等。此外，《妙法莲华经观世音菩萨普门品讲义》等著作中，也有少许内容谈及"二无我"。其中的文义可以相互发明，有助于我们更好地了解谛闲法师的"二无我"思想。希望由此可以略见近代天台佛学是怎样诠释"二无我"的。

从内容上看，《百法》至少包含了三个部分，即一切法、二无我、唯识义。其整体的逻辑结构是，在论文之初冠以"如世尊言，一切法无我"来总领全文，之后假借两个设问分别说明一切法与无我。[①] 也就说，由此开展出了空、有二门，在"有"门用一百个法来概括说明一切法的性相差别，"空"门则批评对一切法的执着，说明"二无我"的道理。唯识义出现在"有"门，其意义在于将一百个法归纳为五个类别，借由这五类法之间的关系，说明一切法是唯识所现，即："一切最胜故，与此相应故，二所现影故，三分位差别故，四所显示故"。这使得原本零散的一百个法相，变得次第相贯，构成了层次分明的组织。将一切法摄归于识，是唯识学在法相分析方面的特殊之处。上述三部分的内容中，谛闲法师涉及的只有前面两个部分。[②]

本文对于谛闲法师有关"二无我"的探讨，文本上，以他对《百法明门论》的解释为主；方法上，参照唯识学诸师对"二无我"的解释，以比较的方式来呈现彼此理解上的差异。借此可以了解作为近代中兴天台宗的大德，在他的整个教学计划中，特意加入了唯识学的部分是出于怎样的考量？也就说，我们应该怎样理解这一行为？他是怎样解释唯识学的？希望借由对谛闲法师关于《百法》中的"二无我"的诠释，可以找出答案。

一 谛闲法师视角下的唯识典籍与《大乘起信论》的思想联系

根据《谛公老法师年谱》（以下简称《年谱》）的记载，谛闲法师生于清咸丰八年（1858 年），卒于民国二十一年（1932）。法师出家后的一生可以大致分为三个时期。第一是出家参学的时期（1879～1891）。在这期间，对天台宗的一心三观、一境三谛的妙旨有所领悟。于光绪十二年（1886 年），"承迹端融祖授记付法"，成为传

---

① 如《大乘百法明门论》云："如世尊言，一切法无我。何等一切法？云何为无我？"《大正藏》第 31 册，第 855 页中。

② 如云："讲《八识规矩颂》竟，续讲《百法明门论·一切法无我句》。分二：先明一切法，即将百法分为五科。……后释二无我。"也就是说，《百法》的讲授是在《八识规矩颂》之后，次第是先分析一切法，后解释二无我。参见谛闲法师《八识规矩颂讲义》，载于《谛闲大师遗集》第五编，台湾财团法人佛陀教育基金会，2009，第 143 页。

持天台教观的第四十三世祖师。① 第二是"教观并进，定慧双融"的时期（1892～1911）。第三是住持道场，广弘天台学的时期（1912～1932）。时值民国元年（1912），法师五十五岁，应上海留云寺佛学社的邀请担任主讲，"首演《圆觉经》，次《百法明门论》，及《相宗八要》等；师复编有《八识规矩颂讲义》"②。法师住持观宗讲寺也在这一年的冬季。次年秋季开始创设观宗研究社，作为长期研习天台教法的道场。

从上述内容可知，谛闲讲授唯识学典籍的地点是上海留云寺佛学社，讲授的典籍主要是《大乘百法明门论》《相宗纲要》等唯识典籍。他编著《八识规矩颂讲义》应该也在这一年。如《年谱》云：

> 师五十五岁，民国元年。上海诸名宿在留云寺创办佛学社，请师主讲。首演《圆觉经》，次《百法明门论》，及《相宗八要》等。师复编有八识规矩颂讲义。……其冬，受沈知事请，住持宁波观宗寺，遂为中兴观宗之始祖。……自师受任住持后，仰体四明大师遗意，以三观为宗，说法为用，遂改称观宗讲寺也。③

这段资料中，明确记载了谛闲法师编写《八识规矩颂讲义》的时间是在民国元年。此外，根据《八识规矩颂讲义》的署名："四明观宗讲寺谛闲述"，可以更加具体地推断出《讲义》的编写时间是民国元年的冬季。因为谛闲法师担任观宗寺住持的时间就是这年冬季，之后即将此寺名改称为观宗讲寺。④ 至此，可以非常明确地断定，谛闲讲授过的唯识典籍至少有三部，即《八识规矩颂》《百法明门论》《相宗纲要》。⑤ 之所以要将这些典籍纳入教学计划中，其主要原因在《八识规矩颂讲义》中记载说：

---

① 逸山辑录，宝静编述《谛公老法师年谱》，载于《谛闲大师遗集》第五编，第691～693页。
② 逸山辑录，宝静编述《谛公老法师年谱》，载于《谛闲大师遗集》第五编，第696页。
③ 逸山辑录，宝静编述《谛公老法师年谱》，载于《谛闲大师遗集》第五编，第696～697页。
④ 太虚法师《观宗讲寺宏誓研究会演说词》有段话可为证明："今得佛教伟人谛公来为住持，劈头以改观堂为观宗讲寺。"演讲的时间是民国二年正月。文中的意思是谛闲法师任观宗寺住持之后，随即改寺名为观宗讲寺。《太虚大师全书》第27册，《第十八编讲演》，印顺文教基金会，2022，第5页。
⑤ 如云："讲《八识规矩颂》竟，续讲《百法明门论·一切法无我句》。"谛闲法师：《八识规矩颂讲义》，载于《谛闲大师遗集》第五编，第143页。若根据《年谱》，谛闲法师应该还讲过《相宗八要》等。逸山辑录，宝静编述《谛公老法师年谱》，载于《谛闲大师遗集》第五编，第696页。

留云佛学研究社开办初见，原欲先讲《大乘起信论》，为初机得以根本入门之学，业已登诸报端。乃因民报社讲员李君正刚演讲一过，闻者咸谓领解之难。予曰：固难也。佛法之学，岂易易哉。且斯论，乃性相之总持。马鸣菩萨宗百洛叉大乘经典，造此略论。申畅一心二门，即生灭而显真如，收般若真空不空之妙旨；即真如而辨生灭，阐毗昙幻有非有之玄诠。文约义丰，诚难措手，非虚语也。故于日前，邀集同人，开讨论会，确商妥善办法。于未讲论前，略讲《八识规矩颂》，俾学者先知八识名义，界畔迢然，心数善恶，本末分明。夫然后而知心与境异，能与所殊。由生灭而入不生灭，溯流寻源，达妄明真。未始非拾级登高之一助耳。职此之由，先讲是颂。[①]

留云佛学社开办之初，首先要讲的是《大乘起信论》，以此作为"初机得以根本入门之学"。由于开讲后，众人普遍反映理解上有困难，便邀请了相关人等一起商讨妥善的解决办法。讨论的结果是，暂缓讲学《起信论》的计划，先讲《八识规矩颂》等唯识典籍，作为"拾级登高之一助"。这是将唯识学典籍纳入教学计划的主要原因，这也反映说了谛闲法师等人对《八识规矩颂》等唯识典籍的理解以及它在整个天台教学上的定位。

《起信论》由一心而开出生灭和真如二门，真如门中"收般若真空、不空"，生灭门中"阐毗昙幻有、非有"。法师认为唯识学的"八识"与善恶等心数法属于生灭的妄心，是真如本心之"流"，而《起信论》所明的"一心"是不生灭的真心，是生灭心之"源"。换而言之，谛闲法师是用"一心二门"作为理论框架来统摄一切佛法，《八识》与《百法》所阐明的内容皆含在生灭门中。如《始终心要解略钞》中所说：

　　以前百法，皆因有我而出。不但九十四有为法，难免我法二执之萦扰。即后之六种无为法，犹于微细我法二执，未能双忘。盖有我，即是无明。既住在无明里，故一一法都非真常。必无我方显性灵，既会归性灵上，故一一法皆成

---

①　谛闲法师《八识规矩颂讲义》，载于《谛闲大师遗集》第五编，第111页。

妙谛。①

谛闲法师一方面认为"百法"没有离开生灭心的八识，八识又以阿赖耶识为主，②"一识仍不出一心"。这是将一切法摄归于"吾人现前一念之心"，而此现前的一念心，是"全真成妄，全妄成真"的，③即生灭与真如的不二关系。另一方面又指出生灭不离真如的缘由在于，此生灭心只因"无明不觉"，"迷本净圆觉心，转成阿赖耶识，成为我相根本"，即生灭门中是种种的人我、法我，真如门则是无我之后的"会归性灵"。在这里，"一心二门"不仅是理论框架，也是谛闲法师分析法相的思维方法，他将百法统归于心识的同时，说明"心识中含有染净二分"，净分是六种无为法，染分是五十一心所法、十一色法、二十四不相应法等其余的九十四法。④可见，在谛闲法师的视角下，《百法》等唯识典籍与《起信论》之间有着特殊的亲缘关系。《起信论》提供了"一心二门"的理论架构，"百法"与心识则充实了这一架构下的内容，彼此在思想上不仅可以相互发明，内容上也融贯为一体。最为关键的还在于，"百法"与心识等法相知识为进阶《大乘起信论》奠定了基础。

二　谛闲法师对"人无我"的诠释

（一）"二无我"的名义

"二无我"即人无我和法无我。其中的"无"是否定词，否定的对象是"我"或"我执"，也就是执着有我的见解。"我"的产生，先是基于最初的观察，继之以某种心理上的推求，即由于观察到现象的变动不居、四季更替不息，生命的成长、

---

① 谛闲法师《始终心要解略钞》，载于《谛闲大师遗集》第三编，第 261 页。
② 谛闲法师《始终心要解略钞》云："虽开百法，实唯八法，而心体圆明，本无可表。所表唯识，由是立为八识（眼、耳、鼻、舌、身、意、末那、阿赖耶）。八识以阿赖耶识为主。"载于《谛闲大师遗集》第三编，第 261~262 页。
③ 谛闲法师《始终心要解略钞》云："界虽十八，实唯六识。而六识实唯一识，一识仍不出一心。吾人现前一念之心，全真成妄，全妄成真，终日不变，终日随缘。"载于《谛闲大师遗集》第三编，第 262 页。
④ 谛闲法师《始终心要解略钞》云："百法分为五位。其中以八种心法为主，五十一心所法，是依心所起，为心家本有法，离心不能独生。十一色法，为心之影象。心生则生，心灭则灭，亦非心外之物。二十四不相应法，皆是心境互相交涉所成之假相，非是离心而有。心识中含有染净二分，六无为法，乃是净分所显，亦为心家固有之法。"载于《谛闲大师遗集》第三编，第 261 页。

变异与衰老，我们总会推想这无常变化的背后或内在应该有一个名为本质的东西，作为人或物在迁流变化中的推动者或依托处。因为有了这一不变的本质，使得变化当中的人或物，具有了前后一贯的统一性。这不变的本质在生命本身称为"我"，在事物或现象称为"实体"或"自体"。

"人无我"又名"补特伽罗无我"，在《阿含》《阿毗达磨》一类典籍中经常出现。通常的解释是：或于五蕴身心的和合相上，或于五蕴的某一蕴上，或在五蕴身心之外，错误地认为有一个具有主宰作用的"我"；这个"我"隐藏在无常变化的五蕴身心之内或背后。简单说，只要是有我论者，不管其形式、面貌为何，本质上一定是肯定有一个不变的实体，作为存在本身的依据。① 而真实的情况是五蕴无我，所谓有"我"不过是错觉的构画，犹如杯弓蛇影，妄自惊扰。

"法无我"是指诸法没有真实的"自体"。一切法皆是缘起而有，除了变动不居的事物之外，更无其他；已经发生的和将要发生的都是"逝者如斯"，"不舍昼夜"。在这些事物中找不到一个独立自存、永恒不变、真实不虚的"自体"，所以是一切法"无我"。如《中观哲学》所说：事物的内在并无一不变常恒的"实体"或"自体"，一切事物无非是一股生生不息之流，且一去不返，新新非故。普遍、独一的"实体"是虚幻不切实的妄见，它不过是在无明的作祟之下，所建立的"思维架构"，"但有其名，却没有与之相对应的事物"。②

（二）谛闲法师关于"人无我"的说明

《百法明门论》以一切法无我为宗旨，解说的次第是，先分析种种法相，后提出二种无我。谛闲法师讲授《百法明门论》的"一切法无我"时，也遵循了这样的思路。如他在《百法明门论讲义》中说："此正显示一切法无我者，即前五位百法之中，一一推求，皆无此二种我相也。"③

于五位百法的一一法上，推求有情的人我相，求之不得，即是人无我；这是谛闲法师关于人无我的说明。④ 如《百法明门论讲义》中说：

---

① 〔印〕穆帝：《中观哲学》，郭忠生译，贵州大学出版社，2013，第29页。
② 〔印〕穆帝：《中观哲学》，郭忠生译，第10页。
③ 谛闲法师：《一切法无我讲义》，载于《谛闲大师遗集》第五编，第148页。
④ 如《一切法无我讲义》云："一切法无我者即前五位百法之中，一一推求，皆无此二种我相也。"载于《谛闲大师遗集》第五编，第148页。

有情无我者，于前五位之中，若云心即是我，则心且有八，何心是我。又一一心，念念生灭，前后无体，现在不住，以何为我。若云心所是我，则心所有五十一，何等心所是我，三际无性亦然。若云色法是我，则胜义五根，不可现见，浮尘五根与外色同，生灭不停，何当有我。若云不相应行是我，则色心有体，尚不是我，此依色心分位假立，又岂是我。若云无为是我，对有说无，有尚非我无岂成我。故知五位百法，决无真实补特伽罗可得也。①

根据上文，可将谛闲法师对"人无我"的解释总结为三点。第一，推求有情无我，按理应在五蕴法上推寻，即五位百法的前四位：心法、心所法、色法、不相应行法，最后一类无为法与有情的假我无关。而谛闲法师则是于五位法中分别推寻，这似乎有些不合常理。因为与"人我"存在关涉的只有五蕴，但五蕴法中是没有无为法的。第二，谛闲法师仅通过说明五类法中的任何一法都是"生灭"的、"无体"的，所以是非我的。这种理解显然没有深入"人无我"的底里，他既没有说明"我"是如何生起的，也没有指出起于何处，只是粗浅的推求罢了。第三，什么是有情的人我相，其表现特征有哪些，法师都没有给出具体说明，只说"补特伽罗，此云有情；有情无我，即生空也"②。

针对上述三点，我们不能因此就简单地认为谛闲法师不了解五蕴色心与人我的必然联系，如《圆觉经讲义附亲闻记》中所述："了达五蕴皆空，是已达空无我理也。"③ 又如《念佛三昧宝王论义疏》云："佛云无我，五蕴本空，我在何处。果能实证无我，即出世间矣。"④ 由此可知，法师清楚地知道五蕴与人我的关系。但是仍有不尽人意之处，即人无我是在五蕴和合法上推寻具有主宰性的我相，而不是探求五蕴法本身是否"皆空"。否则，人无我与法无我两者就失去了概念间的界畔。事实上也确实如此，谛闲法师对人无我与法无我的理解，大多是泾渭不明的，如法师在《水忏申义疏》中说：

---

① 谛闲法师：《一切法无我讲义》，载于《谛闲大师遗集》第五编，第148页。
② 谛闲法师：《一切法无我讲义》，载于《谛闲大师遗集》第五编，第148页。
③ 参见《谛闲大师遗集》第一编，第449页。
④ 参见《谛闲大师遗集》第三编，第55页。

世之衰荣，如花开落，世之聚散，似云去来，所以云空。内外推寻，全无主宰，故云无我。①

这是法师解释“苦、空、无常、无我”的一段话。“主宰”一词既可以作人我解，也可以认为是对法我的解释。人无我和法无我混同的例子，在他处依然可寻，如《教观纲宗讲录》云：

必将色心二法，研求一番，始能得个落处。……我虽在一切处，求其我之所在，了不可得。我既无我，我所何安？如是既无我，则无我所矣。②

在一一法中推求“我之所在”，了不可得，所以无我，也没有我所（即法）。谛闲法师的这种理解，不仅与通常的解释不同，也有别于唯识学诸师。如玄奘法师的弟子义忠《大乘百法明门论疏》卷二云：

人无我者，梵语补特伽罗，唐言数取趣，谓诸有情起惑造业，即为能取当来五趣，名之为趣。虽复数数起惑造业，五趣轮回，都无主宰，实自在用，故言无我。故经云：无我、无造、无受者，善恶之业，亦不忘。补特伽罗，即无我，持业释也。③

有情因惑业苦而在五趣中轮转，凡夫误以为有一个主宰作用的我，在五趣中舍此生彼，往复流转。仔细勘察之下，才发现是起惑造业的结果，被业力牵引着而轮转不息，此中找不出一个有“实自在用”，能够支配生命在五趣中流转的主宰者，所以是无我。这是将五趣的果报体——五蕴身心，与促使有情流转的背后推动者（我）进

---

① 参见《谛闲大师遗集》第四编，第 639 页。
② 参见《谛闲大师遗集》第三编，第 144 页。
③ 《洪武南藏》第 205 册，第 291 页上。传为窥基法师注解的《大乘百法明门论解》与唐·义忠法师《大乘百法明门论疏》的解释基本相同，如《论解》卷二：“梵言补特伽罗，唐言数取趣，谓诸有情数数起惑造业，即为能取（因也），当来五趣，名为所取（果也），虽复数数起惑造业，五趣轮转，都无主宰实自在用，故言无我。……彼凡夫等，皆执心外实有诸法，又执此法有实主宰，此说为无，无即彼空，无别体也。”《大正藏》第 44 册，第 52 页上。又如唐·普光《大乘百法明门论疏》卷二：“言补特伽罗者，此地正翻名数取趣。于六趣中数数往还，名数取趣。虽复往来，都无我人，故名无我。”《大正藏》第 44 册，第 60 页下。

行了剖析，本质上没有这一推动者。这一切，不过是有情在无明烦恼的驱使下的行为造作，以及这一行为的后续影响力（业力）的酬因感果。

传为窥基解、普泰增修的《大乘百法明门论解》一书中对"人无我"的解释，除上述内容大致相同外，还有进一步的解说：

> 补特伽罗，即无我矣。此所无即我，是为我空也。彼凡夫等，皆执心外实有诸法，又执此法有实主宰，此说为无，无即彼空，无别体也。①

这涉及了唯识学特有的教义——唯识无境，即虽然有种种我相，如有情、命者、预流等，这些都是依据识体上的见分功能而假安立的，没有离开心识之外的任何一法。②

撇开宗派之见，义忠法师等关于人无我的解释，显得更加清楚明白。严格地说，谛闲法师关于"人无我"的解释，第一点有点悖于常识；第二点有些笼统含混，意义不够明了，突显不出人无我的特点；第三点，因为没有特别说明人我的体相特征，理解起来仍旧有些困难。也就是说，没有在思想上给出清晰的诠释。

三 谛闲法师的"法无我"义，兼明二种无我的异同

（一）谛闲法师的"法无我"义

谛闲法师关于法无我的解释，也是在五位法上，一一推求"我"相了不可得，相比于前者，这里主要依据二谛来说明"法无我"。如谛闲法师在《百法讲义》中说：

> 次法无我者，依于俗谛，假说心、心所、色、不相应行种种差别；约真谛观，毫不可得，但如幻梦，非有似有，有即非有。又对有为，假说无为，有为既虚，无为岂实。譬如依空，显现狂华，华非生灭，空岂有无。是知五位百法，

---

① 《大正藏》第44册，第52页上。
② 具体如《成唯识论》卷一所说："世间圣教说有我法，但由假立非实有性。我谓主宰，法谓轨持，彼二俱有种种相转。我种种相，谓有情命者等，预流一来等。法种种相，谓实德业等，蕴处界等。……彼相皆依识所转变而假施设。……变谓识体转似二分，相、见俱依自证起故，依斯二分施设我法，彼二离此无所依故。"《大正藏》第31册，第1页上。

总无实法，无实法故，名法无我也。①

所谓一切法，即心、色等法及其种种的差别相不过是世俗谛的施设。在真谛层面，一切法体皆不可得，犹如空花、幻梦，毫无真实性可言。一言蔽之，性非实有，或法非实有。有为法如此，无为法依然，因为这二者是相待而假安立的。因此，谛闲法师说"五位百法，总无实法，无实法故，名法无我"。文中虽然没有明白指出"法我"的相貌，却不妨依文解义，即执有"实法"，非"如幻梦"，而有"可得"，就是"法我"。关于"法无我"的解释，谛闲法师与义忠等唯识学诸师有着可以相通的地方。如义忠《大乘百法明门论疏》卷二云：

> 言法者，轨持之义，谓诸法体，虽复任持，轨生物解，亦无胜性②实自在用，故言法无我。法即无我，持业释也。③

义忠法师首先肯定法体的意义，即保持法体的自性特征不失坏，使人生起对它的认识。然后再否定其真实作用，得出法无我的结论。"言法者，轨持之义，谓诸法体，虽复任持，轨生物解"，是对法体的定义，相当于上述的俗谛；"亦无胜性实自在用"，这一点可通于谛闲法师的"约真谛观"的内容。文中的"亦无胜性实自在用"一句，突出了唯识学在解释"法无我"方面的特点，也点出了"法我"是依据什么来安立的。换而言之，"人我"和"法我"都是一种错觉，即使是错觉，它的生起也肯定是有依托处的。这一问题的解决在"唯识"的进一步说明上，《成唯识论述记》卷一的一段话与"无胜性实自在用"，可以在文义上相互发明：

> 圣教所说我、法二种，依识体上有我、法义，义依于体……依有体法，说为我法。④

---

① 谛闲法师：《一切法无我讲义》，载于《谛闲大师遗集》第五编，第149页。
② 《成唯识论述记》卷四："即自性体起用名胜性。"《大正藏》第43册，第350页中。
③ 《洪武南藏》第205册，第291页上。唐·义忠法师的解释与传为窥基法师的《大乘百法明门论解》的解释相同，如《论解》卷二云："法无我者，谓诸法体，虽复任持，轨生物解，亦无胜性实自在用，故言无我。法即无我，应云法无法，从能依说，故云法无我。"《大正藏》第44册，第52页中。
④ 《大正藏》第43册，第238页中。

　　唯识学将我法分为两类：世间所说的我法和圣教言及的我法，《百法》中罗列的种种法相就属于圣教我法。这圣教我法，是根据法体上的义用假名施设为我法，此处的法体，即是心识的自体。这法体虽然不能理解为实我和实法，但在五蕴和合时，它会呈现出一种特别的作用，看起来好像是"我"在活动。在"法"的方面，我们一见到、想到它，就会生起一种见解，同时它又能"任持"而不失坏其自体，这似乎是"法"义。因为法体上有这似我、似法的体性和作用，所以圣者便随顺世间言说，依据识体上的这种义用方便称之为我法。与圣教我法不同的是世间我法，它源于凡夫的错觉，即由于对心识自体上的功能作用认识不清，而错将心识误认为是我法。义忠法师《大乘百法明门论疏》说的"胜性实自在用"是指不仰赖任何的条件，仅仅依靠"自体"就能够生起的功能作用。心识上的功能作用是缘起的，"胜性实自在用"是非缘起的，同样是谈作用，却有着根本的差异，即前者是缘起条件的起用，非主宰义；后者是"自体"自身没有相待、没有制约的随即起用。

　　我法产生的依处到底是不是心识，此处没有继续追问的必要。但唯识学明确解释了，产生"人我"和"法我"这种错觉的依托处是什么。借由这样的解释，能让我们更清晰、直观地认识到"我"为何物。相比较之下，唯识学在"我"和"无我"的说明上要更加的清晰明白，既说明了"然"，也解释了"所以然"。

　　（二）兼明二种无我的异同

　　站在大乘佛教的角度，法无我包含了人无我，二者在本质上是一样的，差别只在于"量"的宽狭；但对于小乘学者而言，这种说法是不容易被接受的。如果二种无我仅仅是"量"的宽狭有别，而无其他的不同，大小乘的争论与对立，应该不至于历经千年而不休。关于二种无我的异同，唐·昙旷《大乘百法明门论开宗义记》中略有所述，可资参照：

> 唯识中，我与法别。我种种相，为有情、命者等；法种种相，为蕴、处、界等。此依实义，彼约相增，以主宰义，约人增故，偏就有情显其我相。故二空理，我法有殊。若执实有自在常住，则一切法，我义亦通，是故无我通于人法。[①]

---

① 《大正藏》第85册，第1065页上。

昙旷法师的论述虽然是唯识学的立场，但做出的解释却是客观而公允的。既然我、法二相有别，人无我和法无我也应有所不同。昙旷法师先是指出人我和法我的差异，即法我"依实义"而立，人我"以主宰义"而说，"约人增故，偏就有情显其我相"。就此而言，"人无我"与"法无我"是明显不同的。如果换个角度看二种我，它们又是可以相通的，即"若执实有自在常住，则一切法，我义亦通"。这也就难怪小乘不能接受大乘的法空说，而大乘却声称二者仅仅是"量"的广狭，本质上没有差别。

四　结语

二无我是大乘佛法的根本教理，为大乘各宗派所共学。谛闲法师关于"无我"的诠释确实有些不同，如：法师一方面把《百法明门论》放在《大乘起信论》"一心二门"的"生灭门"中来看待；另一方面试图用"一心二门"的框架来理解"百法"，即将心识分作染净二分。若要追问谛闲法师为何这样理解，本文给出了可供参考的答案。法师在"无我"的具体诠释上，显得不够清楚，未能明确地说明人我的相貌，将人我与法我区别开来。这或许是源于对人我与五蕴之间关系的分析不彻底而导致的。在人无我和法无我的推求方法也有些混同，作为一家之言也无不可。

本文对问题的处理，首先从"知其然"入手，而后与义忠等唯识学大师的二无我解释进行比较，以发现彼此的差别。唯识学属于中土的宗派之一，它保留了更多的印度佛教的色彩，在"原初性"上显得较为瞩目，这也是本文拿《百法明门论疏》等唯识学典籍与谛闲法师的解释做对比的原因之一。其二，《百法明门论》终究属于唯识学派的重要论典，对于《百法》的解释，唯识学诸师或许更能符合世亲的本意。第三，《百法》作为唯识学入门书之一，它的完整内容分为三个部分，即一切法、二无我、唯识义。站在这一立场看，谛闲法师的解释，一方面未能呈现出《百法》的全部要点，也因为呈现出来的内容，在意义上有些含混，人无我和法无我的区分也不清楚，因此显得不够圆满。第四，也是比较关键的一点，唯识学诸师做到了在言语、思维所能触及的范围，尽量把文义说清楚；若是非言语、思维所及的，则把"指"的功能发挥好。可以说，唯识学的思想分析与语言表达是足够清晰的。之所以如此，应当离不开唯识教法中具有指导性的一句话语，即言教的"法界等流性"。

试论原始佛教、部派佛教和大乘汉传佛教中的菩萨特质及其异同

贾婧恩

【内容提要】 "菩萨"是佛教中极为重要的概念。本文尝试分析原始佛教、部派佛教和大乘佛教三个时期中的"菩萨"所秉持的特质并进行比较，从而得出佛教中"菩萨"特质的发展规律是由现实到抽象、由一生到多世、由自力到他力、由出世到入世。

【关键词】 菩萨 原始佛教 部派佛教 大乘佛教

【作 者】 贾婧恩，南京大学哲学系在读博士研究生，山东博物馆宣教部馆员。

一 原始佛教中的菩萨特质

原始佛教时期，一般指佛陀在世及其后三四代所传承佛法之时期。[①] 尽管由于印度的历史记载过于粗略而给后世断定释迦牟尼生辰日期带来了诸多困难，但近些年来东西方学者通过对比佛经、考证出土文物、查找众圣点记等多种方式寻找蛛丝马迹，最终把佛陀出生年代界定在公元前 5 世纪到前 6 世纪之间；[②] 佛陀灭度约百年之后，由于教团内部对佛陀教法产生不同见解而发生分裂，佛教逐步进入部派时期，这也意味着原始佛教时期的结束。因而，本文所讨论的原始佛教时期

---

① 参见吕澂《印度佛学源头略讲》，上海人民出版社，2018。
② 根据学术界考证，佛陀诞生的年代有公元前 486 年、公元前 544 年、公元前 565 年等多种说法。

大约就是从佛教创立到公元前 4 世纪中叶。然而，要讨论原始佛教时期的"菩萨"特质本身就存在一定的学术争议性，因为在以声闻乘为主修目标的时代，"菩萨"观念或还未成熟。印顺法师甚至认为，原始佛教《阿含经》里本无"菩萨"一词，直到公元前 2 世纪初期大乘佛教兴起的时期（部派佛教末期），分别说部各派和大众部末派才将来自古印度传说中的"菩萨"概念引入《长阿含经》和《增一阿含经》等诵本，"菩萨"由此于佛教中产生。然而，鉴于"菩萨"的意义指向"修行地位仅次于佛的人"①，且佛经记载释迦牟尼于 36 岁时在菩提树下证悟成佛，故而我们似乎又可以尝试从佛陀成道前的身份特质来观照原始佛教中"菩萨"观念的萌芽。原始佛教的内容主要以佛陀宣说的教义、戒律等为主，针对当时社会和现世人生中的各种问题，佛陀讲述了四谛、八正道、十二因缘等法义，带领弟子在古印度四处游历，随缘弘法。因此，这一时期的佛教具有鲜明的历史真实性和现世实践性的特征，这也自然可以作为我们探讨此时期菩萨特质的合适视角。

所谓菩萨，即梵语中 bodhi-sattva，汉语音译为"菩提萨埵"（简称"菩萨"），意为"觉有情"，即具有自觉觉他之愿行者。悉达多太子因有感于人之生老病死等种种烦恼苦厄，立志出家修道，以期参悟宇宙人生之实相、超脱生死海。历经六年苦行，悉达多太子于菩提树下终成佛道，其时经梵天劝请，佛陀得以留住世间，弘演妙法，教化众生，创立圣教。从本质上来看，佛陀出家、修行、成道乃至弘法度生的现实人生历程，其实就是践行自觉觉他之菩萨道的真实体现。

乔达摩·悉达多太子作为古印度迦毗罗卫国合法的王位继承者，他的生活年代、生平事迹、社会关系、亲戚眷属等诸多细节在历史上均有迹可循，是一位真实存在的历史人物；然而，悉达多太子又绝不是凡俗之人，而是锦衣玉食的世间贵族。《柔软经》中这样记载佛陀做太子时的生活情景：

> （佛陀）我在父王悦头檀家时，为我造作种种宫殿，春殿、夏殿及以冬殿，为我好游戏故。去殿不远，复造种种若干华池、青莲华池、红莲华池、赤莲华池、白莲华池……为我好游戏故，而使四人沐浴于我，沐浴我已，赤旃檀香用

①　参见莫衡等主编《当代汉语词典》，上海辞书出版社，2001。

涂我身，香涂身已，著新缯衣，上下、内外、表里皆新，昼夜常以伞盖覆我，莫令太子夜为露所沾，昼为日所炙。如常他家粗、麦饭、豆羹、姜菜，为第一食，如是我父悦头檀家最下使人，粳粮肴馔为第一食。①

就是拥有如此奢华生活的悉达多太子，却因看到舞女醉后的丑态及众生生老病死之苦后顿然觉悟，毅然抛弃一般众生所追求和艳羡的世俗富贵生活而出家，经过常人难以忍受的苦行和深刻思考，最终悟得宇宙人生的终极智慧，成为一位能够引领众生脱离世俗烦恼甚至生死苦海的觉者。

我们也看到，后期一些佛教的菩萨形象，亦能溯源到原始佛教，甚至更早的印度文化传统。如徐静波在《观音菩萨考述》中指出："观世音作为一个受人尊奉的菩萨，其产生的历史是十分久远的，也较为离奇。据《梨俱吠陀》记载，早在佛教尚未产生的公元前七世纪，天竺（今印度）已经有了'观世音'。"② 据此观点，观音菩萨的原型早于佛教产生，只不过那时的观音还保留着原始传说的痕迹，如其相貌为可爱的小马驹，因而又被称为"马头观世音"。随着佛教产生和发展，佛教根据自身教义的需要把这位象征慈悲、智慧的菩萨引进来。"公元前五世纪，释迦牟尼创建了佛教。……婆罗门教的教徒们便把原是婆罗门教的观世音带到了佛教中。……佛教大乘教产生，佛教徒们考虑到佛教中也需要有一位慈善的菩萨以安抚众生之心，便将婆罗门教中的'善神'观世音，正式吸收过来成为佛教中的一位慈善菩萨，名叫'马头观世音'。"③ 那么，是什么因缘促使佛教引入一位以慈悲为特质的菩萨呢？根据李利安的观点，观音菩萨在佛教中的出现是为了化解现实中海上灾难对民众的威胁："自古相传的在印度大陆南端解救'黑风海难'和'罗刹鬼难'的信仰，成为观音信仰的主要来源。"④

由此可见，观音的信仰很可能在原始佛教时期就已经存在了，并且为当时深受海难困扰的印度民众带来心灵上的帮助和慰藉。

---

① 《中阿含经》卷二九，CBETA，Q3，T01，no. 26，p. 607c16。
② 徐静波：《观世音菩萨考述》，载《观世音菩萨全书》，春风文艺出版社，1987，第229页。
③ 徐静波：《观世音菩萨考述》，第230页。
④ 李利安：《古代印度观音信仰的演变及其向中国的传播》，西北大学博士学位论文，2003，第31页。

二 部派佛教中的菩萨特质

世尊寂灭百年后，由于不同地区的僧团对佛陀所制定的戒律和宣讲的法义的理解不同，佛教分立为大众部和上座部，标志着部派佛教时期拉开序幕。部派佛教时期大约是从公元前370年到公元150年前后大约五百年的时间。其间，佛教内部分化精细程度非常之高，但学界较为认可的主要部派有十八个。公元前4世纪中叶，印度孔雀王朝阿育王再次主持结集，重新整理规范佛教三藏，并派遣高僧大德前往各地传播佛法，其中上座部的化地、法藏一系思想传入今天的斯里兰卡，在此形成的大寺派佛教远播东南亚，构成南传佛教的主体。部派佛教虽前承原始佛教，但在教义上也多有其特色，体现在菩萨观上，则表现为其宗教传奇性有所加强，且注重止观修行。

1. 宗教性的加强

"原始佛学发展到佛灭百年后，宗教色彩极浓，与当时的婆罗门教、耆那教性质差不多。"[①] 部派佛教经典中关于佛陀降世极富传奇色彩的记载即是佐证。南传《中部经典·希有未曾有法经》中提到，在降生之前，释迦牟尼就已是兜率天一生补处菩萨，因具备正知正念而从兜率天进入母胎，降生娑婆世界。

> 世尊！菩萨有正念、有正知生兜率身……菩萨有正念、有正知住立兜率身……菩萨之寿有限，住立兜率身……菩萨有正念、有正知，聪兜率身殁而入母胎，世尊！我以此等受持为世尊之希有未曾有法。[②]

其降生时"又此一万世界，动摇、震动、激动，而无量广大光明，超诸天之威力，出现于世"[③]。不仅菩萨的降生不同凡响，连菩萨的母亲自有身孕以来也是祥瑞连连。

---

① 吕澂：《印度佛学源头略讲》，第24页。
② 《中部经典》卷十三至十六，CBETA，Q3，N12，no. 5，p. 105a6。
③ 《中部经典》卷十三至十六，CBETA，Q3，N12，no. 5，p. 105a6。

阿难！菩萨之入母胎时，彼菩萨或菩萨之母，即人非人乃至任何者，亦莫能害……菩萨之母自然为具戒者，离杀生，离不与取，于爱欲离邪行，离虚诳语，离窣罗、迷丽耶酒类之放逸处……菩萨之母，对男子不起伴妙欲之意。又菩萨之母，以如何男子之娱心，亦无甚喜……菩萨之母不起任何之病患，菩萨之母，身体无疲劳而安乐；又菩萨之母，通过胎以见菩萨具一切肢体，无诸根之毁损。……菩萨生七日，菩萨之母命重，生兜率身……如其他之诸妇人，胎而宿于胎内九或十月间而生，如是菩萨之母不生菩萨；菩萨之母，菩萨宿胎内正十个月而生……如其他之妇人或坐而生，如是菩萨之母不生菩萨，菩萨之母立而生菩萨……世尊！我以此受持为世尊希有未曾有法。[1]

与原始佛教相比，部派佛教中的悉达多菩萨不再仅仅是显化于娑婆世界、以迦毗罗卫国太子身份觉悟出家的那个现实之身，其一生已推及至多世多劫，空间也扩展到了包括兜率天在内的多个国土世界。据南传巴利语文献《佛陀史》记载，悉达多菩萨的生涯始于燃灯佛时，作为师父的燃灯佛就曾鼓励当时的苏曼陀苦行者去修行能够最终证得佛果的"道"。据说那一世的苏曼陀在修证上已有很大的成就，当生就能够证得上座部所认为的不会退转的阿罗汉果。但是，苏曼陀放弃证阿罗汉果位而是趣向未来成佛，发愿令世间人天脱离轮回，这可以看作释迦牟尼佛在多世累劫中回小向大菩萨生涯的开始。"在《佛陀史》的时代，已有'四阿僧祇与一百个千劫'的概念为悉达多菩萨生涯的时间。"[2]

不仅菩萨生涯的时间加长，其数量也陡然增多。学界普遍认为，多佛信仰发生于大乘佛教时期，但不论是主观意愿，抑或是客观发展的需要，在南传小乘佛教时期，上座部也在自己的理论框架内做了一些符合大众部思想的调整，他们对佛的数量的认知也发生了变化，承认在释迦牟尼佛之前就有很多佛成就，如在《佛说七佛经》中，就将释迦牟尼佛称为贤劫第七佛；[3] 而在《譬喻经》中也有"诸佛正菩提，

---

① 《中部经典》卷十三至十六，CBETA, Q3, N12, no.5, p.105a6。
② 园慈：《菩萨的生涯》，载于《佛学研究》2007年第1期，第322页。
③ 《七佛经》中这样记载："佛言：'汝等谛听，我今说之。过去九十一劫，有毗婆尸佛、应、正等觉，出现世间。三十一劫，有尸弃佛，毗舍浮佛、应、正等觉，出现世间。于贤劫中第六劫，有俱留孙佛、应、正等觉，出现世间。第七劫，有俱那含牟尼佛、应、正等觉，出现世间。第八劫，有迦叶波佛、应、正等觉，出现世间。第九劫，我释迦牟尼佛，出世间，应、正等觉。'"

僧随世导师，合十示归命，礼拜头触地"① 的偈颂。尽管上座部佛教将阿罗汉果位奉为终极理想，但他们同样承认菩萨道的存在，而成佛与菩萨道的关系又是那么地紧密，多佛信仰也蕴含着多菩萨信仰存在的可能性，如《增一阿含经》中云："梵天下降及帝释，护世四王及诸天，弥勒兜率寻来集，菩萨数亿不可计。"

2. 重智慧与修行

原始佛教注重世间现实的问题，通过认知世间苦的本质，了知贪、瞋、痴、慢、疑等烦恼苦因，通过因地修行成就灭苦、证菩提、成佛道。到了部派佛教时期，由于佛陀在世时对很多哲学根本问题避而不答，而佛教思想的发展又必定离不开对于基本哲学义理的解答和贯通，这自然也成为部派佛教的一项重要任务。这不仅在客观上促进了佛教哲学义理的发展，同时在菩萨身份的特质上也表现为对智慧的重视和实践。没有智慧，自然成就不了菩萨道，智慧是引导因地修行成佛的主要条件："如来往昔为菩萨时，在所生处聪明多智。"② 同时，智慧还关系到在因地修行时间的长短。《经集部注释》解释了菩萨修行时限是根据慧、信、精进三个因素而定的，其中智慧是最重要的一个因素，那些在"慧"德方面突出的菩萨只需用四个阿僧祇劫即可圆满诸波罗蜜；如果是"信"德突出则需要八个阿僧祇劫；"精进"突出则需要十六个阿僧祇劫。由此可见，部派佛教对于菩萨的智慧给予了高度重视。对于菩萨的修行，在《增一阿含经》中提出了止观双修的法门，指出修"止"可以降魔；修"观"可以修证三藐三菩提。

> 尔时，世尊告诸比丘："阿练比丘当修行二法。云何二法？所谓止与观也……所以然者，犹如菩萨坐树王下时，先思惟此法止与观也。若菩萨摩诃萨得止已，便能降伏魔怨；若复菩萨得观已，寻成三达智，成无上至真、等正觉。"③

可见，对于止观的实践也是这一时期菩萨重要的修行法门。

---

① 《譬喻经》卷一至三十九，CBETA，Q3，N29，no. 17，p. 1a11。
② 《长阿含经》卷五，CBETA，Q3，T01，no. 1，p. 31b20。
③ 《增壹阿含经》卷十一，CBETA，Q3，T02，no. 125，p. 60。

三　大乘佛教中的菩萨特质

在某种意义上讲，大乘佛教时期才真正出现了以上求菩提、下化众生为主要特点的菩萨道。与原始佛教和部派佛教相比，大乘佛教的主要特点是不再单纯以个人解脱为修行目标，转而以个人解脱和度化众生相结合的菩提道为最高指向。正如《金刚经》所云："诸菩萨摩诃萨应如是降伏其心：所有一切众生之类，若卵生，若胎生，若湿生，若化生，若有色，若无色，若有想，若无想，若非有想、非无想，我皆令入无余涅槃而灭度之。"在思想方面大乘佛教以般若空智为主要特点，在修行方面以六度万行为本，最终证得觉行圆满的圣义佛果。大乘菩萨道理论体系在佛教境行果三科中都有详细涉及，可见这一学说体系已趋于成熟、严密。

1. 大悲菩提心

大悲菩提心是大乘佛教菩萨特质的不共之法。与部派佛教强调"解脱"不同，大乘佛教把"菩提心"作为最究竟的境界，也是菩萨道的根基所在。赵朴初先生在他的《佛教常识答问》中指出："志愿自度度他、自觉觉他，叫做发大心，又叫做发菩提心。"出离心，是菩提心的基础，唯有体认三界虚幻不实、无常之苦，方能生起上求菩提的自觉之心，进而由己推人观一切众生流转生死苦海，而生起觉他之心，在救度一切众生出离生死之苦的过程中觉悟宇宙人生真相、证悟觉行圆满，大乘菩萨修行成佛之路就在这样的轨道上运行。了知三界虚幻之苦的菩提心必定引发平等拔济一切众生的大悲心，因而"慈悲为怀"成了所有大乘菩萨的共同特质。在大乘佛教中，菩萨已发展为居无量国土、数不可计，但无论是成就突出的大菩萨还是正处于修行阶段的因地菩萨，他们都秉持着大悲菩提心，并借助一切有利机缘教化众生、离苦得乐。

2. 中观般若智

对于般若的如实了知和证悟是大乘菩萨的内在要求，离开般若智慧则不能成为菩萨。而此时的智慧已发展成为如实观照诸法缘起实相、不落空有两边的"中道"般若观。所以，大乘中观般若智慧是人我空与法空的统一，是统摄真空妙有的中道圣义之空，这也是菩萨道的思想枢要。

3. 持六度万行

大乘菩萨道讲求修持布施、持戒、忍辱、精进、禅定、般若六度万行，相较于原始佛教和部派佛教，大乘佛教的菩萨修行体系更为系统完善。六度以布施为起始，所对治的是因地修行菩萨的人我执，是修证般若智慧最方便的切入点；持戒亦是菩萨道修行的重要门径，大乘菩萨戒涵盖在家和出家所有因地七众菩萨，果地菩萨也可包含在内。《梵网经》中云，菩萨戒为诸佛之本源、菩萨之根本，也是诸佛子之根本。关于菩萨戒的"三聚净戒"，《唯识论》中解释道：

> 戒学有三：第一，摄律仪戒，正远离所应离法；第二，摄善法戒，正证应修证法；第三，饶益有情戒，正利乐于一切之有情。

菩萨道的核心是要发起上弘下化的菩提心，所以菩萨戒不但有防非止恶的摄律仪戒，更有勤修善法的摄善法戒，以及度化众生的饶益有情戒。三戒当中，以摄律仪戒为基础——只有能总摄善法才能饶益一切有情众生；忍辱与精进体现激流勇进的金刚菩萨行，以利他之心直面种种困难境界，以爱心、爱语、无我之心利益众生、精进修行；禅定是大乘菩萨的根本修行法门之一，也是各个时期菩萨的共通之法。汉传禅宗"顿见真如本性"的顿悟法门，更是对大乘菩萨修行方式的重要发展。六度之中，处于统摄地位的则是般若，其他五度的修行都是指向证悟究竟圆满的般若之智。可以说，般若是引导大乘菩萨进向成佛之路的灯塔。

四 结语

通过上文分析，我们可以概括出原始佛教、部派佛教和大乘佛教菩萨特质的演变过程呈现如下特点。

1. 由现实到抽象，由一生到多世

原始佛教时期，释迦牟尼从修道自觉到弘法度生的人生历程，实际上已蕴含了后期大乘佛教菩萨"自利利他、自觉觉他"的精神因素；其知苦、离尘、求道、证悟、弘法、利生的一生行仪，是佛教信仰实践的鲜活示范，堪为后世佛子行菩萨道之楷模，具有鲜明的历史真实性和现世实践性特质。此时，不论是觉悟因缘还是觉

悟主体，原始佛教的教义都彰显出现世的维度，具有强烈现实性；部派佛教的菩萨观多关注于佛陀前世作为因地菩萨的行持，其宗教传奇的色彩渐趋浓厚，在时空上得以无限地扩展增加，所以部派佛教提出了菩萨于多生累劫、不同国土空间修行的观点，菩萨的特质亦不断被宗教神异化、抽象化；至大乘佛教时，菩萨观已发展成为一套更加系统、完善的学理实践体系，形成了以"上求菩提、下化众生"为精神内核的菩萨品格。

2. 由自力到他力，由出世到入世

原始佛教主要倡导依靠自力修行成道，部派佛教对于菩萨止观修行的强调也具有同样的特点，而大乘佛教因地菩萨除了依靠自己的修行外，也可仰仗果地菩萨和佛力的加持，助力自我的修行。另外，从修行的终极目标来看，原始佛教与部派佛教更强调个人的出世解脱，而大乘佛教秉持"世出世不二"的中道观，使其教义思想具有了浓厚的入世、济世的特点。

"大和上"佛图澄

——早期僧人的受戒[*]问题

黎俊溢

【内容提要】 佛图澄是主要活动在十六国时期的僧人，他对早期佛教弘法有着巨大贡献。但相关史料以神异事迹为主，导致以往研究对佛图澄的认识停留在他与石氏父子的交往，以及以神异之术弘法。而佛图澄修正戒律和为人授度的记载却少有关注，这其实和他"大和上"的称号有着密切的关联。佛图澄不但标志着佛教戒律从封闭流传转向主动流播，同时确立了道安、慧远等僧人对戒律的认识，进而推动了佛教广律的译出和传播。而政权也通过对授戒僧人的尊崇，达到控制佛教的目的，是南北朝僧官制度的滥觞。

【关键词】 佛图澄 早期佛教 受戒 道安

【作 者】 黎俊溢，清华大学历史系在读博士研究生。

佛图澄是主要活动在十六国后赵时期的僧人。他的特殊性在于，他开启了僧人与君主交往的滥觞，并建立了巨大的弘法成就，"受业追游，常有数百。前后门

---

[*] 一般研究对"戒""律"往往不做区分，而"戒""律"在梵文的原语也的确仍不确定，"戒律"是东传佛教独有的概念。本文主要是就律藏的文本结构而言，"戒"指的是主要的二百多条戒律，"律"是所谓的"广律"，是对"戒经"的全面解说和补充。这样的戒律是围绕僧团的集体生活所制定，和在家众戒的性质不同。另外，"受戒"往往只是象征式的受持，并非真正了解或背诵。所以道安才会有"未乃检戒"之叹，道安法汰等人也努力搜集戒本。早期的受戒依赖于梵僧组成羯磨授戒，戒律又一直以口诵方式传承，即使是戒坛的建立也是由梵僧举行，汉僧其实一直未能掌握戒律。这也代表僧传提及的"戒"或"戒行"，并不代表他们已经受持具戒。因此受戒本身并不是一个不言而喻的问题。参见释慈怡《佛光大辞典》，北京图书馆出版社，2004，第2909页；劳政武：《佛教戒律学》，宗教文化出版社，1999，第132~140页；释印顺：《戒律学论集》，中华书局，2010。

徒，几且一万，所历州郡，兴立佛寺八百九十三所"，并间接导致中土放开了对汉人出家的限制。但佛图澄所载之事迹以神异为主，却无有译经、授经之记载，因此后世往往将其成就归功于神异。但佛图澄受石氏父子供奉以来，长期居处于宫内或随侍君主身边，也没有离开邺都的记载。除了不一定公开的宗教仪式外，其实并没有很多的机会对外弘法，更不用说遍设八百多寺而无相关的官方记载。加之没有关于后赵政权主动弘法的记载，只有供养佛图澄个人以及听赵人受度的记载，这都表示神异之说，并不能解释佛图澄所获得的巨大成就，以及何以僧人要千里负笈求学。本文试从"大和上"这一称号，重新理解佛图澄，以及讨论早期佛教的受戒问题。[①]

一 "和上"等于戒师

佛图澄作为 4 世纪上半叶最有名的僧人，他远在后赵政权建立之前就已经追随石勒，并被石勒父子所尊崇，在石虎时期被尊为"大和上"。但其实"和

① 由于佛图澄的记载以神异为主，其弘教记载不甚明了，所以相关研究往往就其弘法成就而谈。有关佛图澄的研究，主要以通史文章的形式来讨论。赖永海的《中国佛教通史》、镰田茂雄的《中国佛教通史》，都有专章讨论，任继愈主编的《中国佛教史》和汤用彤的《汉魏两晋南北朝佛教史》则只有一个小节提及。不过大多仍聚焦于其神异事迹，以及弘教成就的评述，而且篇幅不大。讨论篇幅比较完整的是赖永海和镰田茂雄两者的《中国佛教通史》，前者聚焦于佛图澄及其弟子的行迹，把其视作一个僧团的整体；镰田茂雄的讨论则更基于对僧传的记载进行爬梳，提及其与君主的交往、建立佛寺和举行佛教礼仪等各方面，但讨论略为零散。论文方面，徐菲的《"澄以石虎为海鸥鸟"新解——兼谈佛图澄与石氏关系的意义及影响》讨论了早期高僧与统治之间的依附利用关系；王仲尧的《论佛图澄及其社会政治实践——兼及佛教在中国的政治适应性问题》，从政治适应性的角度讨论了后赵政权下佛教的发展，而佛图澄则作为其中的典型；张师的《从神僧佛图澄到"花和尚"鸠摩罗什》，则从中西文化交流的角度，指出佛图澄为神异印象一直影响后世的文学作品，而其运用的道术也体现了佛道交融的特色；古正美的《东南亚的天王传统与后赵石虎时代的"天王传统"》则从佛图澄为石虎举行的佛教仪式，以及对天王号的运用，指出后赵政权尝试在佛图澄的指导下，建立以佛教为核心的统治意识形态。综上所述，以往的研究往往过度强调神异事迹，导致佛图澄的成就归功于以神异媚上的简单描述。这等于把弘法成就基本归因于佛教以外的因素，无以解释佛图澄在没有译经授经的情况下，为何会拥有如此大的成就；以及为何 4 世纪上半叶的高僧往往出身于佛图澄门下，而非传统的洛雍僧团。汤用彤：《汉魏两晋南北朝佛教史》，北京大学出版社，2011，第 109～110 页；赖永海：《中国佛教通史》第一卷，江苏人民出版社，2010，第 533～557 页；镰田茂雄著，关世谦译《中国佛教通史》第一卷，台湾佛光出版社，1994，第 303～328 页；任继愈主编《中国佛教史》，第二卷，中国社会科学出版社，第 129～148 页；徐菲：《"澄以石虎为海鸥鸟"新解——兼谈佛图澄与石氏关系的意义及影响》，《宗教学研究》2012 年第 2 期，第 145～148 页；张国刚：《从神僧佛图澄到"花和尚"鸠摩罗什》，《文史知识》2018 年第 5 期，第 74～80 页；古正美：《从天王传统到佛王传统：中国中世佛教治国意识形态研究》，商周出版社，2003，第 65～104 页。

上"一词在当时并不常见，^① 时人更多以"沙门""道人"来称呼僧人。即使是尊称，也是以"法师"或"道人"称，而石勒本人就曾以"道人"和"道士"称佛图澄，因此"大和上"在教外用例中并不能得到充分解释，有必要回到佛教内部的用例。

"和上"^② 一词在可考的汉代译经中未有出现，但在失译附汉录的佛经，以及三国的译经中，皆指戒师，也就是为沙弥受戒为僧的师傅。^③ 历来佛教受戒时的羯磨文，也以"是沙弥某甲从和尚某甲受戒"为受戒提案，^④ 因此"和上"的本义为戒师无疑。佛教对戒师有特别的界定，释道诚的《释氏要览》中记载：

《师》：

师有二种：一、亲教师，即是依之出家，授经剃发之者。毗奈耶亦云亲教；二、依止师，即是依之禀受三藏学者。（注：但是依学一切事业，乃至一日，皆得称师。）五百问云：临坛诸僧，皆得呼为师否？答：无此理。不从受法，尽不得称师。

《和尚》：

《指归》云：郁波弟耶，此云常近此受持。《发正记》云：优婆陀诃，此云

---

① "和上/和尚"一词在4世纪并不多见，在内典之外唯见两例。王秀《高坐传》："王公曾诣和上，和上解带偃伏，悟言神解。"道安《合放光光赞略》："并放光寻出，大行华京，息心居士翕然传焉。中山支和上遣人于仓垣，断绢写之，持还中山。"两者皆作僧人的尊称，但都是口语化的表达，并不是正式称呼或称号。参见刘义庆著，徐震堮校笺《世说新语校笺》卷下《简傲第二十四》，中华书局，1984，第413页；释僧祐：《出三藏记集》卷七《合放光光赞略》，中华书局，1995，第266页。

② "和上"一词的词源，主要有于阗说、西域胡语说、中土方音讹转说、印度西北俗语说，其中方音说较为晚出而证据较弱。现在一般认为，"和上"在印度俗语作乌社、温社，标准梵文称作郁波第耶，传到西域后语音讹变，变成"和上"。参见中村元《佛教语大辞典》、丁福保《佛教大辞典》、慈怡《佛光大辞典》，储泰松：《"和尚"的语源及其形义的演变》，《语言研究》2002年第1期，第83~90页。

③ 储泰松：《"和尚"的语源及其形义的演变》，第85页。

④ 比如《四分律·受戒捷度》："我某甲请大德为和尚，愿大德为我作和尚，我依大德受具足戒。"《十诵律·受具足戒法》："我某甲，求长老为和尚。长老，为我作和尚。依长老和尚故，我某甲得受具足。"不少内典也证明"和上"乃亲教师之意。《佛说十力经序》："乌卜波驮耶，唐言亲教师，安西云和上。"《南海寄归内法传》："乌卜波驮耶……言和尚者，非也。西方泛唤博士皆名乌社，斯非典语。若依梵本经律之文，皆云邬波驮耶，译为亲教师。北方诸国，皆唤和社，致令传译习彼讹音。"前者以和上即亲教师，后者以和上为亲教师传译之讹音。圆照：《佛说十力经序》（CBETA, Q1, T17, no. 780, p. 716a12-15）；义净：《南海寄归内法传》（CBETA, Q1, T54, no. 2125, p. 222a1-4）；义净著，王邦维校注《南海寄归内法传校注》卷第三《师资之道》，中华书局，1995，第140~141页；释道诚撰，富世平校注《释氏要览校注》卷上《师资》，中华书局，2014，第100页。

依学。《毗奈耶》云：邬波陀耶，此云亲教，由能教离出世业故，称受业和尚。[①]

释道诚特别区分了两种"师"，一者是剃发授经的亲教师，二者是授业三藏的依止师。前者指的是授戒师，主持沙弥和僧人的授戒，并且同时授经，与教授师和羯磨师并称为三师；后者则只是传授佛经三藏之师，多指僧人后来游方时，到各地寺院受学之师。两者虽皆为"师"，实则地位大不相同。严格意义上的"师"只有亲教师，也就是以和上为首，主持受戒的三师，临坛见证受戒的"七证"也不算亲教师。[②] 三师中尤以"和上"最为重要，他是授戒仪式的主持者，而且需要戒腊十年方能为之，因此史载往往只记和上之名。

至于依止师，释道诚特别注明"皆得称师"，也就是"也算是"的意思。因此依止师远比不上亲教师，而只是在传道意义上的师而已。在诸部律中，也往往会强调僧人应尊敬亲教师，而且亲教师对僧人的僧团生活有着主导权，比如《十诵律·比尼诵行法之余》记载：

> 欲行比丘法者，若比丘明日欲行，今日应辞和上阿阇梨，若听去便去；若不听去不得强去。……非时法者，若比丘非时欲行，应白和上阿阇梨："我至某城邑某聚落某甲舍。"若听便去，若不听不应强去。是名非时法。

这说明僧人出行前，都要请示戒师的批准。《四分律·单提法之五》记载：

[①] 师者：一、戒和尚，正授戒者；二、羯磨师，读表白及羯磨文者；三、教授师，教受以威仪作法者。

[②] "为我作和尚，依长老和尚故，我某甲得受具足。"不少内典也证明"和上"乃亲教师之意。《佛说十力经序》："乌卜波驰耶，唐言亲教师，安西云和上。"《南海寄归内法传》："乌卜波驮耶……言和尚者，非也。西方泛唤博士皆名乌社，斯非西语。若依梵本经律之文，皆云邬波驮耶，译为亲教师。北方诸国，皆唤和社，致令传译习彼讹音。"前者以和上即亲教师，后者以和上为亲教师传译之讹音。圆照：《佛说十力经序》，CBETA，Q1，T17，no. 780，p. 716a12－15；义净：《南海寄归内法传》，CBETA，T54，no. 2125，p. 222a1－4；义净著，王邦维校注《南海寄归内法传校注》卷第三《师资之道》，第140～141页。释道诚撰，富世平校注《释氏要览校注》卷上《师资》，第100页。根据丁福保的《佛教大辞典》："比丘受具足戒，要三师七证。三师者：一、戒和尚，正授戒者。二、羯磨师，读表白及羯磨文者。三、教授师，教授以威仪作法者。七证者，七人之证明师也。"也有说法是二师即可，比如《法苑珠林》："初欲出家依律先请二师，一是和尚，二是阇梨。"在伪托东汉安世高，而成书于4、5世纪之交的大比丘三千威仪中，就常以"和上"与"阿阇梨"并称，或是，强调僧人要礼敬"师"，这种用法也在诸律及内典中常见。《释氏要览》并未进一步定义三师是否都是亲教师，但内典也常以"亲教""轨范"并称，代指戒师和羯磨师，因此只有"和上"为最严格意义上的亲教师。

若和上、阿阇梨一切如法教授，不得违逆，应学问诵经，勤求方便。于佛法中得须陀洹果、斯陀含果、阿那含果、阿罗汉果，汝始发心出家功不唐捐、果报不绝。余所未知，当问和上阿阇梨。

表示僧人不能违反戒师的教授，并努力修行。对佛法的理解都应该遵循戒师的理解，并时时请益。上面两条都能看到，僧人无论是在学问上，还是日常行动中都应该要事事服从戒师，可见戒师在僧人修行生活中的主导地位。这一地位在《梵网经》中更为明显。

七逆者：一出佛身血，二杀父，三杀母，四杀和尚，五杀阿阇梨，六破羯磨转法轮僧，七杀圣人。

以和尚为首的三师十僧，仅位佛、父、母之后，可见羯磨诸师地位之重要。相反，诸部律都不曾强调依止师的地位。如此一来，"和尚"在教内用例中其实有着特殊的意涵，与授戒和修行指导有着对应关系。

和上为戒师的情况在六朝的教内文献中也基本被沿用，[①] 下面略举数例。

1. 后至檀特山南石留寺，住僧三百人，杂三乘学。无竭便停此寺，受具足戒。天竺沙门佛陀多罗，齐言佛救，彼方众僧云其已得道果。无竭请为和上，汉沙门志定为阿阇梨。[②]（《出三藏记集·法勇法师传》）

2. 若许者，当留治国。一愿凡所王境，同奉和上；二愿尽所治内，一切断杀；三愿所有储财，赈给贫病。群臣欢喜，佥然敬诺。于是一国皆从受戒。[③]（《高僧传·求那跋摩传》）

3. （沙）始曰："外国人云，尼有五百戒，便应是异。当为问和上。"和上

---

① 但同时4世纪下半叶开始，"和上"的用法开始泛化，亦被士人居士用作僧人的尊称，这在《世说新说》中的用法可以得到体现，但也不多见。同时教内文献也开始以此作尊称，但多用"阿上""上"等变形，多见于口头使用。

② 释僧祐：《出三藏记集》卷十五《法勇法师传第十》，第581~582页。

③ 释慧皎著，汤用彤校注，汤一玄整理《高僧传》卷三《译经下·宋京师祇洹寺求那跋摩》，中华书局，1992，第106页。

云："尼戒大同细异，不得其法，必不得授。尼有十戒，得从大僧受，但无和上，尼无所依止耳。"捡即剃落，从和上受十戒。[1]（《比丘尼传·净捡尼传》）

4. 依此沙门以为和上，受学三藏妙善四含。[2]（《高僧传·维祇难传》）

在例1、例2中，可以明确看到和上是授戒之师。更明确的证据是例1的"无竭请为和上，汉沙门志定为阿阇梨"，阿阇梨是"三师七证"中"三师"的羯磨师，负责主持羯磨仪式。因此昙无竭是在西行路途中，在南石留寺受戒。例2则是阇婆国全国皆从高僧求那跋摩受戒之事。例3言"但无和上，尼无所依止耳"，似乎和尚只是授法三藏的依止师。但沙始既言"尼有五百戒，便应是异。当为问和上"，可见和上同时也是授戒的亲教师。因此应该理解为，亲教师除授戒，也授三藏，所以同时为依止师；相反，游方受学所拜之师则只是依止师。例4则是同理。

六朝少有人获和上之号，佛图澄以外的另一个例子是"白足和上"昙始。昙始曾往辽东、高句丽传法，《高僧传》记载他在"晋孝武大元之末，赍经律数十部往辽东宣化，显授三乘立以归戒"，携有戒律抄本，亦有授戒之举，所以"天下咸称白足和上"。回到佛图澄的例子，石勒送诸稚子养于佛寺，亲诣寺为儿发愿；其养子石虎待佛图澄更加礼敬，同时鼓励国人出家为僧。这都为佛教的发展创造了良好的客观环境。以至于佛图澄在邺城不过十数年，就受业近万；安令首尼一人，就吸引了二百多人出家，又建五六精舍。[3] 这都可见邺城佛风甚浓。按说石氏父子都佞佛甚重，应当也对教内用例有一定认识，不可能乱用一个前人未用的称号。因此石虎要求上朝时唱名"大和上"，无疑是清楚"和上"的含意，所以"大和上"实指对"戒师"身份的强调。而石氏父子借由对授戒师的尊崇，达到了借用佛教增强政治合法性的目的。

二 早期受戒的环境

佛图澄之所以少见地冠以"大和上"之称，其实和当时的受戒环境有着密切关系。在讨论受戒环境之前，有必要先对戒本的流传做一点厘清。中土流传的戒律始

---

① 释宝唱著，王孺童校注《比丘尼传校注》卷一《晋竹林寺净捡尼传一》，中华书局，2006，第1页。

② 释慧皎著，汤用彤校注，汤一玄整理《高僧传》卷一《译经上·维祇难传》，第21~22页。

③ 参见释宝唱著，王孺童校注《比丘尼传校注》卷一《伪赵建督寺安令首尼传二》，第7页。

于曹魏时昙柯迦罗译出僧祇戒心，但这只是一个删减版的戒律要录，具体受戒仍要请口传戒律的梵僧组成羯磨来授戒。而十诵、僧祇、四分、五分律等完整的戒本，都是晚至 5 世纪初才译出。更规范化和普遍化的授戒，则要等到元嘉七年（430）求那跋摩建立戒坛才开始。4 世纪下半叶的竺昙无兰、释道安，都各自提及戒本异繁而不合汉法，删之不合佛意、不删则难以循行。可见十诵律译出以前并没有完整的戒本，僧人只能通过拼凑删减，获得一个并不统一的节抄本。

按说佛教早在公元 1、2 世纪就已经传入中国，到道安时已经有三百多年，但汉地居然还没有完整的戒律流传。造成这一状况原因大致有三。一者，自优婆离诵出律藏以来，戒律向来依赖口诵传承，甚至有专门负责的持律者。在比较晚期的某些小结集中，或许开始有书面的传承，但也并不以此授人，只是作为内部的辅助记忆的写本。因此昙无德律由佛陀耶舍诵出、十诵律由弗若多罗诵出；法显立志西行求取戒律，不曾想西域和北印度的度律都是口口相传，因此最终只能远涉中印度和斯里兰卡，在当地学习梵语并求取戒律。[①] 这都可见印度佛教一直维持以口传的方式传承戒律。

二者，戒本繁异而不合汉法。因为印度的地理环境和文化传统都和汉地大相径庭，因此来自印度的戒律往往显得格格不入。比如"雨居"本来是佛陀因应印度漫长的雨季所造成的不便，因此在雨季进行三个月的安居，在一个固定的修行场所进行修行，但在离开印度语境后的汉僧看来，这完全是不能理解且无从遵循的。另外，汉地僧人一般生活在都市之内，诸如行乞、不与女性接触、在墓地修行头陀行等的行为，在汉地文化中都显得诡异而不恰当。因此主持译律的道安就想通过删定戒律，以便遵循。另外他在长安之时也不断整理各种戒抄本，但天下寺舍遵循的仍然是道安自己所定的三例。十诵、四分等诸部律的普及，仍然要等到 5 世纪中叶以降，随着僧团佛教的兴起，其在高僧讲律和官方支持下才逐渐普及。

三者，胡僧不重译戒，重在弘法和著论，[②] 传入中土的四部律无一不是由汉僧或

---

① 释法显撰，章巽校注《法显传校注·弥沙塞律记》，中华书局，2008，第 172 页。

② 这之间的原因，可能有着部派佛教以降，佛教经院学术的传统。各部纷纷立论，与其他部派以及外道争锋，僧侣往往以著论为最大成就。因此西来僧人也往往更重经论。陆扬就指出，鸠摩罗什虽传译经论三百，但他更希望写出可以自成一家的论，传译只是不得已的工作。与著论相关的经论尚且如此，勿论戒律。加之戒律往往由专门的持律者背诵，持律者会每月说戒，一般僧人不特地背诵，更勿论之传授。参见陆扬《解读〈鸠摩罗什传〉：兼谈中国中古早期的佛教文化与史学》，《中国学术》2006 年第 23 辑，商务印书馆，2006，第 30～90 页。

居士请出戒律。① 以鸠摩罗什为例，什公居长安十二年，译出经论三百余卷，唯独十诵律却仍未校对好。弘始六年（404）十月十七日，什公就已经集结义学僧数百余人始译十诵律，大概一年的时间就已经完成三分之二。所以当昙摩流支在弘始七年（405）再接续翻释工作，则很可能就在同一年已经完成。但直到八年后鸠摩罗什去世时，却仍然是"凡所出经论三百余卷，唯十诵一部未及删烦"。这和鸠摩罗什最后译出菩萨戒的做法正好对应，可见戒律虽在汉僧看来很重要，但在外国僧人看来则不然。②再加之西域佛教对戒律的重视本不如汉地，在西域成名的鸠摩罗什和昙无谶都屡犯色戒，③ 西域僧人也能娶妻生子和喝酒，④ 因此东来僧人所携经论虽多，却未有戒律。

根据大正藏的律部，在完整的十诵律译出以前，有曹魏康僧铠《昙无德律部杂羯磨》和曹魏昙谛的《羯磨》。但卢巧琴从文献学和词汇学的角度论证了《羯磨》至少是西晋以后的作品，而且极可能是刘宋昙谛在求那跋摩译的《四分比丘尼羯磨》基础上，再从《昙无德律》抄出《比丘羯磨》拼凑而成的。⑤ 同样的论证也可以用于《昙无德律部杂羯磨》，同样出现不少西晋以后译经的用词，尼部戒文更与《羯磨》基本相同，可以肯定为同一来源。这一戒本在出三藏记题为求那跋摩所译《昙无德羯磨》的异名。更重要的是，作为少有的戒本，4～5世纪的文献却都没有提及两者，因此现存的两个戒本都是拼凑不同戒本而成的作品，并很可能抄自求那跋摩所译的戒本。另外，这两部戒本的译出事迹虽然也见于《高僧传》，但在道安的传记中就未被记载，所以很可能这两部戒本只是在个别僧团内部传承，或更有可能是早已佚失。

道安谓"我之诸师，始秦受戒"⑥，道安应该是在330年受戒，此时距离迦罗出戒已近百年，但待其师辈才开始受戒，可见僧人受戒是在4世纪初才逐渐普及。这说明一些不完整的戒抄本的确在4世纪间慢慢流传，但并不代表它们有被实际运用。昙无兰和道安保存戒抄本二十余年，而皆不得用。而且他们甚至不太清楚戒律的分章。⑦ 道

① 十诵律由长安诸僧请出；僧祇律由法显西行求得梵本，回国后请京师道场寺的佛驮跋陀译出；四分律由后秦姚爽请佛陀耶舍出之；五分律由建康诸僧请佛驮什译出。四戒本皆为汉人请梵僧所译，皆非梵僧自主译出。

② 《菩萨波罗提木叉后记》："三千学士与什参定大小乘经五十余部，唯菩萨十戒四十八经，最后诵出。"

③ 事见释慧皎《高僧传》卷二《译经中·鸠摩罗什传》《译经中·昙无谶传》。

④ 四部律的译者只有昙摩流支一人是来自西域，而且是接替罽宾弗若多罗的工作。其他译者皆来自罽宾和中天竺。

⑤ 颜洽茂、卢巧琴：《失译、误题之经年代的考证——以误题曹魏昙谛译〈昙无德羯磨〉为例》，《浙江大学学报（人文社会科学版）》2009年第39卷第5期，第178～185页。

⑥ 释僧祐：《出三藏记集》卷十一《比丘大戒序》，第412页。

⑦ 释僧祐：《出三藏记集》卷十一《比丘大戒序》《大比丘二百六十戒三部合异序》，第413、415页。

安也误把一张药方当作戒本保存了二十多年。① 可见戒律的流传和普及度都非常低，以至于这些高僧也处于知其然不知所以然的情况。另一方面，即使 5 世纪之出戒，仍由梵僧诵出，戒坛亦由梵僧设立。早期流传的拼凑戒本只能供借鉴，甚至只是文献保存，具体的授戒还是要通过梵僧组成羯磨来受戒，戒律和相关仪式也以口传的方式流传。

这虽不代表汉僧没有授戒的尝试和受持的戒律，但当时流传的戒律"其谬多矣，或殊文旨，或粗举意"，道安在襄阳时也曾制僧尼轨范三例。② 4 世纪的最后二十年间，道安和竺昙无兰都有进行整理各种戒抄本的工作，所以的确有不完整的戒抄本流传。但从道安的制三例的做法看来，当时僧人应该并没有依照这些戒抄本来修行，而当时也另有所谓"常行世戒"。但以上指的无疑是日常的戒律，而非受戒之羯磨，不然道安就不会有"未及检戒"之叹。因此当时应该有着不统一的戒律被遵守，或是各种节抄本，或是释慧远《外寺僧节度》和支道林《般若台众僧集议节度》等僧人自制的僧尼规范。

基于上述的问题，所以道安在长安一经接触持律的外国僧人昙摩侍，就请人译出戒本，并比对常行之戒以及自己保存的戒抄本，甚至希望删定以便实践。道安清楚地意识到所制的轨范只是权宜之策，更渴望得到完整的戒本作为僧团的指引。最早受戒羯磨成文的记载，仍然是 379 年道安请昙摩侍诵出并自行组织整理的《比丘大戒》。③ 出戒以后即流播江左，扬州谢镇西寺竺昙无兰以之为本、合二百五十戒本和诸常行戒三部而作《大比丘二百六十戒三部合异》。可见这一戒本可能一定程度上被遵行，但完整的十诵，仍要等到弘始七年（405）卑摩罗叉诵出，由鸠摩罗什译出。

综上所述，一些不完整的戒抄应该在 4 世纪间慢慢流传，形成所谓的"常行戒"。等到 4 世纪下半叶以道安和竺昙无兰等僧人开始重新整理戒本，形成比较可供

---

① 释僧祐：《出三藏记集》卷十一《比丘尼戒本所出本末序》，第 411～412 页。

② 《高僧传·道安传》："安既德为物宗，学兼三藏，所制僧尼轨范、佛法宪章，条为三例。一曰：行香定座上讲经上讲之法；二曰常日六时行道饮食唱时法；三曰布萨差使悔过等法。天下寺舍遂则而从之。"三例不一定都是戒律，但二例"常日六时行道饮食唱时法"应属戒律无疑，一例和三例也应有戒律的内容。以道安对戒律的重视，三例应该是道安以各种抄本为根据而制成。出自释慧皎《高僧传》卷五《义解二·道安传》，第183 页。

③ 《比丘大戒序》："自此偈以后，有布萨、羯磨及戒文。不复具写。"羯磨指的是受戒的仪式，这是第一次受戒仪式成文的记载。

依据的戒本，部分僧人可能也依循这些戒本受戒。但无论如何，可靠的受戒仍然要前往长安、洛阳、建康等大型僧团的所在地。因此掌握戒律和受戒仪式的佛图澄，对僧人有着无可比拟的吸引力。

早期僧人的受戒十分局限，在鸠摩罗什和昙无谶译出菩萨戒相关的大乘戒律以前，汉地只有小乘戒法。小乘戒法需要十位合格的比丘组成僧团羯磨（"三师七证"或"三师十僧"），才能受度。① 而完整的戒法又多掌握在口传戒律的梵僧手中，因此早期僧人多是师从梵僧、胡僧，或有驻锡洛阳、建康、长安等僧团所在地的经历，很有可能就是由此受度。这种情况很可能持续了很长时间，以致《续高僧传·明律试为论》记载道安慧远等人大明戒科仪范后，一些名寺才开始陆续设立戒坛以供游方僧受戒，可见早期佛教徒受戒是相当困难的事。这一情况很可能一直存在，因此太武灭佛虽只持续数年，但由于受戒地点和僧团都遭遇毁灭性打击，所以才有释志道北上更申受法之事。② 甚至到了唐初，山西某些僻郡仍然要到太原受戒。③ 可见受戒的地点往往十分受限，这也为后来官度的实施提供了可操作性。

佛图澄可能是长安、洛阳僧团以外，少有的掌握戒法的僧人。加之早期僧团本有的封闭性，④ 以及战乱所导致的僧团离散，所以佛图澄虽不事译经，但沙门仍不远千里来受业，佛图澄才能在邺十多年间，达成"受业追游常有数百，前后门徒几且一万"这种盛况。因此这些僧人只是从其受戒，而不是在邺城组成一个巨大的僧团。

---

① 十师授戒在当时实行的记载颇多，唐代的道宣回顾戒律之初时："（昙摩迦罗）以魏嘉平年至雒阳，立羯磨受法。中夏戒律始也，准用十僧大行佛法。"就以十僧，指称授戒之始；后秦时期的《关中近出尼二种坛文夏坐杂十二事并杂事共卷前中后三记》："又授比丘尼大戒，尼三师、教授师，更与七尼坛外问内法。……年满二十，直使女三师授之耳。威仪俯仰，如男子受戒法无异也。受戒后周一年无误失，乃得受戒。五百戒后受戒时。三师十僧，如中受时，直使前持律师更授二百五十事。"说明比丘尼和比丘一样使用三师十僧的羯磨法授戒。敦煌文书中也有一件西凉时期的授戒文书，同样以三师十僧组成羯磨以授戒。见道宣《四分律删繁补阙行事钞》卷二《随戒释相篇》，CBETA，Q1，T40，no.1804，p.51c5 - 6；释僧祐：《出三藏记集》卷十一《关中近出尼二种坛文夏坐杂十二事并杂事共卷前中后三记》，第418～419页。另见英藏敦煌文献 S.797 建初元年（406）《十诵比丘戒本》。

② 事见释慧皎《高僧传》卷十一《明律·释志道传》。

③ 释道宣著，郭绍林点校《续高僧传》卷第二十《习禅五·释昙韵传》，中华书局，2014，第758页。

④ 陈志远认为两汉西晋的洛雍僧团，主要由外来侨居的西域僧人和本地在家信众组成，具有较大的封闭性。长安僧团的位置更接近西域，其组成应该和洛阳相似或更甚。西晋末年的佛教虽有一定士人化的倾向，但更多是思想上的传播，洛雍僧团的封闭性并未因此打破，4世纪上半叶也较少关东僧人西行驻锡的记载。参见陈志远《孔释兼弘——东晋南朝的佛教经院与士人文化》，博士学位论文，北京大学，2013，第16～32页。

其门下弟子大多是关东出身，所立之数百寺很可能就是所度诸僧所立。石氏父子对佛图澄的尊崇，很可能就基于该情况下他所拥有的巨大名望和影响力，可以借以辅助其统治。①

三　授戒与佛教发展

以往研究把道安、法雅等诸多活跃于 4 世纪的名僧，都视为佛图澄的弟子，但却没有他们互动，甚至生活在邺城的记载。这除了游方访学的原因外，只有放在亲教师和依止师的框架下，才能理解为何诸高僧都有师从佛图澄的记载，却没有受经或互动的记载。以下就以道安与佛图澄为中心，对戒律大行前的僧人受戒情况做出新的诠释。

《高僧传》称佛图澄"酒不逾齿，过中不食。非戒不履，无欲无求"，佛图澄对当时戒律多有所正，② 可见其人不单戒行澄洁，而且精通戒律。除此之外，比丘尼传有佛图澄为比丘尼授戒的记载。③ 是时中土未有比丘尼戒，只能受持十戒，或受持僧戒。尼戒较僧戒更严，这种受戒不全的情况也易被人责难，而安令首尼等仍依澄公为和上，说明他在戒律方面有着很高的权威。安令首尼出家后，因其出家者二百余人。按说比丘尼一般交往的也是女性，所以两百多人应当也是尼众，代表佛图澄也为不少比丘尼授戒。④

道安师从佛图澄的记载，最早见于《安和上传》，⑤ 此后又见于《十六国春秋》和《高僧传》。《高僧传·义解论》：

> 中有释道安者，资学于圣师竺佛图澄，安又授业于弟子慧远。惟此三叶，世不乏贤。并戒节严明，智宝炳盛。⑥

---

① 石勒早年屯兵葛陂之时，就已有杀戮沙门之事，可见当时沙门已有一定规模，只是不确定有否受大戒。
② 参见释慧皎著，汤用彤校注，汤一玄整理《高僧传》卷九《神异上·竺佛图澄传》，第 412 页。
③ 释宝唱著，王孺童校注《比丘尼传校注》卷一《伪赵建贤寺安令首尼传二》，第 7 页。
④ 释宝唱著，王孺童校注《比丘尼传校注》卷一《伪赵建贤寺安令首尼传二》，第 7 页。
⑤ 为《世说新语注》所征引，因此这书最晚为 5 世纪作品。
⑥ 释慧皎著，汤用彤校注，汤一玄整理《高僧传》卷七《义解五·论》，第 343 页。

道安本人也称佛图澄为"澄和上"，因此道安以佛图澄为师无误。但道安在佛图澄前已从师受经，后又受业于太阳竺法济、并州支昙。此论却系佛图澄为师，且强调"戒节严明"。道安更随澄公以其姓，[①] 可见佛图澄乃其戒师。此外，道安在《比丘大戒序》中提及佛图澄：

> 大法东流，其日未远。我之诸师始秦受戒。又之译人，考校者鲜。先人所传，相承谓是。至澄和上，多所正焉。余昔在邺，少习其事。未及检戒，遂遇世乱。每以怏怏，不尽于此。[②]

里面就提到佛图澄对中土戒律多有所纠正。而道安自言"余昔在邺，少习其事。未及检戒，遂遇世乱"，说明邺城是少有传承戒律的地方，以至于道安离开邺城以后多方访学，却未能再获戒律。所以结合"至澄和上，多所正焉"，说明佛图澄是当时中土少有传承并精于戒律的高僧。正是如此，才能在战乱不断、受戒不易的情况下，造就"受业追游常有数百，前后门徒几且一万"的盛况。

受戒数目巨大在当时其实并不少见，特别是新出戒之时。刘宋僧果尼请僧伽跋摩立戒坛时，重受戒者有三百余尼。[③] 北凉昙无谶译出《菩萨地持经》后，千余人从其受瑜伽菩萨戒；[④] 后秦鸠摩罗什出《梵网经》时，慧融和道影及三百人等，即从其受梵网菩萨戒。[⑤] 所以每次出戒，都会有大批人受戒或重受戒。以上都是 5 世纪初之事，而且只限出经以后第一批受戒的僧尼。可以设想在戒律更缺乏的 4 世纪初，可以授戒，甚至拥有戒本的佛图澄无疑是罕有的存在。即使记载有所夸张，近万弟子不一定全数从其受戒，但三十多年间授戒千数却是可以设想的。

僧人先出家，而受戒于他师，在当时也是常见的事。道祖少出家为台寺支法济弟子，后受戒于卢山慧远；竺法潜师事刘元真，却冠姓以竺，可见另受戒于其他竺

---

① 《高僧传·道安传》："有别记云：河北别有竺道安，与释道安齐名，谓习凿齿致书于竺道安。道安本随师姓，竺后改为释。世见其二姓，因谓为两人，谬矣。"出自释慧皎著，汤用彤校注，汤一玄整理《高僧传》卷五《义解二·道安传》，第 185 页。

② 陈志远和任继愈改"秦"为"奉"，但诸本皆作"秦"，因此不宜改字。道安所作之序多以"秦"代表中土，有"秦言""秦土"之语。所以此处应理解为，"我受学的诸师，是中土第一批受戒的人"。

③ 参见释宝唱著，王孺童校注《比丘尼传校注》卷二《广陵僧果尼传十四》，第 88 页。

④ 参见释慧皎著，汤用彤校注，汤一玄整理《高僧传》卷二《译经中·昙无谶传七》，第 79 页。

⑤ 参见僧肇《梵网经序》，CBETA，Q4，T24，no. 1484，p. 997b2 – 3。

姓僧人；昙无竭幼为沙弥，却在西行路上，于檀特山南石留寺受大戒；昙无成和僧导都是年少出家，但年未具戒就赴长安受业，应当也是后来在当地受戒。道安之师就为了让其受戒，而促其游学，① 可见受戒本身也是游学的目的之一。总而言之，很可能早期沙弥年至具戒，受限于受戒条件的局限，会到长安、建康等僧团所在地受戒，此后再游方访学，又或建寺隐居。

由于授戒需要一定规模和戒腊的僧人组成羯磨，能诵律羯磨的僧人又多为梵僧。在战乱不断的十六国时期，能够授戒的地点其实非常有限，只有长安和建康等地可以不断维持一定规模的僧团。以姚兴治下的长安为例，姚兴可以一时集八百义学僧，后更集三千义学沙门，什公门下僧三千。这些僧人可以参与译经与论学，又号以"义学僧"，说明是已受具戒的僧人。这表示长安一带集聚了数量巨大的僧人，他们又往往是在长安受戒与受学，这使当地僧团发展形成良性循环。相较长安动辄上千的僧人数目，当时除道安集法汰等同学有数百僧众外，② 少有人数上百的僧团，更勿论人数可能还包含沙弥在内。进一步观察的话，可以发现 4 世纪上半叶，关东出身的僧人多曾驻锡邺都，却少有访学关内的记载。到了 4 世纪下半叶，出身关东的僧业、慧询、道融等人，却纷纷远赴长安受业鸠摩罗什。这不单因为鸠摩罗什带来和译出的经论，可能也是石氏之乱后关东僧团破散，关东的僧人也要往长安受戒。

这些掌握授戒文本和仪式的僧人，往往也因此受到君主尊崇。道安在东晋时就被孝武帝所供养，入关以后甚至被符坚谘以国事；道安的同学僧朗甚至有着五帝谘请的佳话，苻坚也批示僧朗僧团不在僧人清汰之列；慧远等熟识戒律的僧人甚至辅助帝主清汰和管理僧人，被姚兴任命为僧主，主管全国僧人。③ 这都可见授戒是政权借以控制佛教的着力点，也是后来政权借度僧以控制佛教的先声。

---

① 这句为"后为受具戒，恣其游学"，前接道安诵经不忘，而令其师惊异之事，因此似乎可以解读为其师为其授戒。但高僧传未有"为受"的用法，受戒多用"受戒于""从受戒法""依"。解为"为其授戒"则主语和宾语皆失，且前句皆无，而后句有宾无主。所以此句应释为"后来为了具戒，而其师恣其游学"。加之道安未受具戒时，就与僧先遇于逆旅。"恣其游学"一说，沙弥一般不能不外出，则道安此时应是在未受戒而游学之时。参见释慧皎著，汤用彤校注，汤一玄整理《高僧传》卷五《义解二·道安传》《义解二·僧先传》，第177、194～195 页。
② 这也很大程度上继承了邺城僧团的遗产，很多佛图澄的弟子后来就加入了道安的僧团。
③ 整个南北朝的僧主或沙门统，都是由律僧出任。

四 结论

4世纪作为汉传佛教重要的转型期，开始脱离汉魏佛教的诸多特征，逐渐成长为一个独立而具开放性的宗教。但这一过程无疑是缓慢的，而戒律的传播和发展，正是这一过程的重要侧面。佛图澄的发迹不单只是以道术而媚上的例子，毕竟历代因道术而得宠的道术士不计其数，但主要活动都是以服务于君主个人为主，少有同时进行大型弘法。因此拥有极大名望，且传业出家弟子过万，可谓绝无仅有。与之吊诡的是，佛图澄不但没有向大众展示道术的记载，反而有着授戒、讲法的记载，因此不能简单用道术以惑众来解释。这应该放在"戒师"这一脉络下理解他的成就，而且也和"大和上"的称号相吻合。

佛图澄的出现，标志着授戒中心不再局限于长安、洛阳等传统僧团的所在地，且传法对象也进一步以中土人士为主，不再局限于侨居胡人，也表示经教式的佛教开始走向全国。以道安为首的部分佛图澄弟子，由于管理大型僧团的需要，愈发重视戒律的传译和实践。而政权也借由资助供养授戒师，并借以增加政治合法性的目的，最终发展出僧官制度，以律僧为僧官，以达到控制佛教的目的。

敦煌写卷《百法忠疏》考述

演 真

【内容提要】 国内唯识学界较少关注义忠《大乘百法明门论疏》的敦煌写本系统。笔者基于文献、目录学的视野，并结合学界现有的研究成果，确定除了马德发现的敦煌市博物馆藏082号、上海博物馆藏60号两件写卷外，法国国家图书馆藏 P. 2325V^0 号及中国国家图书馆藏 BD04406 号两件敦煌写卷同样也是唐代唯识学者义忠的著作。

【关键词】 敦煌写卷 P. 2325V^0 BD04406 《百法忠疏》

【作 者】 演真，中国佛学院讲师，2023 级在读博士研究生。

随着《百法义记》《百法义决》等敦煌残卷的大量发现，学界对唐代唯识学圆测系昙旷等人的关注和研究都相当充分了。相对而言，唐代唯识学的另一个重要人物——义忠则极少有人注意。目前学界对于义忠《大乘百法明门论疏》（以下简称《百法忠疏》）的研究仅有日本学者高峰了州的《〈大乘百法明门论〉注释的研究和新出〈义忠疏〉》[①]以及日置孝彦的《关于金泽文库保管〈大乘百法明门论疏〉》[②] 两篇论文。

其中，高峰了州的研究进路是：《大乘百法明门论》（以下简称《百法论》）翻译时间——《百法论》不同注疏——《大乘百法明门论解》（简称《百法解》）和普光《大

---

① 高峰了州『「大乘百法明门论」の注释的研究と新出「义忠疏」』『竜谷学报』1939 年 3 月第 324 号，第 12～28 页；高峰了州『「大乘百法明门论」の注释的研究と新出「义忠疏」』『竜谷学报』1940 年 3 月第 327 号，第 39～52 页。

② 日置孝彦『金泽文库保管「大乘百法明门论疏」について』神奈川县立金泽文库编『金泽文库研究』第 26 卷第 2 号（通卷 262）、1980 年 3 月、第 11～16 页。

乘百法明门论疏》（简称《百法光疏》）——金泽文库甲乙两本《百法忠疏》简介——《百法忠疏》的组织架构与内容——《百法忠疏》的独特价值——不同《百法论》注疏的立场及所属体系。他从组织架构和有关概念等方面对金泽文库藏本《百法忠疏》和其他《百法论》注疏进行横向的对比分析，揭示义忠的唯识学立场，以此凸显《百法忠疏》的思想价值。

相对而言，日置孝彦《关于金泽文库保管〈大乘百法明门论疏〉》的篇幅较为短小。其内容主要包括两大部分：第一部分为《百法论》概说，第二部分从版本学横向对比了金泽文库和西教寺两种抄本《百法忠疏》的不同特点。此论文的主要贡献将西教寺藏本《百法忠疏》纳入学术界的研究视野。

以上是日本学者基于本土写本《百法忠疏》的研究。一方面，国际敦煌研究领域的专家虽然也偶尔涉及写卷《百法忠疏》，但是由于专业素养等限制和隔阂，导致他们在写卷内容、命名及作者的判断等方面不无失误。另一方面，唯识学界也没有足够关注敦煌及写本领域相关的研究成果。

笔者不揣谫陋，基于学界现有的研究成果，并仔细翻检、核对《法藏西域敦煌文献》①、《国家图书馆藏敦煌遗书》②、《上海博物馆藏敦煌吐鲁番文献》③、《甘肃藏敦煌文献》④ 和《敦煌宝藏》⑤ 等资料，确定法国国家图书馆藏 P.2325V⁰ 号、中国国家图书馆藏 BD04406 号、敦煌市博物馆藏 082 号、上海博物馆藏 60 号，共 4 件敦煌写卷均为《百法忠疏》。其中，前两件为笔者新发现或新确定，后两件为马德老师所确定。现将敦煌写卷《百法忠疏》的基本情况略述如下。

一 新发现法图藏 P.2325V⁰ 写卷

法国国家图书馆藏 P.2325V⁰ 号卷子为卷轴装，正面卷幅（长×宽）：（45.5 + 1.5）cm×（28.5 + 5）cm。共有 21 纸，每纸 28 行，行 24~26 字，正反两面共记载

---

① 法国国家图书馆编《法藏敦煌西域文献》第 12 册，上海古籍出版社，2000。
② 中国国家图书馆编，任继愈主编《国家图书馆藏敦煌遗书》第 59 册，北京图书馆出版社，2007。
③ 李伟国编《上海博物馆藏敦煌吐鲁番文献》第 2 册，上海古籍出版社，1993。
④ 段文杰主编《甘肃藏敦煌文献》第 6 卷，甘肃人民出版社，1999。
⑤ 黄永武主编《敦煌宝藏》第 105 册，新文丰出版公司，1984；黄永武主编《敦煌宝藏》第 119 册，新文丰出版公司，1985。

了三种不同的文献。其中正面为《法句经疏》和《金刚五礼》，^① 其中第1纸和最后一纸（第21纸）皆为粗体楷书（图1），而中间的19纸则是纤细的行草（图2），二者的书写风格截然不同。此外，以上写卷的纸张存在明显的色差和拼接痕迹，其拼接部位抄写的内容也有重复之处。可见，首尾两纸及中间19纸的抄写工作并非一人一时完成。很可能是抄写者根据原件缺失部分补抄相应内容，然后再将二者拼合的结果。^② 根据常理，中间行草书体19纸似乎是原件，时间较早，而首尾补抄的两纸时间较晚。

图1 法图藏 P. 2325V⁰ 号《法句经疏》第1、2纸

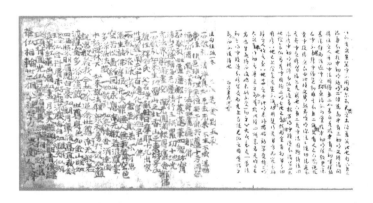

图2 法图藏 P. 2325V⁰ 号《金刚五礼》

---

① 上海古籍出版社出版的《法藏敦煌西域文献》将此文命名为"金刚五礼"和"释迦牟尼佛赞"，笔者仔细核对原文，实为佛门中礼敬三身佛的一段忏文，不妨随顺写本原题"金刚五礼"似妥当。详见法国国家图书馆编《法藏敦煌西域文献》第12册，第29页。

② 详见法国国家图书馆编《法藏敦煌西域文献》第12册，第20页。彩色照片参见中国国家图书馆公布 P. 2325 号写本。

纸背为 P. 2325V⁰ 号写卷，① 首尾俱欠，行草字体，共 4 纸，存 34 行，每行 22～25 字不等。大概是因为 P. 2325V⁰ 号文献位于《法句经疏》的背面缘故，《法藏敦煌西域文献》的编辑者没有仔细求证，想当然地认为此内容是对正面文献《法句经疏》的解释，于是将其命名为"法句经疏补记"。

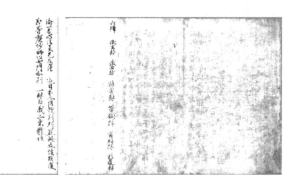

图 3　法图藏 P. 2325V⁰ 号写卷第 1、2 纸

图 4　法图藏 P. 2325V⁰ 号写卷第 3、4 纸

事实上，该卷的第 1 行为法相唯识学中有关六离合释的杂写："六释：依主释、依士释、持业释、带数释、有财释、相违释。"② 而从第二行开始为《百法忠疏》中随标别列七门分别中"二出体性""三辩假实""四三性分别"三部分的节略抄写。③ 第 2～34 行有关《百法忠疏》的录文内容如下。

①　《法藏敦煌西域文献》第 12 册第 30～31 页及《敦煌宝藏》等 119 册第 262～263 页均收录了 P. 2325V⁰ 号写卷的图影。

②　详见 P. 2325V⁰ 第一行。《法藏敦煌西域文献》第 30 页、《敦煌宝藏》第 262 页均收录了图版。

③　《敦煌宝藏》将 P. 2325V⁰ 背面命名为"百法述（拟参见北七二三八号）"，详见黄永武主编《敦煌宝藏》第 119 册，第 262 页。北七二三八号即 BD04406，黄永武虽然已注意到了 P. 2325V⁰ 号与 BD04406 号写本之间的关系，可惜他没有进一步揭示出 BD04406 的作者和本论的原名。见 P. 2325V⁰ 号图版图 3、4。

2. 论：一者心法至无为法。述曰：第二随摽别列，然此五法虽复

3. 义等尘沙，略以七门分别：一释名义，二出体性

4. 第二出体性者，略有二种：一、有为无为出体，二、三科出体。有为无

5. 为出体者，前之四种有为为体，第五一种无为为体。三科出体者，

6. 谓蕴处界。所言蕴者，即是五蕴。第一心法，识蕴为体。第二

7. 心所及不相应，除受想二，行蕴为体。受想二种，受想为体。

8. 第三色法，色蕴为体。第五无为非是蕴摄，体非积聚，义差

9. 别故。或诠无为，能诠名等亦是积聚。若依此解即是行蕴

10. 中名句文三及色蕴中声蕴所摄。所言处者，即十二处。第一

11. 心法意处为体。第二心所及不相应。第五无为并是法处少分为

12. 体。第三色法即分为二：初十种色，十处为体。后法处色亦用

13. 法处少分为体。言界者，即十八界。第一心法，七心界为体。

14. 第二心所及不相应、五无为各用法界一分为体。第三色法亦

15. 分为二：初十种色十界为体。后法处色亦用法界一分为体。

16. 第三辩假实者，此五法中从种生者，名实。依他立者，名假。

17. 真如虽非从自种起，亦名为实。不依他故。第一心法唯是

18. 实有。第二心所中，遍行别境唯是实有，善十一中前八是实，

19. 后三是假，行舍不放逸四法分故，不害一种，无嗔分故。

20. 六烦中，五是实有，恶见是假，染惠分故。随烦中，初十小

21. 随唯是假有，依他分故。忿恨恼嫉害此五，嗔家一分。覆诳及谄贪

22. 痴一分，悭二种，唯贪一分，理实亦有痴分所摄，随增说故，且

23. 言贪分。中随二唯是实有，有处亦说贪嗔痴分随他相

24. 说，非世俗有。大随八中三假有，谓不正知、失念、放逸，恶惠及念

25. 四法分故。不信懈怠定是实有，掉举昏沉散乱三，有义是实，有义是①假

---

① "有义是实"中"有义是"三字右加有重复符号，在"实"字右加"假"字。可知是抄写中省略的写法。

26. 实者为正。不定四中，初二是实，有义是假。前解为胜。后二

27. 定是假有，思惠合，成圣所说故。第三色法五根香味唯是

28. 实有。色声触三通于假实，法处一种亦通假实。第四不相应行

29. 唯是假有，三分位故。第五无为中，初五唯假，依真如故。后一唯

30. 是实有[①]不依他故，名实有。假实讫[②]

31. 四三性分别者，第一心法中前六转识并通三性。七末那有四或故，

32. 有覆无记。八赖耶，无覆无记。若至佛果，此二唯善。第二心所中

33. 遍行、别境俱通三性。十一善法唯是善性，非无记染。烦六中嗔

34. 唯不善，余通有覆。又此五中若俱生者，助发恶行，亦不善摄。

    对比初刻南藏本《百法忠疏》发现，这部分内容的抄录相当随意，原论中所谓七门分别："一释名义，二出体性，三辩假实，四三性分别，五界地有无，六有漏无漏，七问答料简。"抄录者仅仅抄写了前两门的名字，便草草作罢。接着空置了将近一纸的空间略过释名义这部分内容，径直从"第二出体性者"开始至"亦用法界一分为体"结束，中间省略了"虽此蕴等摄此百法……上来第二出体性门讫"[③] 这部分内容。而后预留了大约 7 行的空白，径直从"第三辩假实者"至"实有不依他故，假实讫"结束，漏掉了"又上五种名义俱假真如一种名假体实离言诠故上来辩"这部分内容。第四三性分别门从"四三性分别者"开始至"助发恶行亦不善摄"结束。

---

① "实有"被涂掉，右缝隙旁加写"假"字。

② P. 2325V[0]写卷的第 30 行的抄写相当敷衍，对照《初刻南藏》本《百法忠疏》原文应当为："是实有不依他故又上五种名义俱假真如一种名假体实离言诠故上来辩假实讫"。另见（唐）义忠《大乘百法明门论疏》，《洪武南藏》第 205 册，四川省佛教协会，1999，第 240 页上。

③ 《大乘百法明门论疏》卷 1："虽此蕴等摄此百法，未知三科其义云何？所言蕴者，积聚为义，具十一种名为积聚，一过去、二未来、三现在、四内、五外、六近、七远、八胜、九劣、十粗、十一细，一一皆应置五蕴言。或一一蕴有多细分，共聚名蕴。此解虽无文说理亦应通。虽处界等亦是积聚，生门、种族增故，偏说处、界。二名相滥失。所言处者，生长义。处名之为处，即六种识依内六根，缘外六境而得生长，名之为处。所言界者，即是因义，中间六识，藉六根发，六境牵生，与识为因，识生诸法，故名为界。问：此三科中法既无别，何故蕴开为五，处开十二，界开十八？答：有三解：一云根有三品，谓上中下。二云乐有三品，谓即乐略及中广故。三云迷有三类，一迷心所，不迷心王，不迷色法，故说五蕴。二迷色法，不迷心王，不迷心所，说十二处。三迷色心，不迷心所，说十八界。有此所因，故说三科，数各不同，更有余义，如别处说。上来第二出体性门讫。"详见（唐）义忠《大乘百法明门论疏》，《洪武南藏》第 205 册，第 237~238 页。

二 新确认国图藏 BD04406 号写卷

中国国家图书馆藏 BD04406 号写卷，千字文编号为崑 006，拟名为《大乘百法明门论述记》。该卷写卷为卷轴装，正面卷幅（长×宽）为（654+5.5cm）cm×28.5cm，17 纸，每纸 27 行，每行 24~26 字不等。共 446 行，其中第 1、15、16、17 纸有残破。（图 5）此写卷为行楷字体，较易辨认。而此写卷背面还有两个文献，第一个为《百法义记》存 23 行，首残尾缺。第二个文献为《大乘百法论随听手记》，存 62 行。

图 5 国图藏 BD04406 号写卷第 1、2 纸

20 世纪伊始，敦煌藏经洞文献发现之初，此写卷就引起学界的注意。中国敦煌目录学者李翊灼在《敦皇石室经卷中未入藏经论著述目录（附按）》中如此描述："百法论述义 崑字第六 一卷。翊灼案：此卷残佚太多，不可考辨矣！"[①] 彼时海内已知的大藏经均未收录《百法忠疏》，而收录此论的《初刻南藏》尚不为世人所知。加之国图藏 BD04406 号写卷首尾俱残，以致在南京支那内学院研究唯识学经年的李翊灼也没有判断出此写卷的真实情况。

---

① 李翊灼：《敦皇石室经卷中未入藏经论著述目录（疑伪外道目录附）》，《古学汇刊》第 3 编第 1 集合目录类，上海国粹学报社，1912，第 7a 叶。次年，又在《佛学丛报》登出。见《佛学丛报》第 8 期，1913 年 10 月，第 9 页，收入黄夏年主编《民国佛教期刊文献集成》第 3 卷，全国图书馆文献微缩复制中心，2006，第 213 页。后被收入张曼涛主编《现代佛教学术丛刊》第 60 册，《佛典译述及著录考略》，大乘文化出版社，1978，第 343 页。

进入20世纪80年代，有两位敦煌学研究领域的专家几乎同时关注到此写卷。台湾学者黄永武在主编的《敦煌宝藏》第105册中将此写本命名为“百法述”，① 并指出 P. 2325V⁰与BD04406号写卷的内容属于同一部论著。② 不过，黄永武始终没有廓清这两个写本的作者及内容两项基本信息。

差不多同一时期，日本学者上山大峻对敦煌新出的唯识系论疏进行了较全面的检讨，这件长达17纸的写卷自然引起了他的注意。可能因为专业素养和视野的隔阂，他对BD04406号写卷的研究存在不少瑕疵。首先，他将此写卷归入“中原未传的古逸本论疏”之列就未免有失严谨。事实上，明《初刻南藏》收录有此疏（即《百法忠疏》）③的完整内容。另外，1935年7月，南京支那内学院也曾经刊行过单行本，题名为《百法明门论忠疏》。④ 这怎么算是“中原未传”呢？

其次，关于本写卷第246～248三行的偈颂“依止根本识，五识随缘现，或俱或不俱，如涛波依水。意识常现起，除生无想天，及无心二定，睡眠与闷绝”，上山大峻并不清楚其出典。不过紧接着偈颂的下文提及了《百法决》，⑤ 于是，他想当然地认为以上二者就是《新编诸宗教藏总录》卷三著录的窥基《百法论决颂》，而此偈颂正是出自《百法论决颂》。事实以上偈颂出自世亲菩萨的《唯识三十颂》，⑥ 至于写卷中提及的《百法决》，笔者也认为是窥基的《百法论诀颂》。因此，上山大峻倾向于认为BD04406号写卷的作者是窥基本人或者是他的继承者。

另外，虽然缺乏直接证据，不过他认为晏法师《大乘百法明论义章》（简称《百法论义章》）中所提及的窥基“大章”就是崑六《大乘百法明门论疏》。⑦ 事实上，晏法师《百法论义章》中“大章”是指《大乘法苑义林章》，⑧ 晏法师简称之为

---

① 参见黄永武主编《敦煌宝藏》第105册，第26～35页。

② 参见黄永武主编《敦煌宝藏》第119册，第262页。

③ （唐）义忠：《大乘百法明门论疏》，《初刻南藏》（现藏四川省图书馆）千字文号法八、九帙。1999年，四川省佛教协会缩印《初刻南藏》，命名为《洪武南藏》，被收入第205册。详见（唐）义忠《大乘百法明门论疏》，《洪武南藏》第205册，第231～291页。

④ （唐）义忠：《百法明门论忠疏》，支那内学院，1935。

⑤ 见BD04406号写卷第10纸，第246～248行：“由此颂言：依止根本识，五识随缘现，或俱或不俱，如涛波依水。意识常现起，除生无想天，及无心二定，睡眠与闷绝。更有余义，如《百法决》中说”。详见中国国家图书馆编，任继愈主编《国家图书馆藏敦煌遗书》第59册，第237页。

⑥ 〔印〕世亲著，（唐）玄奘译《唯识三十颂》，《大正藏》第31册，第60页下。

⑦ 上山大峻「敦煌新出の唯识系论疏」『竜谷大学論集』1986年6月通号428，第124～128頁。其修订版收入上山大峻《敦煌佛教研究》，京都：法藏馆，1990，第378～383页。

⑧ （唐）窥基：《大乘法苑义林章》，《大正藏》第45册。

"大章"。

最后，关于 BD04406 号写本的录文，上山大峻整理出了第 66～104 行的内容。① 不过错误很多，例如首行 66 行其录文"举一心法，略为八种"，"举"和"为"二字当为"第""有"的误录，其余错误，笔者不再一一枚举。②

以上两位敦煌学研究的专家都因为不擅长唯识学而与《百法忠疏》失之交臂。另外，王雪的硕士论文《敦煌本〈大乘百法明门论开宗义记〉文献学研究》在考察 BD04406 号背 1 号文献《百法义记》时，确定正面内容为义忠的《大乘百法明门论述》，③ 而事实上此疏的题名应当为《大乘百法明门论疏》。也许她清楚此文献就是《百法忠疏》，遗憾的是没有再复核刻本原论，致使当面错过揭示此论庐山真面目的宝贵机会。

国图藏 BD04406 号写卷内容对应《百法忠疏》"第二随标别列"中"四三性分别、五界地有无、六有漏无漏、七问答料简"、"第三问答前后"以及"第四别标重解"的"一最胜能缘门"的全部、"二共胜同缘门"的绝大部分内容，即"第二心所中遍行别境俱通三性善十一……四覆者于自作罪恐失利誉隐藏为性能障不覆悔恼为业"④，国图条记目录推定此写卷年代为公元 8～9 世纪。⑤

除了以上两件写卷外，国内敦煌研究者马德最早确定敦煌博物馆藏第 082 号⑥以及上海博物馆第 60 号两件写卷也属于《百法忠疏》残卷，而且出自同一位抄经者的

---

① 上山大峻在「敦煌新出の唯识系论疏」相关部分内容的小标题写作"崑六 六六－一□三行录文"，而实际录文的首行却又标注为 65。不过笔者复核了《国家图书馆藏敦煌遗书》第 59 册《百法忠疏》的图版，上山氏整理的录文内容应当为 66～104 行。本写卷录文较多，笔者已经初步整理出来。不过因为论文篇幅所限，这里就不再附录。

② 上山大峻「敦煌新出の唯识系论疏」『竜谷大学論集』1986 年 6 月通号 428，第 124 页。其修订版收入上山大峻《敦煌佛教研究》，京都：法藏馆，1990，第 379 页。

③ 王雪：《敦煌本〈大乘百法明门论开宗义记〉文献学研究》，硕士学位论文，上海师范大学，2017，第 17～18 页。

④ （唐）义忠：《百法明门论忠疏》，支那内学院，1935，上卷第 9a 叶至下卷第 8a 叶。BD04406 号写卷第一张有残缺，笔者为了行文方便，从完整的第三行开始。事实上，在此之前的其第一行尚存"第七"二字，第二行存"佛果此二是善"六字。另外敦煌写卷内容与《初刻南藏》本《百法忠疏》内容相同，而支那内学院本补足了《百法论》原论文。此处本应该参照《初刻南藏》本，但因为恰好此部分内容存在严重的错简，因此，只能退而求其次选择支那内学院本。

⑤ 中国国家图书馆编，任继愈主编《国家图书馆藏敦煌遗书》第 59 册，附录第 14 页。

⑥ 马德原文作"敦博 083 号"写本，笔者仔细核对了《甘肃敦煌文献》第 6 卷相关图版内容，可能是马德的笔误，事实上应当为"敦博 082 号"，名为"草书佛典"的写本。详见段文杰主编《甘肃藏敦煌文献》第 6 卷，第 285～286 页。

手笔。不过由于中间有缺失部分，因此，这两个写卷在文本内容上并不连贯。①

三　敦博藏第 082 号写卷

根据荣恩奇为《甘肃藏敦煌文献》第 6 卷所编写叙录的介绍，敦煌博物馆藏第 082 号为单层白皮纸的草书残卷。卷幅（长 × 宽）为：86.8cm × 29.7cm。卷心高 25.2 cm，天头 2.3cm，地脚 2.2cm，乌丝栏宽 1.61cm，共 2 纸，每纸长 43.4cm。每纸 27 行，每行 20 ~ 23 字不等，总存 54 行，被命名为"草书佛典"。②（图 6）

据马德所整理改写卷的录文，并参照《初刻南藏》本《百法忠疏》，确定 082 号写卷的内容为《百法忠疏》"法处所摄色"之五门分别中"影质有无"（绝大部分③）以及分位建立门五门分别中"一释名"的一部分，④ 即"能缘体虽相离，为质能起内所虑托……一名二名多名能诠自性名曰名身一句"⑤。

图 6　敦博藏第 082 号写卷第 1、2 纸

---

① 马德：《敦煌草书本义忠〈大乘百法明门论疏卷下〉初识》，向群、万毅编《姜伯勤教授八秩华诞颂寿史学论文集》，广东人民出版社，2019，第 362 ~ 375 页。

② 荣恩奇：《叙录（第六卷）——敦煌市博物馆藏敦煌文献》，段文杰主编《甘肃藏敦煌文献》第 6 卷，第 368 ~ 369 页。

③ 对照《初刻南藏》本《百法忠疏》，敦博 082 号写卷仅缺失"第五影质有无"中 2 行，46 字，即"第五影质有无者，《唯识》第七说有二所缘：一亲二疏，若与能缘体不相离，是见分等内所虑托，应知彼是亲所缘缘；若与"。详见（唐）义忠《大乘百法明门论疏》，《洪武藏》第 205 册，第 281 页。

④ 对照《初刻南藏》本《百法忠疏》，敦博 082 号写卷仅有"一释名"的上半部分，即"一名、二名、多名能诠自性，名曰名身。一句"，缺失其后的内容，即"二句、多句能诠差别，名曰句身……不和合性返此，应知此后五种并无六释"。详见（唐）义忠《大乘百法明门论疏》，《洪武南藏》第 205 册，第 282 ~ 285 页。

⑤ （唐）义忠：《大乘百法明门论疏》，《洪武南藏》第 205 册，第 281 ~ 284 页。

四　上博藏 60 号写卷

上海博物馆藏 60 号写本为白麻纸，卷幅（长×宽）154cm×30cm，厚 0.055mm，卷心高 25.4cm，天头、地脚各 2.3cm。首尾具残，卷末有四处明显残痕，共 4 纸，96 行。[①] 每纸 27 行，长 43.5cm，每行 22～26 字不等，草书字体，乌丝栏，被命名为"百法述"。[②]（图 7）

上博藏 60 号写卷内容为《百法忠疏》"第四分位建立门"中五门分别的"二显差别"（大部分[③]）、"三诸教不同"、"四辩假相"、"五二谛分别"以及"第五显示实性门"的绝大部分，[④] 即"等亦是异生性之差别也，依已离遍静贪未离上贪，出离想作意为先，名灭分位建立无想定……第二出体性者，略有二种：一依识变，假施设有□□□□□□□□□□□□[⑤]别有虚空等解变为"。[⑥]

图 7　上博藏 60 号写卷第 1、2 纸

---

① 上博 60 号写卷第 4 纸卷末的第 96 行的字大部分缺失，尚残存"别有虚空等解变为"八个字。

② 参见李伟国编《上海博物馆藏敦煌吐鲁番文献》第 2 册《叙述》，第 15 页。

③ 对照《初刻南藏》本《百法忠疏》，上博 60 号写卷缺失"二显差别"中前一部分内容，即"第二显差别者，大论五十六云：问蕴分位各有几种……今助一解，或四生、五趣、六道、七识住、九有情居，四十二居止"。详见（唐）义忠《大乘百法明门论疏》，《洪武南藏》第 205 册，第 285 页。

④ 对照《初刻南藏》本《百法忠疏》，上博 60 号写卷缺失"第五显示实性门"最后大约 3 行内容，即"影像即用此相，以之为体。二法性假施设有，即以法性为彼六体故，唯识说此五皆依真如，假立真如，亦是假施设名，更有诸部不同，及释妨难，诸门分别，如余处说。上来初明百法答前问讫"。详见（唐）义忠《大乘百法明门论疏》，《洪武南藏》第 205 册。

⑤ 上博 60 号写卷最后一行（第 96 行）有残缺，对照《初刻南藏》本《百法忠疏》其缺失的 14 个字为："谓第六识曾闻说虚空等名随分别。"

⑥ （唐）义忠：《大乘百法明门论疏》，《洪武南藏》第 205 册，第 285 下～290 页下。

五　敦煌写卷评述

以上 P. 2325V⁰ 号、BD04406 号、敦博 082 号、上博 60 号 4 件敦煌写卷《百法忠疏》中，国图藏 BD04406 号写卷的价值最大。首先，从保存文献的内容来看 BD04406 号写卷存 17 纸，共 446 行，行 24～26 字。对应《百法忠疏》内容包括从"第二随标别列"中"四三性分别"直到"第四别标重解"的"二共胜同缘门"的绝大部分内容。

而 P. 2325V⁰ 号写卷存 4 纸，共 36 行，行 22～25 字，对应《百法忠疏》"第二随摽别列"的"一释名义"、"二出体性"、"三辩假实"以及"四三性分别"的开头。另外，此写卷并非原文全录，而是有选择的节录。敦博 082 号写卷共 2 纸，存 54 行，行 20～23 字不等。上博 60 号写卷也只共有 4 纸，存 96 行，行 22～26 字。从保存内容来看，P. 2325V⁰ 号、敦博 082 号、上博 60 号写卷三者的总量尚且不及 BD04406 号写卷的一半。

从四件敦煌写卷的品相来看，只有 BD04406 号写卷为行楷字体，利用卷子的正面抄写，态度严谨，少有错漏。敦博 082 号、上博 60 号写卷则都是草书抄写，辨识难度较高。而 P. 2325V⁰ 号写卷抄写在《法句经疏》的背面，抄经手使用更为随意的行草，有选择性地摘录其中部分内容，而且在被省略的部分留下了较大的空间。这显然是书写者有意为之。其余三件除了抄写错误，看不出抄经手主观省略的任何痕迹。

此外，以上笔者所介绍的四件敦煌写卷在内容上有较高的关联性。P. 2325V⁰ 号很可能是 BD04406 号写卷的补抄。P. 2325V⁰ 号写卷之末的第 31、32、33、34 共 4 行的内容为："四三性分别者，第一心法中前六转识并通三性，七末那有四或故，有覆无记。八赖耶无覆无记，若至佛果此二唯善。第二心所中遍行别境俱通三性，十一善法唯是善性，非无记染。烦六中嗔唯不善，余通有覆。又此五中若俱生者，助发恶行亦不善摄。"而 BD04406 号写卷首第 1、2 行残破，第 1 行仅存"第七"二字，第 2 行仅存"佛果此二善①"五字。

---

① 原文当为"佛果此二唯善"，抄写者漏掉了"唯"字。

从 P. 2325V⁰ 号写卷整体内容来判断，抄写者常常省略部分内容，"第七末那"，"第"字被省略，作"七末那"，"第八赖耶"被略为"八赖耶"与此用例相同。P. 2325V⁰ 号、BD04406 号写卷两相对照，再结合传世《百法忠疏》的原文，可知 BD04406 卷首第 1、2 行"第七""佛果此二善"正是"四三性分别者，第一心法中前六转识并通三性，七末那有四或故，有覆无记。八赖耶无覆无记，若至佛果此二唯善"两行的残余。也就是说 P. 2325V⁰ 号卷末 4 行内容正好可以补足 BD04406 卷首前两行所缺失的内容。

笔者推测 P. 2325V⁰ 号写卷很可能是针对 BD04406 号写卷的补抄本，其抄写年代在 BD04406 号写卷之后。这与法图藏 P. 2325V⁰ 号写卷抄写的《法句经疏》情况类似。从前文中分析可知 P. 2325V⁰ 号写卷中的第 1 纸、最后的第 21 纸在性质上属于中间行草书写 19 纸内容的补抄。

综合从所用纸张质地、卷幅、天头、地脚、界栏等相关数据以及抄写行款格式、所用字体书风等方面来判断，笔者也同意马德的判断即敦博 082 号和上博 60 号写卷的内容也高度关联，出自同一位抄经手。不过中间尚缺失以下内容："二句多句能诠差别名曰句身……四生五趣六道七识住九有情居四十二居止"。①

---

① （唐）义忠：《大乘百法明门论疏》，《洪武南藏》第 205 册，第 284～285 页。

释元贤《泉州开元寺志》的文献来源及校勘[*]

赖文婷

【内容提要】 释元贤所撰《泉州开元寺志》是该寺现存体例最完备、编纂最精良的寺志。该书保存开元寺千年之历史、历代高僧传记以及寺院赋税田产等资料，为梳理东南佛教史、研究寺院经济提供了珍贵的史料；所收录的碑刻、诗文，许多已不见于他处，可供补遗、辑录之用，文献价值不可忽视。但该书现存完整的民国刻本，校勘不够精良，讹误之处颇多；以之为底本点校整理，难免有所讹误。因此笔者分析该书的文献来源，校对其现存两个版本的异同，分析其版本优劣，以期为该书的整理提供参考，使人们更好地运用该寺志资料。

【关键词】 释元贤　泉州开元寺志　温陵开元寺志

【作　者】 赖文婷，福建省宗教事务服务中心助理讲师，福建师范大学文学院在读博士研究生。

引　言

泉州开元寺自古便被誉为温陵寺院之冠，始建于唐垂拱二年（686），迄今已有一千三百三十余年的历史。该寺的史志著作先后有四种：宋代许列所撰《紫云高僧传》、元代释大圭所撰《紫云开士传》、明万历间陈贞言所修的寺志、明崇祯

---

* 本文为江西省文化艺术科学规划一般项目"江西黎川寿昌禅系研究"（YG2021125）、江西省高校人文社会科学研究青年项目"江西寿昌禅系与赣闽区域互动研究"（ZJ21202）的阶段性研究成果。

间释元贤所撰《泉州开元寺志》（亦名《温陵开元寺志》）。前两种均为僧传，以人系史；后两种则是较为规范的寺志之作。其中，释元贤所撰的《泉州开元寺志》（以下简称《开元寺志》）后出转精，集前人之大成，体例上纲举目张，条例清晰；内容上取材广泛，考订详审，是该寺现存最完备、编纂最精良的寺志。该书保存了开元寺千年之历史，为研究福建佛教特别是泉州佛教的发展及寺院经济等，提供了重要的资料；书中所收录的诗文碑铭，能补传世文集之遗阙，有很高的文献价值。

释元贤所撰《开元寺志》，成书于崇祯十六年（1643）正月，约历时半年而成。结构上，该书采用了简单的平列分目，从建置、开士、艺文、田赋四方面来记载该寺之历史概况，各类目之间平行排列、互相独立而不统摄，故而简单明了、灵活多变。内容上，《建置志》效法传统方志的"建制沿革"，记载泉州开元寺的兴建时间、建筑规模及历代兴废沿革、寺院名号更易等事，以见一寺千年之发展梗概；《开士志》沿用释大圭《紫云开士传》之名，收录该寺自唐至明的高僧四十六人，人人系传，记载其籍贯乡里、生平事迹及才德品行，借以厘清该寺佛法传授的源流及脉络；《艺文志》收录与开元寺相关之诗文，共有碑记八篇、序跋六篇、偈颂八篇十七首、诗十一篇二十一首，内容或记寺院之兴废及修葺，或吟咏寺中之名胜祥瑞等；《田赋志》记录开元寺在各地山林田产的情况，对其原有数额、变卖数额、官府征收数额、现存数额等均有详细的记载。总而言之，建筑规模及寺产田赋，乃寺院立院之经济基础；贤人宿德，乃寺院之精神所在；碑铭诗文，乃寺院之掌故历史：均为一个寺院的重要构成部分，亦可见寺院千年来的兴衰之迹。四个部分后均附有释元贤之"论"，是对传统史籍"论赞"部分的借鉴，用以补充史实，抒发作者的感慨、观点。

释元贤的《开元寺志》是记载开元寺千年历史最为详尽的典籍，但对该书的整理研究却略嫌不足。首先，学界对于《开元寺志》的研究成果较少。20世纪80年代，有陈泗东《泉州开元寺志》（《泉州文史》）、李秉乾《略谈〈温陵开元寺志〉及其作者释元贤》（《福建省图书馆学会通讯》），对《开元寺志》的版本、释元贤的生平及其著述进行相应的介绍。其中，李文对《开元寺志》的崇祯本介绍颇详，价值较高；惜未曾将两个版本进行对勘，未发现民国本与崇祯本的出入；且未查明万历间修纂开元寺志的"止止陈公"，其名当为陈贞言，"止止"只是他的号。① 2012 年，吴英明曾撰《圆瑛法师〈泉州开元寺志·重刻序〉》(《福建史志》2012 年第 2 期）一文，仅对圆瑛法师的序文及重刻该书等事宜进行了阐述，对《泉州开元寺志》本身的研究尚显不足。其次，对该书的崇祯刊本重视不够。现今通行的《开元寺志》版本为民国时重刊本，而最早的刻本明崇祯刊本仅余残卷，现存于厦门大学图书馆中；因并非全本，未得到足够的重视。在对《开元寺志》进行整理时，往往会忽略与崇祯本的对勘。目前对《开元寺志》的点校整理，主要有泉州开元寺及台湾的《中华佛寺志丛书》② 两家，二者都以民国本为底本，对民国本的部分讹误之处并未发现并改正。基于此，笔者将崇祯本与民国本进行校对，列举出其中的不同之处并分析两个版本的优劣；另外，对释元贤撰写《开元寺志》的资料来源进行分析，为该寺志其他部分的校勘提供参考。

一 《泉州开元寺志》的文献来源

关于《开元寺志》的文献来源，释元贤在《自序》中称："凡元以前，一以《开士传》为据。后此则考之旧碑及陈氏《志》，且傍采他集，而益以耳目所睹闻者。错而综之，数以聚之。"③ 即释元贤该书元代以前的史料，主要取材于释大圭的《紫云开士传》；元以后的资料，则是在陈贞言所撰寺志的基础上旁征博引、广泛探访而得。具体而言，其资料来源有以下几种。

（一）元代以前的史料，大多取材于释大圭之《紫云开士传》

泉州开元寺的第一部僧史是许列所撰的《紫云高僧传》，但该书"率得于剽闻，傅�</会穿凿，琐细觕陋，不核其实，不语其精，而不著其大"④，被释大圭所讥，并在

---

① 未能查明陈止止即陈贞言者较多，下文所列《中华佛寺志丛书》亦为一例。陈贞言（1547～1637），字正智；其父号石泉，故别号仰石；后悟真止，复号止止。世居泉州城南。其生平事迹具弟子池显方所撰《陈止止先师传》中。

② 台湾"中国佛寺志数位典藏小组"对释元贤《泉州开元寺志》的整理点校本，见于《中华佛寺志丛书》第 11 部，台北：新文丰出版公司，2013。

③ （明）释元贤：《温陵开元寺志》，白化文、张智主编《中国佛寺志丛刊》第 106 册，广陵书社，2011，第 4～5 页。

④ （元）释大圭：《紫云开士传序》，《梦观集》第 10 卷，域外汉籍珍本文库编纂出版委员会编《域外汉籍珍本文库》第五辑集部第 18 册，西南师范大学出版社、人民出版社，2015，第 675 页。按，民国本《紫云开士传》卷首之释大圭序有阙漏，《梦观集》及《开元寺志》记载完整。

此基础上重撰《紫云开士传》（以下简称《开士传》）。自此，许书湮没不闻；至明崇祯间释元贤至开元寺时，已未见许氏书。释大圭"博极儒书，兼精内典"，[①] 其《开士传》一书释元贤评价极高，认为"其命意奇拔，其铸词典雅，允登作者之坛，称善史矣！"[②] 因此，释元贤重修开元寺志时，元代之前的资料大体取材自释大圭之《开士传》。具体体现有二。

1.《开元寺志·开士志》部分大体取材自《开士传》，而更加简约精练

释元贤对释大圭书的承袭，首先体现在名称的使用上：其书第二部分名为《开士志》，袭用了释大圭《开士传》之称；其次，《开士志》收录的46位僧人，有42位出自《开士传》，4位出自释元贤为《开士传》作的《补传》；再次，《开士志》中各位僧人的传记，释元贤也大体因袭《开士传》之文而更加简省。如"释文称"的传记，释元贤《开元寺志·开士志》记载如下。

> 释文称，仙游人。唐元和中（806～820）学佛于邑之仙苑。道资天成，不斫而器。咸通（860～874）初，州刺史闻师名，延致之。至则即寺东南造木塔五级。其所募但设器于四门，令施者日投其钱。佣直令其自取；有过取者，归辄迷途，无敢多取钱者。师性高洁，澹然自处，至未尝手泉布，影不出山者三十年。连背《金刚》，室为之生白。所蓄军持水常不涸，盥辄随寒燠宜。乾符三年（876）示寂，出殡，刺史缟素送之。师前嘱曰："必香烟绝处葬我。"及枢至其处，大雷雨作，香烟绝而枢已在石中，窍见可识。石之竦出者亡虑十尺，若偃月焉！于今禽鸟莫栖其上，俗呼"板头塔"云。[③]

释大圭《开士传》记载为：

> 文称师者，清源之开元东塔祖也。俗氏仙游。唐贞元时生。元和中（806～820）出就师邑之仙苑学佛，未几，得度具戒。道资天成，不斫而器。会昌民天下僧，称布衣萧然岩石间；大中诏复如初。时仙游为是州属邑，州刺史闻称有

① （明）何乔远：《闽书》第137卷，明崇祯刻本，第3页。
② （明）释元贤：《温陵开元寺志序》，《温陵开元寺志》，第2页。
③ （明）释元贤：《温陵开元寺志》，第53～54页。

道，部所属延致之。至则即寺之东南造木浮图五级，是年咸通初也。称使募施者州四门，日投钱其器；以归，内诸匮。佣直必匠身取之，过取则迷方，回遑不知所如也。六年，浮屠成，赐名"镇国"。九年秋，仓曹徐宗仁以佛舍利上都来，镇藏之。称于是终焉。称性高洁，澹然自处，至未尝手泉布，其影不出者三十年。连倍《金刚》，昼夜有飒飒声，室为之生白。所蓄军持出水实不涸，盥靧随寒燠宜，殆类天给侍之者。乾符三年（876）十二月廿九日化，年七十九。刺史缟素送之。称前嘱其徒："必香烟绝处葬我。"既而用其言，果然枢至，俄大雷雨作，视之，枢在石中，窍见可识。今犹呼"板头塔"。石之竦出亡虑十尺，若偃月然。禽鸟莫栖次其上，而往往瞻礼得乳香者。称之后，东浮图凡改造者再，今又不木而石矣。称得以世祖祠如生。门弟子弘则。①

对比可知，释元贤《开元寺志·开士志》中对禅师的介绍，大体依照释大圭《开士传》之文，有所删减改写。又如"释弘则"，《开元寺志·开士志》载：

> 释弘则，温陵人，师事文称于东塔。咸通三年（862），受具上都兴善，遂如荐福，传总律师《四分》。乾宁（894~898）初，府主王审邽以师秉戒坛事度僧。天祐二年（905），王延彬为创院居之，名曰"建法"，使授毗尼。学者咸会，众肃以和。师简素不求赢余，稍食亡有，虽王公予之膏腴不纳。延彬赠长句，有："莫怪我来偏礼足，萧宫无个似吾师。"师素少疾，一日忽剃浴，垂诫门人，遂瞑。②

释大圭《开士传》记载为：

> 弘则，林姓，温陵人。祖禄，晋名臣，因官家焉。则儿时，父缋以其有出尘志，令师事东塔文称，度之。咸通三年（862），受具上都兴善，遂如荐福，传总律师《四分》。广明（880~881）乱，乃还。乾宁（894~898）初，府主

---

① （元）释大圭：《紫云开士传》第1卷，民国十八年（1929）释超尘刊本，第2~3页。
② （明）释元贤：《温陵开元寺志》，第54~55页。

王审邦以则乘戒坛事度僧。天祐二年（905），延彬二年位于治，为院居则，使授毗尼，学者名其居"建法"，四方咸会，众肃以和。则简素不求赢余，稍食亡有，虽王公予膏腴，却不纳。延彬敬其为人，赠长句，有"莫怪我来偏礼足，萧宫无介似吾师"之语。则素少疾，忽剃浴，召门人戒曰："有生则灭，善逝格言；处顺安时，漆园雅议。吾今式当启手，甫近从心。尔等送终，宜去俗态，殓以常式，掩以旧龛，唯寂唯默，勿悲勿号，吾志无憾。"遂瞑。实梁贞明二年（916）正月七日也。阅世六十九年，坐雨者四十四。弟子良苑，以律教授法孙洛彦、本敷。彦以诵经苦节闻，敷一生不形喜愠，皆僧职。①

比较二书，上述情形不胜枚举，今不赘述。由此可知，释元贤《开元寺志·开士志》的内容大体取材自释大圭之《开士传》，甚至直接摘引其文辞而略作简省。省去部分大体为：传主家世背景、部分经历、部分法语法嗣等。《开士传》为僧史，故对僧人生平、生卒年、法嗣叙述详细，收录僧人数量亦较多；《开元寺志》为寺志，《开士志》仅为其中一部分，旨在存一寺之高僧耆宿，故收录人数较少，且记叙更为简约，或为文体不同而有所去取。

2.《开元寺志·建置志》部分元代及以前的史料，也大多出自《开士传》

除了在《开士志》部分大量称引释大圭《开士传》外，《开元寺志·建置志》中元代以前的材料，也大多取自《开士传》。如释文称建东塔事，释元贤在《建置志》"东塔"条下载：

东塔，号"镇国塔"。唐咸通②（860~874）文称禅师始作木塔，凡五级。作时，置大柜四衢待施者，至夕钱辄满。师云："每工匠日值百钱，可自取也。"有过取者，归辄迷途，后遂无敢多取钱者。咸通六年（865）木塔成，赐名"镇国"。七年（866），仓曹徐宗仁自上都来，以佛舍利镇塔中。③

该文内容大体出自上文所引释大圭《开士传》之"释文称"部分。又如对尊胜院的

---

① （元）释大圭：《紫云开士传》第1卷，第3页。
② 按，此处民国本《开元寺志》作"咸亨"，当误，今改为"咸通"，详见后文。
③ （明）释元贤：《温陵开元寺志》，第24~25页。

记载，《开元寺志·建置志》记载：

> 尊胜院，唐垂拱间（685～688）鼻祖匡护大师即桑莲处立院，宋改为十方教院。本观始立大悲阁，造千手眼观音像。绍兴二十五年（1155）灾，更主者六，皆草创不称。至庆元四年（1198），法瑄改作新殿，郡绅梁克俊、李谌实赞之，谌为之记。可遵、寿长、有朋主是院，俱有声。惟慎、太初二禅师出家于此。①

取材自《开士传》卷一"释法瑄"条下：

> 法瑄主尊胜，以宋绍熙五年（1194），朱守佺延之也。先是，熙宁间（1068～1077）本观建大悲阁，雕千手眼像其上。绍兴中（1131～1162）灾，更主者六，草创，祀香火不称。至瑄，改作新殿奉安之焉。庆元四年（1198）春始事，梁克俊、李谌合倡之。明年冬，殿成，谌为之记，云瑄有行解者。②

类似的情形，在《建置志》中较多，兹不赘举。要之，释大圭的《开士传》，不仅是释元贤撰写《开元寺志·开士志》部分的重要参考，也是该书元代及以前的重要史料来源，《开元寺志·建置志》亦征引其中的材料。

（二）元以后的史料，取材于陈贞言所撰之寺志，并旁征博引，实地探访

1. 元以后的资料，有些取材于陈贞言所撰之《开元寺志》

陈贞言撰写开元寺志，乃受黄文炳之委托，于万历二十五年（1597）成书。因该书"探考疏略，众中弗以为善"，书成后不到四十年，黄文炳之弟黄文照便请前来住持开元寺的释元贤重新修志，两部志书的年代相隔不远。释元贤自谓撰写《开元寺志》时，元以后部分"考之旧碑及陈氏志"。③ 则陈贞言所撰开元寺志，也是其书的资料来源之一。惜陈氏之书不传，也未见著录，其体例内容不得而知。

但有明一代，官方鼓励修志，曾在永乐十年和十六年分别颁布《修志凡例》，对地方志的修纂体例有明确的规定。在官方推动下，明代地方志发展进入繁盛时期，

---

① （明）释元贤：《温陵开元寺志》，第34～35页。
② （元）释大圭：《紫云开士传》第1卷，第1页。
③ 二则均见（明）释元贤《温陵开元寺志序》，《温陵开元寺志》，第3～4页。

并对佛教寺院志的编纂产生了较大的影响。"在明代方志编撰积极政策的影响下，大批僧侣、地方士绅、居士投身于佛教方志活动中。"特别是嘉靖、万历、崇祯三朝"为佛教方志的繁盛期"，"一方面出现了大量的佛教方志……另一方面，在撰述体例和手法上也颇为完善，传统方志较成熟的体例和撰述手法在佛教方志中得以使用"①。在此背景下，结合李廷机、杨道宾为陈贞言书撰写的序跋题名为《开元寺志序》《跋开元寺志后》，我们或可如是推测：陈贞言编纂的寺志，或为开元寺第一部较规范的寺志之作，且以《开元寺志》为名。其书或未尽善，但纪史之功不可抹灭，是释元贤撰修《开元寺志》之基础。

2. 兼采寺中碑铭石刻之文，及诸僧人文士之语录别集，并实地探访

《开元寺志·艺文志》部分收录了八篇石刻资料，都是曾存于开元寺中的碑铭石刻。如蔡一槐《开元寺弭灾颂功德碑》，于万历二十三年（1595）立石；黄凤翔《重修开元寺记》，于万历二十八年（1600）立石。这些碑记，有些后世无存，有些收入文集、金石志中。

《艺文志》中收录的序跋、偈颂、诗等文学作品，许多取材自僧人文士的语录、别集。如释大圭之诗文，《艺文志》收录有记二则、序跋二则、偈颂八篇，均见录于其《梦观集》中。释元贤住持开元寺后，曾获睹释大圭之《梦观集》及《紫云开士传》，或从其文集中收录部分诗文于寺志中。

《开元寺志》的《建置志》部分，按"现存建筑—已佚建筑—支院"之顺序，或详或略进行叙述；《田赋志》部分，按原额、变卖、赋税、现存田地为序，逐一记录寺产。此二部分内容，有非经实地考察探访而不可作者。

总而言之，释元贤在开元寺原有僧史、寺志的基础上，广泛吸收语录、别集、碑刻铭文等资料，并实地考察，探访耆旧，最终得以完成《开元寺志》之编纂。而上述几部分，正是明代佛寺志资料的主要来源。②

释元贤有较强的史学意识，对佛教寺志的认识较深刻，特别注重史志的实录精神，收集材料广泛，考辨精审，这些正是一部高质量史志著作的基础。曹刚华称元

---

① 均出自曹刚华《明代佛教方志研究》，中国人民大学出版社，2011，第15~16页。

② 曹刚华认为，明代佛教方志史料来源大致分为四种：一是佛教的文本文献，即经律论及僧人传记、语录、著述等；二是世俗社会的史料，包括文集、诏书等；三是民间传说和口头史料；四是碑刻资料。见曹刚华《明代佛教方志研究》，第130页。

贤为明代"探讨何为优秀佛教方志的集大成者"，[①] 通过对《开元寺志》体例安排及史料来源的探析，我们确实能体会到曹先生对其评价之高的原因。

二 民国本《泉州开元寺志》之讹误与校勘

释元贤《开元寺志》现存的刻本有两种：明崇祯间（1628～1644）刊本及民国十六年（1927）重刻本，二者前后相承。崇祯刊本是该书最早的刊本，仅厦门大学图书馆藏有残本。该残本情况为：四个部分中，《建置志》与《开士志》大体缺失漫漶，《艺文志》与《田赋志》相对保存完整。民国刊本是圆瑛法师重修开元寺之后，于民国十六年以黄守恭后人所藏崇祯本为底本重新刊刻印行。该本保留了明刻本的行款，但字体版式略有不同。民国本国内多家图书馆均有收藏，亦收入《中国佛寺志丛刊》《中国佛寺史志汇刊》《大藏经补编》《佛藏辑要》中。

1. 民国重刻本与崇祯本残卷的异文分析

民国重刻本是《开元寺志》现今唯一保存完整的刊本，文献价值极大。但该本的校勘却并不精良，有许多鲁鱼亥豕之处。将其与底本崇祯本残卷对勘，可发现两个刊本的不同大体有两种情况。

一是民国刊本有些字词的顺序与崇祯刻本不同。如胡器《重修法堂甘露戒坛记》一文中，崇祯本作"戒之得、戒之斗"，民国本作"戒之斗、戒之得"；黄凤翔《重修开元寺记》一文中，崇祯本作"公方洁仁明"，民国本作"方洁明仁"（黄凤翔《田亭草》亦作"仁明"）。此种错倒有数处之多。

二是因字形相近而出现的刊刻错误。字词顺序的颠倒或许不害文义，但民国本在翻刻过程中还出现了不少因字形、字音相近而产生的讹误。兹举《艺文志》中数例，如表1。

表1 崇祯本和民国本《艺文志》中的部分差异

	篇名	明崇祯本	民国十六年本	说明
1	重建开元寺记	则开元实寺之冠，斯又冠开元焉！	斯文冠开元焉	《唐黄御史公集》作"又"

---

① 曹刚华：《明代佛教方志研究》，第129～130页。

续表

	篇名	明崇祯本	民国十六年本	说明
2	开元寺弭灾颂功德碑	咨尔和南，同辞稽首。	咨尔和尚	"和南"有稽首、敬礼义
3	开元寺弭灾颂功德碑	环寺西民，手额颂功。	手额颂公	
4	重兴尊胜阁记	观者犹以古今不相及为恨，其故何哉？	观者犹以古今不相及为限	《永觉和尚广录》作"恨"
5	开元寺题壁	夫所修者十一千百耳。	所修者十一于百耳	
6	开元寺题壁	与僧竞尺寸之地为私塾别墅，以充郡人口实。	以充都人口实	
7	开元寺志序	慨然自当道，徙匠、撤冶、毁灶，率诸黄修葺。	徒匠、撤冶、毁灶	《李文节集》作"徙"
8	跋开元寺志后	九我李先生业闻斯举而韪之，佐以醵金。	九我李先生业闻新举而韪之	
9	十奇颂卷跋	又奚必胶遗墨以求文殊泥肉身、以求祖膊者哉？	有奚必胶遗墨以求文殊	《梦观集》作"又"
10	春日同……五七言各一律	凌风绝顶逐天游，郭外清清农事幽。	郭外青青农事幽	
11	和前韵（四）	前代桑沧惊几变，群僧飘落叹空传。	郡僧飘落叹空传	

表 1 所列民国本与崇祯本之异文，有些错误明显，有些可征引文集为佐证。

经过对勘，我们发现：崇祯刊本不仅刊刻时间早，校勘也更为精良，惜全本不存。民国本在翻刻的过程中，校勘不够仔细，不仅出现文字倒置，还有不少形近、音近之讹。因此，将民国本与底本崇祯本对勘，是避免错讹的有力途径。

2. 民国本的其他错讹之处

在崇祯本不存的《建置志》《开士志》部分，民国本亦有不少错讹之处如下。

《建置志》"东塔"条下载："唐咸亨（670～674）文称禅师始作木塔。"① 按，据《开元寺志·开士志》及释大圭《开士传》记载，文称禅师为唐末五代人，咸通（860～874）初年方至开元寺，断然无法在二百年前出现于此；且下文又谓"咸通六年（865）木塔成"，则此处将"咸通"误作"咸亨"无疑。

---

① （明）释元贤：《温陵开元寺志》，第24页。

《建置志》"兴福禅院"条下载："后有明禅师继主之。"① 按，据《开士志》"释有朋"条下记载，释有朋于"八年（1085），以朝奉王祖道符主禅兴福"②，与《开士传》所载相同，则是《建置志》中将"有朋禅师"误作"有明禅师"。

《开士志》"释匡护"条下载："唐垂拱三年（687），州民黄守恭园桑生白莲。"③ 而该书《建置志》"大开元万寿禅寺"条下则载："唐垂拱二年乙酉（丙戌686）二月，州民黄守恭昼梦一僧乞其地为寺，恭曰：'须树产白莲乃可。'僧喜谢，忽失所在。越二日，桑树果产白莲。"④ 对于开元寺桑树生白莲的异象产生于何时，该书前后记载相左。按，《开元寺志·开士志》大多取材于释大圭《开士传》，该书"释匡护"条下载："唐天后称制之三年，州以守恭园桑有莲，乞寺其地闻，敕置道场，赐莲花名。"⑤ 武则天于嗣圣元年（684）称制，改元光宅，次年改元垂拱，则"唐天后称制之三年"当为垂拱二年（686）。据此推断，《开元寺志·开士志》部分或将"天后称制之三年"（即垂拱二年）误作"垂拱三年"。

《开士志》"释省僜"条下载："梁天成间，刺史王延彬造千佛院，致师住持。"⑥ 按，"天成"为五代后唐之年号，《开士传》此处亦作"唐天成间"，则是民国本将"唐天成"误作"梁天成"。

经过对勘及阅读，我们发现《开元寺志》民国刊本校勘不够精良，存在不少讹误之处，我们在使用或整理时应当注意甄别。可以先取其底本明崇祯刊本残卷进行对校；崇祯本不存的部分，则可以探寻其史料来源，取释大圭《开士传》、各作者的语录别集等进行对勘，以避免讹误。

释元贤《开元寺志》有重要的史料价值及文献价值。其《建置志》《开士志》部分，记载开元寺千余年的历史，保存了该地的佛教兴衰、宗派发展等资料；其《开士传》部分收录的46位僧人，有24位不见载于传世的僧传、灯录中，保存了闽南地区的僧人资料，对梳理泉州乃至东南佛教史有重大的意义。《艺文志》收录的碑记、诗文中，胡器、蔡一槐、黄文炳、程朝京、姚纯臣、池浴德诸人均未见诗文集

① （明）释元贤：《温陵开元寺志》，第45页。
② （明）释元贤：《温陵开元寺志》，第85～86页。
③ （明）释元贤：《温陵开元寺志》，第52页。
④ （明）释元贤：《温陵开元寺志》，第13～14页。
⑤ （元）释大圭：《紫云开士传》，第1页。
⑥ （明）释元贤：《温陵开元寺志》，第63页。

传世；释大圭之《梦观集》，《四库全书》只收录其诗集五卷而删去文集，其诗文集全本仅见存于日本，则《开元寺志》中收录的诗文，可供补遗、辑录之用。[①]《田赋志》部分，为解决寺院和民众的经济纠纷提供了佐证，也为研究寺院经济提供了史料，深受国内外学者重视。台湾学者徐一智在其博士论文《明末浙江地区僧侣对寺院经济之经营——以云栖袾宏、湛然圆澄、密云圆悟为中心》中指出，不少日本学者如清水泰次《明代寺田》、傅贵久《明清的寺田》、竺沙雅章《明代寺田赋役》、野口铁郎《寺租四六法》等，都曾引《开元寺志·田赋志》为论文题材。

虽然释元贤《开元寺志》的价值及重要性有目共睹，但该书的民国刻本校勘不够精良，存在不少讹误之处。本文探析其文献来源、存世版本，分析该书现存完整的民国本之错讹，以期对其校勘、整理工作提供参考，使人们能更好地运用该寺志资料。

---

① 张欣曾据《开元寺志》中记载的释大圭之文推测其生卒年，详见张欣《元人传记资料补正四则》，《江海学刊》2018 年第 2 期。

难陀论师有相无相辨[*]

郑屹君

【内容提要】 难陀论师，是注释世亲《唯识三十颂》的十大论师之一，其观点在《成唯识论》中占有很大的比重，仅次于护法和安慧，但历来缺乏对其学说的充分认识。关于其有相唯识或无相唯识的判属，吕澂先生认为难陀是无相唯识的代表，现似已成学界定论。本文则通过考察难陀唯识学说的实际内涵，做出难陀属于有相唯识的判断。

【关键词】 难陀 有相唯识 无相唯识 依他起性

【作　者】 郑屹君，中国人民大学佛教与宗教学理论研究所在读博士研究生。

一　有相无相的分歧及对难陀论师的判属

一般认为，将瑜伽行唯识学派分判为有相唯识（Sākāra-vijñānavāda）和无相唯识（Nirākāra-vijñānavāda）两系，最早由寂护（Śāntarakṣita，725～790 左右）提出。作为瑜伽行中观派（Yogācāra-Mādhyamika）的开创者，寂护在其著作《中观庄严论》（Madhyamakālankāra）中，站在中观胜义谛的立场，从认识论的角度出发，对印度内外各学派展开批判，此中被批判的内学，就被其依次分为说一切有部（Sarvāstivāda）、经量部（Sautrāntika）、有相唯识和无相唯识四家学说。

＊　本成果受到"中国人民大学 2022 年度'中央高校建设世界一流大学（学科）和特色发展引导专项资金'"支持。

有部认为，认识是由同时存在的内部感官与外部对象的相接触而产生的，形象属于外界对象，认识中并不存在被认识对象的形象，这被称为"无形象知识论"（nirākārajnāna-vāda）。经部开始建立起"带相说"，认为认识中带有被认识对象的形象，形象作为认识的结果而存在，这被称为"有形象知识论"（sākārajnāna-vāda）。唯识学派同样持"有形象知识论"，但与经部的不同之处在于，唯识学建立起心识在认识过程中的完全统率，否定了外部世界的客观实在性。而在唯识学派内部也存在着"无相"与"有相"之间的分歧，关注的焦点即此"形象"是完全虚假还是相对真实的存在。

根据基师《成唯识论述记》（下简称《识论述记》）的记载，[①] 注释世亲（Vasu-bandhu，5 世纪）《唯识三十颂》（Triṃsikā-Vijñaptimātratāsiddhi）的十大论师中，亲胜、火辨是与世亲同时的后辈，德慧（Guṇamati，5~6 世纪）是安慧（Sthiramati，6 世纪）之师，安慧、净月和护法（Dharmapāla，530~561）是同时期的人，胜友、胜子与智月是护法的弟子。难陀（Nanda，汉译"欢喜"，5~6 世纪）大致是与安慧、护法同一时代的前辈，稍晚于陈那（Dignāga，5~6 世纪），还曾著有《瑜伽释》，后有胜军居士（Jayasena，6~7 世纪）传其学说。根据论师的年代、师承及其思想，可大致分为三个系统：一是陈那、护法一系的有相唯识系统，由玄奘译介到中国，并成为东亚唯识学的正统；一是德慧、安慧的无相唯识系统，后来由安慧门人传入藏地，安慧也被藏地视为世亲的衣钵传人；最后便是难陀—胜军一系，后来传承中断、著作散逸，只在《成唯识论》中保留了部分学说片段。在《识论述记》中，难陀被提到的次数仅次于护法和安慧，也就是说，玄奘也采纳了相当数量的难陀释文。而且，与护法一样，难陀对唯识宗义也多有阐扬，如圆测所说："护法、难陀等，多述宗旨，会释违文。"[②] 所以，对难陀学说做一明确的判定应是很有必要的。

关于有相和无相的学说分歧，沖和史在《无相唯识与有相唯识》中分析了印度后期瑜伽行派的两派对立，以无相唯识的宝藏寂（Ratnākaraśānti，11 世纪）和有相唯识的智吉祥友（Jñānasrīmitra，11 世纪）、宝称（Ratnakīrti，11 世纪）为主，其主要分歧点在于：有相唯识认为存在着真实的"直观相"（现量所缘境），而无相唯识

---

① （唐）窥基：《成唯识论述记》卷一，《大正藏》第 43 册，第 231~232 页。
② （唐）慧沼：《成唯识论了义灯》卷一，《大正藏》第 43 册，第 666 页中。

认为只有"心的光辉"（prakāsa）是真实的存在。① 区分的标准是将"形象"（相分）与"三性说"相关联，这在中期唯识学派文献《成唯识论》中是十分明确的：有相唯识认为相分是依他起性（paratantra-svabhāva），而无相唯识认为相分是遍计所执性（parikalpitah-svabhāva）。这也是我们判属难陀论师有相无相的关键所在。

可能是因传承中断资料缺失的缘故，无论是在西藏的学说纲要书还是在近人的研究中，几乎都未对难陀做出判属。最早做出判断的是吕澂先生，在《论庄严经论与唯识古学》一文中，吕澂认为无相有相的分歧也是唯识古学和唯识今学的对立所在：祖述无著世亲之学的是唯识古学，如难陀、安慧，认为无论能取、所取都是以识为性；推衍无著世亲之学的则是唯识今学，如陈那、护法，认为色等境各别有性但不离识。② 其判断难陀为无相唯识的依据在于："难陀谈唯识，谓识所变是所取，所取无故能取亦无；此就依他之似现遍计二取而说，即本于《庄严》旧义。"③ 吕澂将难陀论师判属为无相唯识，现似已成学界定论。但印顺法师在其《印度佛教思想史》中提到难陀的"识似见相二分"的"二分说"是有相唯识，④ 可能因未详加论证，故未得到学界的回应。笔者认为，关于难陀论师有相无相的判属，有进一步探讨的必要。

二 "依他起性"与"遍计所执性"的定义

在分析难陀思想之前，我们先来简要界定一下与"相分"问题相关的"三自性"——特别是遍计所执性和依他起性的内涵。在早期唯识典籍，如《大乘庄严经论》中，依他起性与遍计所执性并没有十分严格的区分，都可概括为"虚妄分别"（abhūta-parikalpa），且同被视为俗谛（samvrti-satya）意义上有、真谛（paramārtha-satya）意义上无。从《辨中边论颂》开始，依他起的"幻有"性质被突出，而与"全无"的遍计所执区分开来，二者在真谛可说为"无"，在俗谛则有"幻有"和

① 〔日〕沖和史：《无相唯识与有相唯识》，〔日〕高崎直道等：《唯识思想》，李世杰译，贵州大学出版社，2016，第192～195页。
② 吕澂：《论庄严经论与唯识古学》，《吕澂佛学论著选集》第1册，齐鲁书社，1991，第73～76页。
③ 吕澂：《论庄严经论与唯识古学》，《吕澂佛学论著选集》第1册，第86页。
④ 印顺：《印度佛教思想史》，贵州大学出版社，2013，第287页。

"非有"的区别。① 在无著《摄大乘论》中，依他起性被认为与"缘起"同义，且与有赖耶种子、被虚妄分别所摄的十一种识（vijñapti）相等同，以此来安立一切诸法，依他起性也同时作为统摄遍计所执性和圆成实性的核心，这就更加肯定了依他起作为"幻有"的存在。

后来的唯识典籍，如《唯识三十颂》及《成唯识论》，都基本延续了《摄大乘论》的思路，并进一步对二者做了明确的界定。关于遍计所执性，《唯识三十颂》有颂言："由彼彼遍计，遍计种种物，此遍计所执，自性无所有。"②"遍计所执"即是将种种虚妄不实之物计执为存有自性的实在，实则这一切都是性相皆无的。关于依他起性，如《唯识三十颂》所说："依他起自性，分别缘所生。"③"依他起"即是一切依托众缘所生起之物，此中之"缘"，尤指作为因缘的阿赖耶识所藏种子，故存其自体。二者的关系一如《摄论》：依他起是所遍计，遍计所执是于所遍计（依他起）上生起的计执。有关二者的定义与区分，在《成唯识论》及其注疏的语境中是十分明确且无异议的，在判定相分在世俗谛上是幻有还是全无时，作为无相家和有相家的基础共识应是没有问题的。

三 难陀论师的"见相二分说"

若对难陀论师进行有相无相的判属，最重要的是明确其"见相二分"说的含义以及见相二分究竟被何性所摄。难陀的二分说，是关于心识内部结构的不同看法之一。关于"识分说"，论师间共有四种异见，如基师在《识论述记》中说："然安慧立唯一分，难陀立二分，陈那立三分，护法立四分。"④ 安慧唯立自证分一分，难陀立见、相二分，陈那立见、相、自证三分，护法则在此基础上再立证自证分，组成四分说。在《成唯识论》的体系中，"识分说"是与"识变说"相关联的，是在解释"我法是由心识（vijñapti）所变现（pratibhāsa）"时而提出的。

《成唯识论》一如《唯识三十颂》的架构，在起首点明"一切唯识"（vijñapti-

① 杨东：《唯识古学诸论之虚妄分别与三性义探析》，《世界宗教研究》2012年第6期，第66页。
② 〔印〕世亲造，（唐）玄奘译《唯识三十论颂》，《大正藏》第31册，第61页上。
③ 〔印〕世亲造，（唐）玄奘译《唯识三十论颂》，《大正藏》第31册，第61页上。
④ （唐）窥基：《成唯识论述记》卷三，《大正藏》第43册，第320页下。

mātra）的宗旨后，便展开对我执（ātma-grāha）与法执（dharma-grāha）的破斥。在唯识学看来，我和法都是一种假名安立，并非真实的存在，而我与法的种种差别相，都是由具有了别作用的心识转变而生。如何转变而生？《识论》提供了两种模式：一是"变谓识体转似二分"，① 由识体自证分转变为见相二分，并在此二分上假名施设我法；二是"内识转似外境"，② 心识显现为境相，虽然境相是在心识之内，但被有情执着为实在的外部世界以及真实存在的自我。据《识论述记》，这两种说法本身是没有偏胜优劣之分的。具体来说，其中第一种是安慧、陈那与护法的观点，安慧与后两者的不同之处在于其只认为识体自证是依他真实，而所转变出的见相二分是遍计所执，所以说安慧是形式的三分说，实际的一分说。确定"几分说"即是根据其认为几分为依他真实。后两者作为有相唯识的代表，认为相、见、自证都是依他，我法二执是于依他的见相二分上产生的错误认知。

在解释"内识转似外境"一句时，基师在《识论述记》中说：

> 即是难陀、亲胜等义。依《摄论》说"唯二"义也，但立见、相以为依他，不说第三、第四分也。相分体性虽依他有，由见变为，故名唯识。此相分体实在于内不离于识，妄情执为似外境现，实在内也。即以依他似计所执，依此似外相分之上，世间、圣教执为我、法，见变似能取，亦相分摄。③

如前所说，难陀只将心识划分为见相二分，且此二分同被依他起性所摄。其实从"安难陈护，一二三四"的说法中我们就能意识到：如果难陀认为见、相是遍计所执，那么何来的二分说？安慧亦认为见、相是遍计所执，但他立识体自证是依他起，所以说他持一分说，难陀并未立自证分，岂不是零分说？事实上，在《识论述记》及其注疏中都有提到，难陀之见相二分就是依他起，就像如理在《成唯识论疏义演》中所说的那样："难陀二分皆是依他有体性故。"④ 在"见相二分"依他有体这方面，可以说难陀与护法是完全一致的，奘门一系皆持此见。如基师《识论述记》

---

① 〔印〕护法等造，（唐）玄奘译《成唯识论》卷一，《大正藏》第 31 册，第 1 页上。
② 〔印〕护法等造，（唐）玄奘译《成唯识论》卷一，《大正藏》第 31 册，第 1 页中。
③ （唐）窥基：《成唯识论述记》卷一，《大正藏》第 43 册，第 242 页上。
④ （唐）如理：《成唯识论疏义演》卷八，《卍续藏》第 49 册，第 709 页中。

中的一处小结："以上略明颂上三句，通护法、难陀二师所释。然本唯是二分宗义，但难陀释。"① 智周在《成唯识论演秘》中进一步解释道："此所结文本难陀义，护法兼明。护法不唯立二分故，故属难陀。同许有体，故兼明也。"② 道邑在《成唯识论义蕴》中也持此见："'以上略明'至'但难陀释'者，此结我法分别已下文，唯明二分，故但难陀，二分并是依他，故亦兼于护法。"③

此外，基师在《识论述记》中也提到，难陀的见相二分说是明确区别于认为相分是不实的看法的，如《识论述记》在释读《识论》第十卷中的"然相分等依识变现，非如识性依他中实"时说道："'依识变现'等者，虽似难陀二分义，少分有异，亲、疏所缘二皆不实故。"④ 灵泰在《成唯识论疏钞》中解释道："'虽似难陀二分义，少分有异'者，然前难陀二分俱实，此师即立二分，以似难陀师，然见实相虚，即与难陀有异。"⑤ 此师虽然也立见相二分的结构，似乎与难陀之说相仿，但此师认为只有见分为实，亲、疏所缘缘（本质相分与影像相分）都是虚幻不实的，所以与难陀之说有别。这也从侧面印证了难陀认为见相皆是依他实有的观点。

上文所引《识论述记》中说，难陀"二分说"的理论依据是《摄大乘论》中的"唯二"义。在《识论述记》的记载中，凡是主张将心识分为能、所形式（即见、相二分，自证分与证自证分亦被见分所摄）的论师，其理论来源都是《摄大乘论》中的"唯二"义。解释"变谓识体转似二分"时，《识论述记》就说道："此说识体是依他性，转似相、见，二分非无，亦依他起，依此二分执实二取圣说为无，非依他中无此二分，《论》说唯二依他性故。"⑥ 此中的"《论》说唯二"，即《摄大乘论》中所说的"见相二识"，见《所知相分》："由二性，有相有见二识别故，……有相见故，得成二种：若眼等识，以色等识为相，以眼识识为见。"⑦ 在《摄论》中，此"见相二识"是以"诸识"来成立"一切唯识"理论的三种方法之一。可以说，用能所关系成立"一切唯识"，在唯识诸论师中是共通的做法。将一切认识表现

① （唐）窥基：《成唯识论述记》卷一，《大正藏》第43册，第244页中。
② （唐）智周：《成唯识论演秘》卷一，《大正藏》第43册，第822页上。
③ （唐）道邑：《成唯识论义蕴》卷一，《卍续藏》第49册，第388页下。
④ （唐）窥基：《成唯识论述记》卷十，《大正藏》第43册，第605页下。此中"虽"，《大正》本作"唯""少"，《大正》本作"小"，均据《钞秘蕴》改。
⑤ （唐）灵泰：《成唯识论疏钞》卷十八，《卍续藏》第50册，第500页中。
⑥ （唐）窥基：《成唯识论述记》卷一，《大正藏》第43册，第241页上。
⑦ 〔印〕无著造，（唐）玄奘译《摄大乘论本》卷二，《大正藏》第31册，第138页下。

为"见相"的形式，是唯识学派的根本命题之一。从《识论述记》的叙述我们也可以看到，奘门一系认为《摄论》中的"见相二识"是属依他起性。

我们现在再来回顾一下吕澂先生的看法。吕澂在其《印度佛学源流略讲》中说道："难陀认为，二分中见分为自体，相分是转变出来的，所以是不实在的虚像。如以三性区分，相分是虚像，属遍计所执性；见分因有分别作用，属于依他起性。……难陀的唯识说与世亲比较接近……难陀的发展是他明确指出相分是无体的，见分也无其行相。"[①] 此说与其《论庄严经论与唯识古学》基本无异，可以说，这段评述是对上述引文中"相分体性虽依他有，由见变为，故名唯识"一句的误读。那么，应该如何理解"（相分）由见变为"？在解释《识论》中"阿赖耶识……以所变为自所缘，行相仗之而得起故"一句时，基师于此处重申了"变"的两种含义。一是"生"名变，即转变义，又名"因能变"，是指处于因位的心识种子，即等流种子与异熟种子，能生起诸法，故被称作"因能变"，如心识种子生起心识现行。二是"缘"名变，即变现义，又名"果能变"，是指处于果位的心识现行，能变现诸法，故被称为"果能变"。[②] 虽然基师是用"识体自证变现见相二分"这一心识变现模式来解释"果能变"，但从"缘名变"这一定义来看，现行识缘境即是缘变，亦可指称"内识（见分了别之用）变似外境（即相分）"这一心识变现模式，即现行识以其所变为其所缘。而"由见变为"即是对难陀"内识转似外境"模式的简述：心识以"了别"为其行相，八识（及其心所）各自的影像相分，无不是在八识（及其心所）各自的了别作用下生成的，以此即可成立"一切唯识"（即引文中的"故名唯识"）。如果把"由见变为"简单理解为：由见分的虚妄分别而变现出种种虚妄不实的境像，便很容易认为难陀否定相分实存，得出难陀是无相唯识的结论了。那么吕澂又是如何理解《识论述记》中明确提到的"相分体性虽依他有"呢？上文提到，吕澂先生判属难陀为无相唯识最早是在其《论庄严经论与唯识古学》一文中，既然吕澂已将难陀视为唯识古学，那么难陀的"依他起性"，很可能就是古义（《大乘庄严经论》）中的与"遍计所执性"界限不明确的"依他起性"了，这样一来，认为难陀二分说的相分虽依他起，但也虚幻不实，似乎就能在此说通了。可问题的关键在于，没有任

---

① 吕澂：《印度佛学源流略讲》，上海人民出版社，2018，第 183 ~ 184 页。
② （唐）窥基：《成唯识论述记》卷三，《大正藏》第 43 册，第 317 页上。

何证据表明，难陀对"三性"的看法与护法存在着本质区别。

四 难陀论师的"心识计执说"

依《识论述记》，难陀的"内识转似外境"说还有一处鲜明特点，即其认为：我法二执都是在"依他相分"上施设的，有别于护法的于"见相二分"上均可施设我法二执。原因是上文所引的"'见'变似能取，亦相分摄"，意思是指：心识在缘能取的见分时，会在心识上变现出一个好像能取的见分的相，而这属于相分，所以我法二执都是在相分上施设的。这涉及亲疏所缘缘的问题，作为计执基础的"依他相分"是心识的亲所缘缘，而所缘取的见分则是该心识的疏所缘缘。在基师一系的注疏中，并未将此说判为不正义，也就是说，难陀此说在其识变理论中是可以成立的。

虽然难陀与护法关于我法二执施设的基础稍有差异，但二人关于产生计执的主体的看法却是一致的，且是区别于安慧的。可以说，这个问题正是由于对"识变"的不同理解而产生的，是理解"相分"是依他起还是遍计所执的关键所在。如《识论述记》在解释"我法分别熏习力故"时说道："若护法、难陀等解：由无始来第六、七识横计我、法种种分别熏习力故。若安慧解：七识相应诸心心所皆名'分别'，能熏习故，即由分别熏习种生。"[1] 在难陀与护法看来，是因第六与第七识的计执（虚妄熏习），才导致八识生起时"变似我法"，易言之，我法二执由六、七二识生起，第八识和前五识本身是没有计执的；而安慧则认为："第六、七识起执于我，除第七识余之七识起执于法。"[2] 八识均有计执，其中六、七识起我执，除第七识之外的其余七个识起法执。《成唯识论》第八卷在讨论能遍计时也说到了这个问题，此处也列举了两种观点。[3] 一是认为所有有漏心及心所皆是能遍计，就连善心中也有二执；二是认为诸识虽然皆名虚妄分别，但只有六、七识有能遍计。依《识论述记》，前者为安慧之说，后者为护法之说。在安慧看来，凡为所缘皆是计执，而护法之说则承认了正确认知的可能，遍计所执是由增益方才产生。虽然基师在此处并未提及难陀，但大可认为难陀也持护法之见，有前说为证。如果说奘门一系所认为的"《摄

① （唐）窥基：《成唯识论述记》卷一，《大正藏》第43册，第242页中。
② （唐）窥基：《成唯识论述记》卷一，《大正藏》第43册，第242页下。
③ 参见〔印〕护法等造，（唐）玄奘译《成唯识论》卷八，《大正藏》第31册，第45页下。

论》唯二依他性"尚有讨论的余地，我们从这个角度入手判断难陀认为"相分"为依他起，也是可以逻辑自洽的。

五　难陀论师的"五根唯种说"

认为相分为依他起所摄，就必然涉及见相异种的问题，亦即，必然会构建出两重认识结构，这个问题后来在奘门一系发展出完善的"三类境"学说。在《成唯识论》及《识论述记》的记载中，虽无明确提到难陀参与建构了两重认识结构，但见相同种与见相异种这两种情况的区分，在难陀论师这里已然是非常明了，这一点我们可以从难陀的"五根唯种说"中得到印证，如基师在《大乘法苑义林章·五根章》中说：

> 一难陀师等说：唯是种子，无别现行净色五根。此有四义：一、唯见分五识种子，二、唯相分五尘种子，三、通取见、相二分种子。此三皆是难陀师义。……《二十唯识》伽陀中言：识从自种生，似境相而转，为成内外处，佛说彼为十。乃至广引《观所缘论》颂说云：彼颂意言，异熟识上能生眼等色识种子，名色功能，说为五根，无别眼等。种与色识常互为因，能熏与种递为因故。①

这是《成唯识论》在讨论心识俱有依问题时提出的。难陀认为，"眼等五根"就是眼等五识在阿赖耶识中的自种子，而没有所谓的现行色根。我们换个角度来看，这其实也是在讨论五识由何生起的问题。"五识自种"具体来说有三种情况，即有三种能生起五识的种子：能生见分的种子、能生相分的种子、能生见相二分的种子。"见分种"是指"见相别种"的情况下五识的生起，"见分种"即心识自种，在生起的同时带所缘的境相而显现；"相分种"则可生起五识亲所缘的相分，相分因在识内，故也称作"识"，这也是指"见相别种"；通取见相二分种子，则是指"见相同种"的情况下五识的生起。归根结底，论述的都是"境由识变而不离识"。这层含义

---

① （唐）窥基：《大乘法苑义林章》卷三，《大正藏》第45册，第297页下至第298页上。

在慧沼《成唯识论了义灯》中阐述得极为详细。

> 就难陀释俱有依中……有三解：初：依见相别种义解。言识从自种生者，即识见分。似境相转者，既起现行，带境相起，似彼所执外境相现，无别五根。即见分种名为五根，所带似境即是五境。二云：识者，五识相分，不离识故，名之为识。从种起现，为五识境。实在内识，似外而现，为成内、外处分种为十。三云：依见、相分同种义解。①

我们在这里很难用"无相唯识"的思路来分析难陀的"五根说"，也正是因为难陀的"五根说"，才让笔者开始对难陀是无相唯识的判属产生怀疑。② 根据《识论述记》的记载，难陀的"五根唯种说"教证有二：一是上文所引的世亲《唯识二十论》中的四句颂，另外则是陈那《观所缘缘论》中的"识上色功能，名五根应理，功能与境色，无始互为因"。③ 难陀引陈那之说为教证，说明难陀应该是在陈那之后的论师，陈那将经部的"带相说"引入唯识学中，④ 从"见相别种"的角度来看，难陀或许受到过这方面的影响。

六　余论

在奘门一系的著疏中，难陀所主张的见相二分皆是有体，皆被依他起所摄，且其认为能计执的主体为六、七二识，这些观点与护法所说是完全一致的。相分由依他起所摄，故别有自种，由此造成的见相同种和见相异种的情况在难陀学说中亦有体现。吕澂将难陀判属为无相唯识，主要是对《识论述记》中"由见变为"一语的误读。综上所述，判属难陀论师为有相唯识，应是没有疑问的。

此外，这还牵扯到吕澂所提出的"唯识古今学"的问题。吕澂对唯识古今学的分判，针对的是世亲之后的唯识论师，如上文所说，吕澂认为无著、世亲之说"前

---

① （唐）慧沼：《成唯识论了义灯》卷四，《大正藏》第 43 册，第 739 页中至下。
② 可见笔者的另一篇论文《论"五色根"在唯识学中的定位》，《唯识研究》第八辑，宗教文化出版社，2021，第 168～179 页。
③ 〔印〕陈那造，（唐）玄奘译《观所缘缘论》，《大正藏》第 31 册，第 888 页下至第 889 页上。
④ 参见傅新毅《玄奘评传》，南京大学出版社，2006，第 407～408 页。

后一贯"，继承他们的算"古学"，即安慧、难陀，加以创新的是"今学"，即陈那、护法。此说在大陆佛学界影响很大，少有反对之声。从本文的论证中看，难陀持有相唯识说，那他可以算作"唯识今学"吗？恐怕也难以下此结论，因为他的"五根唯种""因果异时""种子新熏"等学说确实是与护法不同的，而这些学说差异又很难从古今学的视角出发来作解读。这其中缘由在于瑜伽行派典籍的复杂性，正如世界上其他任何伟大的思想文献，同一文本前后说法或有矛盾，很多语句也都存在着多种解释的空间，这就导致十大论师异见纷起，但总的来说，他们都是有所根据的。正如印顺法师在《摄大乘论讲记》中说的那样：

> 世亲继承无著《摄大乘论》及《摄决择分》的思想，又有所发挥。他的名著《唯识三十论》，是继承《摄决择分》而作的。继承无著、世亲大乘不共的唯识思想者，要算安慧论师的一系。至于护法的思想，不能说是无著唯识的继承者；他的伟大，在于融合《瑜伽师地论》《摄大乘论》两大思想，而把唯识学建立在《瑜伽师地论·本地分》的思想上。故护法《成唯识论》说：诸识差别；王所差别；心色各别自体；种子本有（《本地分》）、新熏（《摄大乘论》及《摄决择分》）合说。这和代表无著唯识学的《大乘庄严经论》与《摄大乘论》的思想，是有点不同的。有人说：安慧学是唯识古学，护法学是唯识今学。护法的时代迟，他的学说，或许可称今学；其实，他并不什么新，反而是复古的。看他《成唯识论》的思想，是复回到最初《本地分》的思想上去了，这不是复古吗？①

亦可见于印顺法师的《印度佛教思想史》：

> 论师们对唯识义的阐明，可能有不同的异义。即使是为"本论"作释，有相当见地的论师们，不一定依文作释，总是决择、会通（甚至修改原文），使论义更精确、更圆满的。所以论究唯识，唯识的不同派系，应从论师的依据不同，

---

① 印顺：《摄大乘论讲记》，中华书局，2011，第8~9页。

思想不同去理解！①

　　从印顺法师的行文来看，他显然不认同吕澂对唯识古今学的分判，他更主张从具体文献和具体问题入手，分析论师学说之间的相同和差异。他在这里重申了研究唯识学的态度和方法，正如胡塞尔所说：我们需要的不是大钞票，而是小零钱。唯识学并不是门笼统颟顸的学问，其中的讨论往往细小零碎，而又牵一发而动全身，任何宏观的概括都值得警惕，"唯识古今学"就是其中之一。

_____

① 印顺：《印度佛教思想史》，第 282 页。

湛然佛性思想刍议

安争珺

【内容提要】　在中国佛教史上，佛性问题历来备受瞩目，尤其是在晋宋之后，以佛性问题为中心是中国佛教发展的一大特色。该文章首先以佛性思想的演变为基础，从宏观角度对历史上三种不同的佛性思想予以梳理，进而引出湛然"无情有性"的佛性观；其次，在天台固有思想的基础上，以《金刚錍》为主，阐释湛然从诸法实相、三界唯心及三因佛性对"无情有性"进行的论证；最后分析湛然借助《大乘起信论》"真如随缘"的思想，以真如和佛性体一名殊为前提，从"万法是真如，由不变故；真如是万法，由随缘故"得出无情和众生平等具有佛性的结论。

【关键词】　佛性　湛然　无情有性　真如随缘

【作　者】　安争珺，中国人民大学佛教与宗教学理论研究所在读博士研究生。

一　佛性观的衍变

关于佛性及其衍生的诸多问题，在佛教发展中长期争论不休，尤其隋唐时期佛教诸宗派学说理论趋于成熟，将佛性问题的探讨推至空前未有的高度。从宏观角度来说佛性思想的演变，在中国佛教史中主要有以下三种观点。

（一）一阐提不能成佛

佛性问题并非佛教初创之际就存在，因为几乎在整个小乘佛教时期，成佛者仅限于释迦一人，其他人不具佛性，也不能作佛。① 然赖永海提及，这种说法只是从总体上说，因为到了小乘佛教后期部派思想存在殊异，有关佛性问题的见解参差不齐。世亲在《佛性论·破小乘执品》中提及毗昙萨婆多部（说一切有部）认为"一切众生无有性得佛性，但有修得佛性"②，其中一阐提属"定无佛性、永不得涅槃"。可见在部派佛教时期，说一切有部主众生皆有佛性，除一阐提外。到大乘佛教时期，佛性思想在小乘后期的基础上得到了进一步发展。赖永海在《中国佛性论》一书中提及"佛性思想的孕育完成与明确化，严格来说，已是中期大乘佛教的事"③，其中《大般涅槃经》（《北本涅槃经》）对中土佛性思想影响最为显著，特别是其前后对一阐提有无佛性态度的转变。

在《大般涅槃经》卷一有：

> 陀那婆神、阿修罗等，悉舍恶念皆生慈心，如父、如母、如姊、如妹，三千大千世界众生，慈心相向，亦复如是，除一阐提。④

卷五有：

> 无信之人，名一阐提，一阐提者，名不可治。⑤
> 何等名为一阐提耶？一阐提者，断灭一切诸善根，本心不攀缘一切善法，乃至不生一念之善。⑥

卷九有：

> 譬如焦种，虽遇甘雨，百千万劫，终不生芽，芽若生者亦无是处。一阐提辈亦复如是，虽闻如是《大般涅槃》微妙经典，终不能发菩提心芽，若能发者

---

① 赖永海：《中国佛性论》，第6~7页。
② 世亲菩萨：《佛性论》卷一，《大正藏》第31册，第787页下。
③ 赖永海：《中国佛性论》，第9页。
④ 昙无谶译《大般涅槃经》卷一《寿命品》，《大正藏》第12册，第371页中。
⑤ 昙无谶译《大般涅槃经》卷五《如来性品》，《大正藏》第12册，第391页下。
⑥ 昙无谶译《大般涅槃经》卷五《如来性品》，《大正藏》第12册，第393页中。

无有是处。①

投一阐提淤泥之中，百千万岁，不能令清，起菩提心。何以故？是一阐提灭诸善根，非其器故。②

卷十九③有：

云何罪人？谓一阐提。一阐提者……如是之人名一阐提，诸佛世尊所不能治。何以故？如世死尸，医不能治。一阐提亦复如是，诸佛世尊所不能治。④

上述仅为《大般涅槃经》前二十卷中有关一阐提的部分叙述。从所引经文得知，一阐提与慈心、善根、菩提心等互不相容，本质上与众生存在差异，注定无缘生一切善法、起菩提心，从而断绝了趣向佛性的诸多机缘，如同"焦种""死尸"，即便逢甘雨、值良医，也终不生芽、根不得治。因此，在《大般涅槃经》前半部分是主张除一阐提之外，众生皆有佛性。

此外，法相宗也主一阐提无缘成佛说，之所以导致一阐提不能得道解脱与早期印度的社会体系⑤有密切的联系。由于社会形态影响了早期佛教没有明确提出众生皆可成佛之说，且《瑜伽师地论》里认为修行者存有差别，其中"无种姓"即一阐提永不可悟入佛道。这种思想影响了法相宗的创始人玄奘，其西行求法归国后，翻经译典、创宗立派，最大程度地保留了印度佛教思想的面貌。因此，即使在《北本涅槃经》的译出明确了众生皆有佛性之说，该宗依然坚持将一阐提除外。

（二）众生皆有佛性

在421年昙无谶译出《大般涅槃经》前，东晋的竺道生研习《大般泥洹经》，深感六卷《泥洹》不尽合乎涅槃之精义，对一阐提不具佛性持怀疑态度，乃孤明先发，

① 昙无谶译《大般涅槃经》卷九《如来性品》，《大正藏》第12册，第418页上。
② 昙无谶译《大般涅槃经》卷九《如来性品》，《大正藏》第12册，第418页上。
③ 在此所引经文本人查询是在《大般涅槃经》卷十九，《大正藏》第12册，第477页下、第478页上所出现，但在赖永海教授《中国佛性论》第51页言"大经北本卷九、卷十"，在这里"大经北本"毋庸置疑是指北凉昙无谶所译《大般涅槃经》四十卷，故此处记载有误。
④ 昙无谶译《大般涅槃经》卷十九《梵行品》，《大正藏》第12册，第477页下、第478页上。
⑤ 印度主张严格的种姓制度：婆罗门、刹帝利、吠舍、首陀罗四个等级。

倡一阐提亦可成佛，却引起当时旧学僧党的讥愤，将之逐出僧团。直至《大般涅槃经》译出，经中后半部分明确表示一阐提亦有佛性，证实了竺道生之说为正见，道生因而被追认为"涅槃圣"，其思想也得到了社会认可。

如前所述，《大般涅槃经》的前半部认为一阐提善根断尽，断绝了趣向佛性的机缘，然而《大般涅槃经》的后半部否定了此观点，提倡一阐提亦有佛性。这是对佛性说的一大发展，并在后来成为中国佛教界对于佛性思想的共识。

在《大般涅槃经》卷二十二有：

> 善男子！一阐提者亦不决定，若决定者，是一阐提终不能得阿耨多罗三藐三菩提；以不决定，是故能得。[1]

卷二十四有：

> 知无有我、无有我所，知诸众生皆有佛性，以佛性故，一阐提等舍离本心，悉当得成阿耨多罗三藐三菩提。如此皆是声闻缘觉所不能知，菩萨能知，以是义故，昔所不知而今得知。[2]

卷二十七有：

> 有者凡有三种：一未来有，二现在有，三过去有……一阐提等悉有佛性。何以故？一阐提等定当得成阿耨多罗三藐三菩提故。[3]

卷三十一有：

> 云何名为信心具足？深信佛、法、众僧是常，十方诸佛方便示现，一切众

---

[1] 昙无谶译《大般涅槃经》卷二十二《光明品》，《大正藏》第12册，第493页下。
[2] 昙无谶译《大般涅槃经》卷二十四《高贵德王菩萨品》，《大正藏》第12册，第505页下。
[3] 昙无谶译《大般涅槃经》卷二十七《师子吼菩萨品》，《大正藏》第12册，第524页中。

生及一阐提悉有佛性。①

上述所引仅为《大般涅槃经》中有关一阐提具有佛性的少量出处。其中"不决定者"可得"阿耨多罗三藐三菩提"，此"阿耨多罗三藐三菩提"根据上下文得知即为佛性。文中进一步指出一阐提者属"不决定"者，故一阐提可得"阿耨多罗三藐三菩提"、具有佛性。《大般涅槃经》在后半部不仅提出一阐提具有佛性，且进一步大量论证一阐提有佛性以及成佛的原因。此前坚持一阐提没有佛性之说是由于其断尽善根，与菩提心、慈心不相应，这里善根与佛性是直接关系；而倡导众生皆有佛性的主张认为善根是有内外常断之分，而佛性如同虚空，"虚空者，非过去非未来非现在非内非外"②，是故佛性非内非外、非常非无常。因此一阐提只是断尽了善根，并没有断尽佛性，故可成佛。虽然《大般涅槃经》在一阐提能否成佛问题上前后存在矛盾，但是不妨碍一切众生皆有佛性包括一阐提在内的主体思想成为后世有关佛性学说的主流。

（三）无情亦有性

方立天先生说："在中国佛教史上，竺道生首次提出的'一阐提'即断了善根的众生也有佛性说，可看作佛性说的第一次开展。湛然的'无情有性'说突破了唯有众生才有佛性的传统说法，最大限度扩大了佛性的存在和成佛的范围，这可说是佛性说的第二次大开展。"③ 竺道生及《大般涅槃经》所倡的一切众生、包括一阐提皆有佛性是对佛性论的一大突破，那么湛然提出的"无情有性"则是对佛性论的又一大转折，使佛性论更加彻底。"无情有性"不仅扩大了成佛的范围，而且将成佛的受众范围趋于普遍化。

二 "无情有性"说

湛然作为天台宗九祖和天台学说的中兴者，④ 将天台宗实相论思想特色有所提

---

① 昙无谶译《大般涅槃经》卷三十一《师子吼菩萨品》，《大正藏》第 12 册，第 549 页上。
② 昙无谶译《大般涅槃经》卷三十四《迦叶菩萨品》，《大正藏》第 12 册，第 568 页下。
③ 方立天：《中国佛教哲学要义》，中国人民大学出版社，2012，第 261 页。
④ 在俞学明《湛然研究》一书中，认为将湛然作为天台的中兴者这种说法需要辨析，将湛然的历史地位确定为中兴者实际上是在天台宗"法统说"的形成和完善的过程中不断强化的，这种说法的始作俑者是湛然的弟子梁肃，书中认为"中兴者"并不意味着在此之前的时期该宗处于一段"黑暗时期"，而是说该宗在后世被接纳的外部因素逐渐得到认可。

升，提出了"理具三千""无情有性"等学说，打破了天台宗从灌顶到玄朗守成的局面。湛然本身除了对"天台三大部"注疏和讲解之外，还撰写了《金刚錍》《止观义例》《法华五百问论》等著作，对当时种种邪见都予以驳斥。其中《金刚錍》作为湛然的重要著作备受重视，全篇以主客问答的形式，讨论了"无情有性"的佛性观点，在唐中期诸宗学说中自成一家。

在历史上，湛然并非首倡"无情有性"之人，在湛然之前吉藏曾就当时的十一家佛性说评论时，提出"若欲明有佛性者，不但众生有佛性，草木亦有佛性"① 的观点，然而吉藏仅稍作提及，并未系统地梳理和论证，在当时没有引起高度重视。到了中唐时期湛然以重振天台为己任，在天台原有思想的基础上，提出了"无情有性"的学说，将隋唐时期对佛性的存在和成佛的范围的认识推至顶峰。

（一）诸法实相与无情有性

在《金刚錍》开篇，湛然以梦中呓语的形式点明"无情有性"的主旨，并在余文与"野客"围绕这一主题展开了一番论述。"野客"认为："盛演斯宗，岂过双林最后极唱究竟之谈？而云佛性非谓无情，仁何独言无情有耶？"② 对此，湛然认为"教分大小，其言硕乖"，"教部权、实，故使同于常人疑之"③，并列举了《涅槃经》中对于佛性的诸多不同的解释和说法，认为这些属权教之方便，从理上来说，一切众生悉有佛性。湛然进一步向"野客"提出四十六个问题，并表明"若思一问，众滞自消"。接着，湛然以天台宗理论对"无情有性"说加以论证。

首先是承袭了天台宗关于四种教法的判教理论，认为"斯等曾睹小乘无情之名，又见大乘佛性之语"④ 是由于众人"亡其所弘融通之谭"矣。根据天台藏、通、别、圆的四教说，《法华》前的藏、通以及三乘属"俱未禀性"，其中"二乘惮教，菩萨不行；别人初心，教权理实，以教权故"⑤，前三所禀未周"藏见六实，通见无生，别见前后生灭"⑥，故可云无情不具足佛性之语。而达到圆教阶段的人"始末知理不

---

① 《大乘玄论》卷三，《大正藏》第45册，第40页中。
② 湛然述《金刚錍》，《大正藏》第46册，第781页中。
③ 湛然述《金刚錍》，《大正藏》第46册，第781页中。
④ 湛然述《金刚錍》，《大正藏》第46册，第785页上。
⑤ 湛然述《金刚錍》，《大正藏》第46册，第785页中。
⑥ 湛然述《金刚錍》，《大正藏》第46册，第785页中。

二，心外无境，谁情无情？"① 故于法华会中"一切不隔，草木与地，四微何殊？举足修途，皆趣宝渚；弹指合掌，咸成佛因""圆见事理一念具足"②，所以于圆教阶段可言无情有性。

其次，湛然从"一念三千"进一步论证无情有性的合理性。"一念三千"是智者大师结合慧文禅师"一心三观"于《摩诃止观》中所阐述的天台宗重要的实相理论。智者把《大智度论》中有关"三种世间"③、《法华经》和《华严经》中有关众生"十界"④、《法华经》有关"十如是"⑤ 的种种说法，综合成"三千法"，以此来归结一切诸法现象。法界互具，每一法界又各具"十如"，则形成"百界千如"；三种世间又各具百界千如，便构成"三千法"，此"三千法"于"一念"中所观，圆融互具，当体即是实相。湛然认为既然一念中具足三千理法，则"念中具有因果、凡圣、大小、依正、自他"⑥，此念无所不包、无所不摄。又因"而此三千性是中理，不当有无，有无自尔"⑦，即所谓的三千世界是在排除执着实体的错误认识后显现出来的，故三千事理既不可被执着为有，也不可被执着为无，且不妨碍现象存在的"有""无"二种规定性。⑧ 因此，由"一念三千"的诸法实相来说，它是统摄了一切有情和无情在内，无有分别，既然有情有佛性，那么无情理应亦具有佛性，即"故虽三千，有而不有，共而不杂，离亦不分，虽一一遍，亦无所在"⑨。

综上所述，湛然认为从圆教和三千理法方面来说，一切无情之物和有情等同，皆具佛性。

（二）三界唯心与无情有性

湛然认为佛性具有普遍性，人们之所以会形成唯有情才具有佛性的认识，是因为将普遍的佛性局限于己身之内，却把己身之外的一切存在看成是非有情。佛性有

---

① 湛然述《金刚錍》，《大正藏》第46册，第785页中。
② 湛然述《金刚錍》，《大正藏》第46册，第785页中。
③ 三种世间，即五阴世间、众生世间、器世间。一切事物都是由色、受、想、行、识五种元素构成，这五种元素称即"五阴"或"五蕴"构成五阴世间。五阴和合，成为有情，构成众生世间。众生世间可居住之国土世界被称为器世间。
④ 六凡：地狱、饿鬼、畜生、阿修罗、人、天；四圣：声闻、缘觉、菩萨、佛。六凡和四圣合成十界众生。
⑤ 在智者看来，诸法实相可以从相、性、体、力、作、因、缘、果、报、本末究竟等十个方面来观察。
⑥ 湛然述《金刚錍》，《大正藏》第46册，第785页中。
⑦ 湛然述《金刚錍》，《大正藏》第46册，第785页中。
⑧ 王志远：《金刚錍》，东方出版社，2018，第85页。
⑨ 湛然述《金刚錍》，《大正藏》第46册，第785页下。

诸多不同的表达，这些表达从根本上近乎一致，但在使用范围上存在些许差别，即湛然所说"然虽体同，不无小别"。在经典中凡是带有"性"字者，比如佛性、理性、真性、藏性等，都是就真实理体又不脱离凡俗的状态而言；而未带"性"的表达形式，比如法界、实相等，都是就凡圣、因果、事理而言，即"凡有'性'名者，多在凡在理，如云佛性、理性、真性、藏性、实性等；无'性'名者，多通凡圣、因果、事理，如云法界及实相等"①。众生之所以未达佛的觉悟、掌握宇宙真理、体会事物真性以及发掘内在的潜能，是因为将佛性定位在果位可得，而众生处于因位，使二者处于对立关系。湛然以《大般涅槃经》为例，该经典以阐述佛性为重点，其中说明佛陀是属于从因位已达果位之人，强化了因位上的众生具有果位佛性的可能性。这反映了《涅槃经》所说的佛性实际是偏于众生而言，而众生由于种种偏执谬误却不得佛果。湛然认为"故知不识佛性遍者，良由不知烦恼性遍故"②，从"烦恼即菩提"来看，佛性应该是体遍，身心苦恼而困惑状态的普遍存在就预示着佛性理应普遍存在。

若人们领略苦恼而困惑的心识具有普遍性，则进一步会理解一切生灭造作的物质形体亦具有普遍性，这是因为一切事物都是由心所造，一切事物就是心识本身，即"子尚不知烦恼心遍，安能了知生死色遍？色何以遍？色即心故"③。至于"色即心故"的缘由，是因为"依报共造，正报别造"都具有普遍性。既然已经相信共同行为感化的普遍性，就没有理由不相信个别行为的感化亦具有普遍性，④ 因为"能造、所造，既是唯心，心体不可局方所故"⑤。由此，众生应该得知"十方佛土皆有众生理性心种"⑥，在诸佛应化的国土世界，到处存在着生命之心识潜能以及其现实活动，所以"法界融通，释然大观，洞见法界，生佛依正，一念具足，一尘不亏"⑦。

综上所述，湛然认为按照能造和所造，三界都是唯一心之所作，而心体绝不可

---

① 湛然述《金刚錍》，《大正藏》第46册，第783页中。
② 湛然述《金刚錍》，《大正藏》第46册，第783页中。
③ 湛然述《金刚錍》，《大正藏》第46册，第783页中。
④ 王志远：《金刚錍》，第53页。
⑤ 湛然述《金刚錍》，《大正藏》第46册，第783页中。
⑥ 湛然述《金刚錍》，《大正藏》第46册，第783页中。
⑦ 湛然《金刚錍》，《大正藏》第46册，第783页下。

以局一方所，故可得知无情和有情等同，皆具佛性。

（三）三因佛性与无情有性

在湛然之前，天台宗的佛性论主要有两种，即"性具善恶"和"三因佛性"。因此，在对"无情有性"进行论证时，湛然借助"三因佛性"的观点，进一步强化了"无情有性"理论。三因佛性即正因佛性、了因佛性及缘因佛性，是从三个不同方面论证性具善恶的学说。正因佛性是指诸法实相的理体；了因佛性是指能够显现实相的般若智；而缘因佛性是指能资助一切善的功德行为，能够资助了因，开发正因。①按照天台宗圆教之宗旨，此三因佛性互具，智者将三因佛性与空、假、中三谛相提并论。因为空、假、中圆融三谛理论确立的前提条件是"三轨"，而三轨可与三因一一对应，其中真性轨对应的是正因佛性，观照轨对应的是了因佛性，资成轨对应的则是缘因佛性。智者认为空、假、中三谛，从根本上来说是相即不二、不一不异的，因为说空，则即假即中；说假，则即空即中；说中，则即空即假。故"三谛圆融，一三、三一"②。

湛然认为，众生执着于有情才具佛性是因为权教是从正因佛性上说。"野客"进而向湛然质问："何故权教不说缘、了二因遍耶？"③湛然对此回应："众生无始计我、我所，从所计示，未应说遍"④，由于众生执着于我、我所来说，不应阐释了、缘二因佛性的普遍性。因此执着于众生有性、无情无性是"不达修性，三因离合"⑤，既然正、了、缘佛性圆融互具，且诸法不外乎空、假、中三谛，那么众生之外的无情不应排除在外，亦具有佛性。为了进一步说明诸法圆融无碍、无情亦有佛性，湛然列举"如《华严》中依、正不二；普贤、普眼三无差别；《大集》染净一切融通；《净名》不思议毛孔含纳；《思益》网明无非法界；《般若》诸法混同无二；《法华》本末实相皆如"⑥，从侧面加强了对无情有性的论证。

综上所述，湛然在天台宗原有思想的基础上，从"诸法实相""三界唯心""三因佛性"方面对"无情有性"加以诠释，揭示诸法悉有佛性。

---

① 俞学明：《湛然研究》，中国社会科学出版社，2006，第173页。
② 湛然述《妙法莲华经玄义》卷二下，《大正藏》第33册，第705页上。
③ 湛然述《金刚錍》，《大正藏》第46册，第782页中。
④ 湛然述《金刚錍》，《大正藏》第46册，第782页中。
⑤ 湛然述《金刚錍》，《大正藏》第46册，第785页上。
⑥ 湛然述《金刚錍》，《大正藏》第46册，第782页中。

三 "真如随缘"释"无情有性"

上述章节对湛然"无情有性"说从三个方面进行了论证，本节从《起信论》"真如随缘"的角度进一步对"无情有性"理论加以阐明。在《中国佛学源流略讲》一书中吕澂先生提及湛然在阐发天台惯有的"性具"思想时，引用了《起信论》中"真如随缘"来解释智者大师"一念三千"之说，以为"诸法真如随缘而现，当体即是实相"，在此之后天台宗原有的思想逐渐变得模糊，[①]因此，学界对于湛然引用《起信论》这一举措多数持否定的态度，认为对天台体系产生了负面影响。日本学者池田鲁参对此有如下观点："湛然著《金刚錍》一卷，展开独特的'无情有性'说，乃发端于法藏著疏中的'无情中也有法性，但佛性只存在于有情'这样的见解。湛然为了论证这种佛性说是如何的不合理，故引用《起信论》的学说。"[②]认为湛然引用《起信论》是为了与华严宗辩论的需要，对于是否模糊天台纯粹的教学体系等问题文内不作评议。从湛然的立场出发，"真如随缘"是不同于天台原有教学体系另辟蹊径对"无情有性"学说的强化。

（一）"真如"与"佛性"义

湛然用"真如随缘"诠释"无情有性"合理性的前提条件是以真如为佛性。[③]因此，"野客"发出为何《大智度论》存在"真如在无情中但名法性，在有情内方名佛性"[④]的疑问，湛然回应"亲曾委读细捡论文，都无此说，或恐谬引章疏之言，世共传之，泛为通之，此乃迷名而不知义"[⑤]。湛然继续发问"野客"，在佛教诸多经典中，存在法界、实际、实相、真性等概念，诸如此类概念应该属于"无情"的范畴内被称作"法性"，还是应该属于"有情"而被称作"真如"？若同真如，那么许多经典中并没有"无情法界、实际"等概念；若在无情，仅仅称为"法性"而不作"佛性"，为什么《华严经》会有"了知一切法，自性无所有。若能如是解，则

---

① 吕澂：《中国佛学源流略讲》，中华书局，1979，第167页。
② 〔日〕池田鲁参：《荆溪湛然受华严教学的影响》，《普门学报》2002年第8期，第56页。
③ 潘桂明：《智颉评传》，南京大学出版社，1996，第496页。
④ 湛然述《金刚錍》，《大正藏》第46册，第783页上。
⑤ 湛然述《金刚錍》，《大正藏》第46册，第783页上。

见卢舍那"① 的说法呢？由此可知，世间一切存在，包括有情和无情都具有佛性，且"法性本空寂，无取亦无见，性空即是佛，不可得思量"②，所以"佛之一字即法佛也，故法佛与真如体一名异"③。湛然又言《佛性论》有"佛性者，即人法二空所显真如"，"真如"只是"佛性"的异称而已，其本质无分别。

（二）"随缘不变"与"不变随缘"

在真如为佛性的前提下，湛然认为"万法是真如，由不变故"，即一切随缘变现的事物和现象存有不变的真实理体。诸法虽名目繁多，于纤尘间有所区别，但真实理体在诸法之中是平等没有差异的。为了论证这个观点，湛然在这里借用了《起信论》里面的水、波浪、湿性三者的譬喻。"是则无有无波之水，未有不湿之波。在湿诅间于混澄，为波自分于清浊。虽有清有浊，而一性无殊"④，世上没有不起波浪的水，也没有不具湿性的波浪。就湿性来讲，无清澈和浑浊之分；就波浪来说，有清澈和浑浊一说。虽然清澈和浑浊有所差别，但是其所禀的湿性没有分别。在这里水如同诸法，清澈和浑浊如同有情、无情，湿性如同佛性。水千变万化，其湿性不会消失，所以诸法有种种表现，均具有佛性。由此可知诸法虽存有情、无情之分，但他们依据的佛性没有分别，故"造正、造依，依理终无异辙"⑤，即不管是有情众生还是无情，从根本上来说没有区别，都具佛性。若认同真如即佛性，真如随缘不变，那么就不能坚持无情无性的观点，否则与随缘不变的本质相违。

上述是从"万法是真如"的角度来说真如随缘不变，接着从"真如是万法"、真如不变随缘的立场加以论证。从不变随缘"只可云水本无波，必不得云波中无水"⑥，在真如不变随缘的前提下，只可言水的湿性本无清澈、浑浊之分，但不可说清澈、浑浊的水波中没有水的湿性。如同某人因为自己方向感上的错误，误将"东"认作"西"，此时"只可云东处无西，终不得云西处无东"⑦，即只可言正确的东方没有他所执着的西方，却不可说他误以为的西方却没有真正的东方。如果只看到万

---

① 湛然述《金刚錍》，《大正藏》第 46 册，第 783 页上。
② 湛然述《金刚錍》，《大正藏》第 46 册，第 783 页上。
③ 湛然述《金刚錍》，《大正藏》第 46 册，第 783 页中。
④ 湛然述《金刚錍》，《大正藏》第 46 册，第 782 页下。
⑤ 湛然述《金刚錍》，《大正藏》第 46 册，第 782 页下。
⑥ 湛然述《金刚錍》，《大正藏》第 46 册，第 782 页下。
⑦ 湛然述《金刚錍》，《大正藏》第 46 册，第 782 页下、第 783 页上。

法显现出来的相状，却体悟不到其内在的真实理体，那么就会产生"波无水名，西失东称"的失误。因此，从"真如是万法，由随缘故"去理解众生和无情之间的关系，得知一切有情和无情之中都具有佛性，佛性是根本的理体，而有情和无情只是随缘变化的现象。现象有异，但理体是一。

综上所述，真如即佛性，真如随缘不变，则佛性亦随缘不变，一切众生和无情是诸法的不同表现形式，其真实理体"佛性"没有差别。

结　语

湛然认为从圆教和三千理法方面来说，一切无情和有情等同；从能造和所造，三界都是唯一心之所作，而心体绝不可以局一方所，故知无情和有情等同；从三因圆融互具，且诸法不外乎空、假、中三谛，则无情亦与有情等同；从真如即佛性，真如随缘不变，则佛性亦随缘不变，一切众生和无情是诸法的不同表现形式，其真实理体"佛性"没有差别，因此无情和众生平等具有真实理体，理应具有佛性。在历史上，佛性学说经历了从"部分众生具有佛性""一切众生皆有佛性"到"无情亦有佛性"的发展，到了湛然的"无情亦有佛性"时，佛性的主体、成佛的范围进一步扩大，打破了天台宗从灌顶到玄朗守成的局面，使天台学说又一次得到了发展，在唐中期诸学说中独树一帜并影响至今。

《般若无知论》体用关系新释

——《梦庵和尚节释肇论》研究

明　月　代晓嫒

【内容提要】《般若无知论》是僧肇从"空观"立场出发，对"般若""无知"及二者之间关系进行阐释的一部论。僧肇所述"般若""无知"之间是"用寂体一"的关系。《梦庵和尚节释肇论》是梦庵在遵式《注肇论疏》依用基础上，对《肇论》所做的新释。他在宗密"禅教融合"思想的指导下，节释《般若无知论》的体用关系。梦庵疏中对天台、华严等宗观念均有所融摄，并对禅宗立场有所突出，他立足"心本体"立场，主张"无知"为"体"，"般若智"为"用"，"无知体"与"般若用"是"体用不二"的关系。

【关键词】梦庵普信　《肇论》　《般若无知论》

【作　者】明月，中国人民大学哲学院在读博士研究生；代晓嫒，西南民族大学哲学院在读硕士研究生。

一　引言

梦庵普信禅师，是戏鱼咸静禅师法嗣，属临济下十二世，黄龙五世弟子。关于梦庵的生卒年代未见有文献记载，但根据梦庵的法系传承谱及与梦庵有交往的同时代禅师们的生卒年代记载，大致可以推算出梦庵活跃的时代。黄龙一世、二世、三世、四世禅师们的活跃时间与杨岐派禅师们的活跃时间较为接近，至黄龙五世育王介谌（1080～1148）与杨岐五世禅师径山宗杲（1089～1163）、昭觉道元（？～1179）

等人多为 11 世纪末到 12 世纪中叶左右人。① 故同为黄龙五世弟子的梦庵的活跃年代可大约推断为 12 世纪上中叶。对梦庵普信上堂语录直接记载的有《嘉泰普灯录》《五灯会元》《续传灯录》《续灯正统》等四家灯录，梦庵有数首颂古作品载于《禅宗颂古联珠通集》中，梦庵亦对《肇论》作有《梦庵和尚节释肇论》一疏。

本文探讨的《梦庵和尚节释肇论》文本在我国已佚失，日本现存两个。伊藤隆寿先生在他的文章「夢庵和尚節釈肇論とその周辺」中指出《梦庵和尚节释肇论》现存的两种文本为真福寺本和尊经阁本。伊藤先生对梦庵疏真福寺本的具体形态进行了介绍，包括帖数、装帧、寸法、纸数、笔者、外题、内题、尾题等。并指出真福寺本题下记有"参学比丘悟初、道全集"的字样，尊经阁本中亦有相同记载。张春波先生的《肇论校释》一书中收录的《梦庵和尚节释肇论》，是以尊经阁本为底本，参照遵式《注肇论疏》、净源《肇论中吴集解》做了标点和校勘后寄到东京，再由伊藤隆寿先生参照真福寺本进行校勘后，附在《肇论校释》一书中。②

《肇论》作为一部具有极高思想价值的著作，深受佛教诸家的青睐，从南北朝以来，不断有《肇论》注疏的问世，梦庵对《肇论》的节释便是宋朝诸家关于《肇论》的注疏之一。梦庵本人对《肇论》的评价极高，认为"每见古今大宗匠，无不用此文"，③ 从梦庵的评价中可见梦庵对僧肇思想的认同。

关于《肇论》，汤用彤先生曾做出这样的评价："肇公之学说，一言以蔽之：即体即用。"④ 他认为《般若无知论》是谈体用之间的关系。在《肇论》中确实谈到"般若"与"照用"之间的关系，但并未直接用"体用"二字对其进行表述，而是多以"用寂体一"来描述"般若"与"照用"之间的关系。关于"体用"，诸多学者认为这是中国哲学特有的一对范畴。⑤ 从魏晋以来，各家学派对"般若空观"的解释，都有对"体用"这对范畴的讨论。随着时代的变化，关于"体用"范畴的讨论亦随之变化发展。梦庵对僧肇《般若无知论》的注疏便是带有新的时代意涵，对"般若""无知"及二者之间的关系做出了新的解释。何种因素影响了梦庵的阐释，梦庵对原论有哪些承续与延展以及对后世有何影响，是本文要探讨之问题。

---

① 吴立民主编《禅宗宗派源流》，中国社会科学出版社，1998，第 659~660 页。
② 张春波校释《肇论校释》，中华书局，2010，第 18 页。
③ 张春波校释《肇论校释》，第 356 页。
④ 汤用彤：《汉魏两晋南北朝佛教史》，商务印书馆，2015，第 267 页。
⑤ 方克立：《论中国哲学中的体用范畴》，《中国社会科学杂志》1984 年第 5 期。

二　梦庵思想背景探析

梦庵生活在宋朝这一佛教各宗思想、观念相互融合的时代。梦庵虽为禅宗弟子，但所作《肇论》节释中对其他宗派的思想亦有所映现。可见影响梦庵思想的因素并非单一，故有必要对其思想背景进行探析。

（一）禅宗黄龙派禅法渊源

梦庵是禅宗临济下黄龙派弟子，师承黄龙派中慧南—常总—应乾—咸静一系。慧南的禅法讲求"悟"的重要性，引导学人自悟。慧南反对在语言、文字等外在修证方法上的执着，讲求于事物本来面目体悟自性，说"行脚人须……向和泥合水处认取本来面目"①。慧南亦设黄龙三关，对学人过关与否做出回应。认为已经悟得其中要旨之人，自然明了三关非"关"；未悟者则会执着于"关"中，陷于语言文字等化门的执碍不可自拔。

常总师承慧南，常总禅法认为语言、文字是化门，并批判执泥于化门的做法。常总对学人得悟与否的两种境界的解说承袭了慧南的说法。但常总在谈及"黄龙道"②时，用秋雨无差别滴落，最后归处为大海这一自然之事来说法，并认为自然之事中亦含诸法实相，可见常总有引导学人在平常之事中参禅的意图。且从常总与学人的问答语录中可发现，常总在传法时多用"绕路说禅"这一形式。

至洄谭应乾这一系，应乾承袭常总禅法，在与学僧的交流中，有教导学人在平常之事中得悟的意向。但在学人论及日常事相时，应乾提示学人应再进一步，不拘泥于平常事相。黄龙四世胜因咸静的禅法体现了其对"悟"的看重，其上堂语录亦表达了其引导学人斩断妄念、无所取着、在事物本来面目中去体悟自性的倾向。

黄龙派自梦庵这一世已经走向衰弱，但梦庵思想仍沿袭着黄龙派禅风。梦庵的上堂语录③中往往采用"绕路说禅"的形式进行说法，并善用自然之事引导学人，其对得悟与否的两种境界的解读亦是沿袭了慧南、常总等人的观念。梦庵对待语言文字的态度，先是对执泥于语言文字的人进行批判，又阐述了其"不离文字"的思想。

---

① （宋）惟白：《建中靖国续灯录》，《佛光大藏经》，佛光出版社，1994，第 305 页。
② （宋）惟白：《建中靖国续灯录》，《佛光大藏经》，第 567 页。
③ （宋）正受：《嘉泰普灯录》，《佛光大藏经》，第 529 页。

从《梦庵和尚节释肇论》序言中，梦庵自述其作《肇论》节释的原因，是认为诸人对肇论的延伸是"烂泥中洗土，转见不堪；好肉上剜疮，番成特地"①。他认为这些文字不免有强搬硬套之嫌，没能点明肇论中所要表达的理。梦庵对诸种关于《肇论》的发挥进行批判后，又提到因为学人迷悟程度有差别，有的人可以自己体悟到佛法道理，有些人则需要语言文字作为方便帮助学人领悟，故"乍可远离佛法，不可近阻人情"②。做注释离不开语言文字这一方便，这也是梦庵对其作《肇论》节释出发点的一种解释。同时梦庵认为对待这些文字的态度应为"既乃随言释意，直须句下知归"③，而不是拘泥于它，陷入文字的执碍。

（二）宗密"禅教融合"思想

佛教不同宗派之间思想的融合并非自宗密开始，融合是佛教发展的必然结果，但在宗密之前的"融合"多为参照其他宗派的观念进行改造，以充实、发展自宗。如天台宗湛然为驳斥华严宗"有情有佛性"说，提出"无情有性"说。此说的提出与三论宗大师吉藏的"草木有性"说有着密切关系。④ 诸如此类的融合还很多，宗密的融合与前述"融合"不同，董群先生指出宗密的融合，是"批判性会通"；《禅宗宗派源流》一书中，亦认为宗密"禅教合一"的融合，且代表了以后佛教发展的一大趋势。⑤

宗密在《禅源诸诠集都序》中指出禅教二门的弊病，并列出十个理由说明禅教融合之必要性。宗密对"禅""教"进行分判，并对禅宗内部的顿悟渐修问题进行分析。宗密为其融合三教、禅教、顿渐寻找到一基点，即诸种教法皆从世尊一真心体流出，传至各处。这一"真心体"是法性、如来藏藏识、佛性、心地，且该"体"是心本有，不因缘、境起生灭变化的真性，是空寂之知。诸种教法有共同的来源，自然有了融合的基础。林建勋先生亦指出宗密融合三教、三宗的立场是基于如来藏自性说，并将如来藏思想放到禅宗的解悟中。⑥

在宗密大师的"真心体"思想体系中，该"体"虽性空，但是"不违有之空"，是"真空妙有"，能够随缘而生妙用永不断绝。且当悟得"真性"时，由体起用，了

---

① 张春波校释《肇论校释》，第 357 页。

② 张春波校释《肇论校释》，第 357 页。

③ 张春波校释《肇论校释》，第 357 页。

④ 潘桂明、吴忠伟：《中国天台宗通史》，江苏古籍出版社，2001，第 302 页。

⑤ 吴立民主编《禅宗宗派源流》，第 388 页。

⑥ 林建勋：《华严五祖与圭峰禅师——论宗密的两派法传与禅教一致》，《鹅湖月刊》2014 年第 466 期。

知一切法，达到"悟"这一境界之后，所见诸法均是真心，即诸法实相。宗密的"真心体"思想是基于"心本体"层面上的解释，将如来藏思想与禅宗的自性说、解悟说结合，对华严宗、禅宗中的思想均有融摄，这亦是宗密教禅一致思想的体现。

宗密"禅教融合"为宋代佛教诸宗相互融合的实践提供了思想指引。梦庵生活在这一时代，其所作《肇论》节释中对佛教多宗观念的运用，便是其在"禅教融合"思想指导下的实操。

（三）遵式《注肇论疏》的影响

梦庵《肇论》节释是对遵式《注肇论疏》依用的产物。《注肇论疏》的作者圆义遵式为云门宗圆义遵式禅师，其法系为雪窦重显—天衣义怀—圆照宗本—圆义遵式一系。[①] 遵式嗣法于力倡"禅教一致"的圆照宗本禅师，其注疏中亦有明显的"禅教一致"立场。

遵式继承发挥"禅教一致"立场，在其注疏中运用禅、华严、天台多宗观念对《肇论》进行注解。遵式于疏中引用了《华严经》中以心总摄万法的观念，"众生迷此而轮转不息，圣人证此而圆寂妙常。是知非一心而万法不存。法非心也，非万法而一心不显。心非法也"[②]。遵式对众生与圣人所处的不同状态进行论述，且心能总摄万法，万法亦能使心显现的说法，是对法藏大师"一体二用"思想的延续。遵式对法藏大师的判教理论亦有依用，遵式通过贤首大师的判教理论，将《肇论》判释为大乘终教，注疏中多处可见遵式对华严宗经典及观念的引用。

遵式在论及禅宗内部在顿渐方面的不同见解时，说"六祖以无念为宗，神秀以离念为宗。虽分顿渐，皆明智体无知"[③]。遵式作为禅宗南宗门下弟子，对六祖与神秀之间的顿渐之争并没有选择倾向于某一方，而是从二者之间的共性即神秀与慧能的禅法中均有对智体无知的认同来表明其态度。宗密大师为其融合思想寻找到的基点便是"真心体"思想，其"真心体"思想中便有"空寂之知"这层意涵，可见遵式对宗密大师思想的吸收。遵式疏中对天台智者大师"一心三观"的思想亦有所提及，亦可见对《法华经》中"权实"等范畴的应用。

遵式注疏以禅教两通为出发点，梦庵对遵式注疏的全面依用自然说明了他对禅

---

① （宋）惟白：《建中靖国续灯录》，《佛光大藏经》，第 755 页。
② （宋）遵式：《注肇论疏》，《卍新纂续藏经》第 54 册，第 141 页。
③ （宋）遵式：《注肇论疏》，《卍新纂续藏经》第 54 册，第 167 页。

教两通立场的认同。同时，梦庵疏中对遵式"禅教两通"的立场给予了极高的评价，认为"此论若非式禅教两通，莫能深穷斯旨"。① 梦庵疏亦延续了式疏中用"心本体"思想注解肇论"般若空性"的思想范式，并认为一心具足体用，体用同根。上述表明，梦庵节释《肇论》是从"心本体"出发对僧肇"空观"进行注解，以及他对"一心具足体用""体用不二"观念的认同。

（四）江南地区佛教思想氛围

梦庵活跃于 12 世纪上中叶，此时佛教诸宗在江浙地区较为活跃。天台宗在浙江地区展开山家山外之争；华严宗的"中兴教主"晋水净源的主要活动地亦在江浙地区；禅宗在进入南宋后，传播中心南移。梦庵所在的江苏便是佛教诸宗较为活跃的地区之一。

除梦庵疏之外，宋朝还有四家关于《肇论》的注疏，一为秘思（994～1056）说，净源（1011～1088）集的《肇论中吴集解》三卷，这一集解由净源在嘉祐三年（1058）在苏州万寿寺收集整理。二为净源于嘉祐六年（1061）在杭州完成《肇论中吴集解令模钞》二卷。三为圆义遵式于苏州所作《注肇论疏》。四为渤谭晓月禅师（临济下六世琅琊慧觉禅师法嗣）所作《夹科肇论序注》，晓月禅师虽活跃地区不在江浙，但其曾从琅琊到江苏地区参学契嵩，并与契嵩相交甚密。

宋朝四家《肇论》注疏的问世均与江南地区的禅师有联系，且四家注疏对宗密大师"禅教合一"均有所体现。梦庵与遵式二人均在苏州地区活跃，且二者活跃年代较为接近，在现实中有所交集亦有可能，梦庵疏对遵式疏的全面依用，自然有这一方面的因素。且江南地区佛教诸宗思想交流的活跃，各家注疏中对"禅教立场"的发挥，亦为梦庵作疏提供了思路。

三 僧肇《般若无知论》中的"体用"关系

《般若无知论》是僧肇从中观立场出发，对"般若空性""无知"及"般若"与"照用"之间关系的论述。僧肇严守中观立场，从否定自性的角度论述般若空性；从中道不落边见的角度阐述般若"不有不无"的性质；僧肇所述"无知"是为无"惑

① 张春波校释《肇论校释》，第 356 页。

取知"，并指出"真智"非缘法；般若的体用关系是"虚不失照""照不失虚"的"用寂体一"的关系。

（一）"般若"

僧肇在论述"般若"时，认为"般若"体性清净，无所有相、生灭相。首先说明般若性空没有具体相状，无生无灭。龚隽先生认为僧肇《般若无知论》中的"空"是绝对意义上、远离一切主观性的概念分别的"空"。[①] 僧肇在论述"般若"无生灭时，说"生灭者，生灭心也。圣人无心，生灭焉起"[②]，从根本上否定了具有本体论"自性"意味的"生灭心"。印顺法师在《中论今观》一书中认为，"无生可生，无灭可灭"是从中观空的立场，对有"生""灭"的自性进行了否定。[③] 僧肇认为"般若"无所有相、生灭相，亦是从否定自性的角度来论证般若性空义。

其次，《肇论》中，"般若"具有"实而不有，虚而不无，存而不可论"[④] 这些性质。"实而不有，虚而不无"是从中道层面出发，对"般若"做出不落"有""无"断见的叙述。为进一步论述般若"非有非无"的性质，僧肇自设难答体，分别从"有""无"二边见进行诘难，并自答"般若义者，无名无说，非有非无，非实非虚"[⑤] 以破除"有""无"二边见。

"存而不可论"，是说世俗层面上的语言文字不足以明了"般若"的深意。关于语言的问题，僧肇在难体中亦设有一难，说般若无名之法，并不是语言所能表述的，但又需要语言文字去传达。语言层面所说的"般若"并不是"般若"，而是"般若"的"假名"，吕澂先生提到缘起法中应明白诸法是一种"假名"，"假"意为概念的表示，表示的途径不外乎语言、文字。[⑥]

（二）"无知"

僧肇在论述"无知"时，引经说般若无所知、所见，并指出"夫有所知，则有所不知。以圣心无知，故无所不知"[⑦]，这是用世俗知见的局限性，来推导圣智无知

---

① 龚隽：《禅史钩沉：以问题为中心的思想史论述》，生活·读书·新知三联书店，2006，第113页。
② （后秦）僧肇：《肇论》，《大正藏》第45册，第154页。
③ 印顺：《中论今观》，《中华书局》，2010，第33页。
④ （后秦）僧肇：《肇论》，《大正藏》第45册，第153页。
⑤ （后秦）僧肇：《肇论》，《大正藏》第45册，第153页。
⑥ 吕澂：《印度佛学源流略讲》，上海人民出版社，2018，第97页。
⑦ （后秦）僧肇：《肇论》，《大正藏》第45册，第153页。

的做法。世俗层面上的知见有偏颇，有所知，故也有所不知；圣智无知，是为无惑取之知，对待事物无偏妄，故无所不知。僧肇在第一重难答体中对"般若无知"进行了论述，他认为"般若体性真净，本无惑取之知"①。僧肇论述的"般若"体性清净，本就是无惑取之"知"，当然也不能用"无知"这一名言来代表真正的"般若无知"义。

为进一步论述"般若无知"，僧肇设"真谛，则般若之缘也"② 一难。在这一难中，僧肇从中观缘起的角度论证"般若无知"，就"所知"与"缘法"的关系进行分析。"所知"生于"知"，因缘相生之物非真；真则不是缘法，真谛非缘，是超世俗的，用真智观真谛自然也无"所知"从中生出。龚隽先生认为僧肇的"所知"与"知"只能看成有待的相对性认识，圣智与一般意义上的被给予之物无关。③

僧肇就圣智"无"与惑智"无"又设一难，自答圣智"无"是因为"夫圣心虚静，无知可无，可曰无知"④，般若体性清净，本就无惑取之知可无，所以说是"无知"。在论及惑智"无"时，僧肇答为"惑智有知，故有知可无，可谓知无"⑤，惑智"知"为惑取知、有取着的知，有惑取知可无，所以说"知无"。龚隽先生就僧肇的圣智"无知"进行分析，认为"无知"是从当体性空的意义上了悟"知"的本性空寂；惑智有"知"可无，是以还原去知的方式成就空性智。⑥

（三）"用寂体一"

僧肇在论述般若的体用关系时，基于般若本性清净"空"的角度谈真空妙有。僧肇所说般若的照用与般若之间并不是对立的，也不是因果关系，而是"用寂体一"的关系。

"欲言其有，无状无名；欲言其无，圣以之灵。圣以之灵，故虚不失照；无状无名，故照不失虚。"⑦ 般若性空，如果说它为"有"，但没有具体相状也没有名号可以与其相应；如果说它为"无"，它又有照用显现。般若的无并不是彻底的虚无，而

① （后秦）僧肇：《肇论》，《大正藏》第 45 册，第 153 页。
② （后秦）僧肇：《肇论》，《大正藏》第 45 册，第 154 页。
③ 龚隽：《禅史钩沉：以问题为中心的思想史论述》，第 114 页。
④ （后秦）僧肇：《肇论》，《大正藏》第 45 册，第 154 页。
⑤ （后秦）僧肇：《肇论》，《大正藏》第 45 册，第 154 页。
⑥ 龚隽：《禅史钩沉：以问题为中心的思想史论述》，第 121 页。
⑦ （后秦）僧肇：《肇论》，《大正藏》第 45 册，第 153 页。

是真空妙有，虽性空但有照用，般若体用之间"虚不失照""照不失虚"。般若虽无知但有照会之用，般若的应会与"无知"之间的关系是"会而无差"，因为般若无知而又无所不知，故在认识事物时不会有执取有偏差，是为"会而无差"。

般若的应会之道亦无取着，像四季交替一般自然映现。般若照用与空性之间，是"用寂体一"的关系，二者同出而异名。唐忠毛先生认为僧肇关于"用寂体一"的描述是用道家的体用观来解释般若中观思想。① 但僧肇的体用观与道家基于本体层面的体用观不同，僧肇运用"体用"这一范畴意在说明般若性空之理。

四　梦庵节释《般若无知论》中的"体用"关系

"般若""无知"是僧肇《般若无知论》中一对重要的范畴，梦庵对这一论的节释亦是围绕这一对范畴所展开。梦庵是在宗密"禅教融合"观念指导下，运用佛教多宗之观念，以展开对"般若""无知"的阐释。且梦庵节释《般若无知论》是从心本体论立场出发，以"无知"为"体"，"般若"为"用"，"般若智"与"无知体"之间"体用不二"。

（一）"无知体"

梦庵节释《般若无知论》序言中对无知的解释谓："无知者，体也。是本觉真心，体相寂然，本无知觉，乃权实之体。"② 梦庵认为"无知"是"本觉真心"，是"权实之体"，这是从心本体角度去阐释僧肇的空观立场。梦庵的"本觉真心"更符于宗密思想体系中"本觉真心"的描述。董群先生指出，"从宗密思想的内在逻辑看，圆觉之心，也就是本觉之觉，圆觉妙心，也就是本觉真心"③。

梦庵将"无知"定位到具有本体意味的"本觉真心"后，又提及"体相寂然"，意在说明"真心"所具备的空性，"真心"本性为空，所以"本无知觉"。梦庵对"无知"的描述与宗密大师以"空寂之知"为"自性"或"心"的观点相仿。宗密大师的"知"具有空寂、无因缘生灭的性质，前述梦庵对"无知"的注解亦是如此。

---

① 唐忠毛：《从"空性"到"体用"——中国佛学心性本体论的建构与反思》，《西南民族大学学报》2018 年第12 期。
② 张春波校释《肇论校释》，第 403 页。
③ 董群：《融合的佛教：圭峰宗密的佛学思想研究》，宗教文化出版社，2000，第 256 页。

梦庵将"无知"归为"体",更是沿袭了宗密大师的思想。宗密在《禅源诸诠集都序》中说佛法世法都有"名体",并通过"推水明体"比拟佛法,把"知"上升为"体",说"知"即是"心"。宗密"禅教融合"的体系会合了澄观如来藏真心的"教"相与菏泽神会由"知"字入门的"即心即佛"的"禅"法。① 梦庵以"无知"为"体"注解僧肇的"无知"明显是对宗密"禅教融合"体系中关于"知"的思想的继承与吸收。

（二）般若"用"

梦庵疏中对般若的描述为"般若,梵语,此翻曰智,即用也。或谓真智、根本后得"②。梦庵将"般若"解释为"智"或"真智",并将"般若"明确定位为"用"这一范畴。"根本后得"是梦庵从禅宗立场出发对僧肇原意的曲解,有所"得"亦表明存在能"得",而僧肇所言般若性空,本无能得之物,故不存在所得。肇论中对"般若"描述为"圣智幽微,深隐难测。无相无名"③,说明了"般若"的深意,难以揣度,并没有明确"般若"是什么,但梦庵在注疏中明确交代了"般若"是"真智",是"根本后得"。

梦庵在把"般若"归为"用"后,说般若"通权及实","或在因为慧,在果为智。权实体用不二,显智一之义"。④ 从这段描述可知,梦庵认为"般若"具有互通权实、随缘应变的功用,且"权(权益方便)""实(真实不妄)"是《法华经》的一对重要范畴。

梦庵对天台智者大师"一心三观"的思想亦有所依用。梦庵将《物不迁论》《不真空论》与《般若无知论》相对比,他认为前二论显真俗不二之境,而《般若无知论》明权实不二之智。梦庵对境智关系的描述为"境非智无以显融通,智非境无以发互照。乃一心三观,照前一境三谛"⑤。"一心三观"思想中"能观""所观"均为中道实相,一心三观是"以不思议之心观照不思议之境"⑥。梦庵对天台智者大师观念的依用,意在说明"般若之智"对权实的互通。梦庵指出《般若无知论》即

---

① 林建勋:《华严五祖与圭峰禅师——论宗密的两派法传与禅教一致》,《鹅湖月刊》2014 年第 466 期。
② 张春波校释《肇论校释》,第 402 页。
③ (后秦)僧肇:《肇论》,《大正藏》第 45 册,第 153 页。
④ 张春波校释《肇论校释》,第 402 页。
⑤ 张春波校释《肇论校释》,第 403 页。
⑥ 潘桂明、吴忠伟:《中国天台宗通史》,第 122 页。

是阐释"宗本义"中的"实相"名，在"般若实相"的前提下自然能够以"一心三观照一境三谛"，融通权实。

僧肇认为"般若智"无相无名不能为语言表象所了知。其论述言象不能得般若深意的出发点是中观哲学，认为语言文字是方便之说，是"假名"。梦庵对僧肇这一观点的阐释则带有极强的禅宗色彩。梦庵注疏中提到"圣智幽深，微妙渊默，量超数表，欲开未悟，不可名言"[1]。梦庵对圣智所含摄范围的描述与《坛经》中"心量广大"的论述相近；"悟"是了知般若实相的方法，而这一"悟"亦照应了梦庵对"般若"解释中"根本后得"一说。因"悟"而得"般若"，"欲开未悟"，未悟的是般若之智，是实相。想要悟得"般若"，并不是借由语言文字即能达到，梦庵对名言的看法则更合于《坛经》所述"诸佛妙理，非关文字"这一观点，以及梦庵所依黄龙派传承对语言文字的态度。

（三）"体用不二"

梦庵于节释《般若无知论》序言中以"无知"为"权实之体"，并将此"体"与"般若"通权即实的功用相结合，认为二者之间的关系为"本觉起其照用，照用还契本觉，故体用不二也"[2]。梦庵所言"体用不二"与僧肇的"用寂体一"不同，梦庵的体用不二是从心本体层面出发，认为"本体"与"相状"之间"体用不二"，僧肇所谈论的是"般若空性"与"照用"之间的"用寂体一"。且肇论中并未直接见有"体用不二"的论述，多是用"用寂体一"来表述"般若空性"与"照用"之间的关系，"体用不二"则是梦庵注疏中常见的表述。

僧肇用"实而不有、虚而不无、虚不失照、照不失虚"这几对范畴来说明般若与照用之间的关系。梦庵对这几对范畴的注解为"实不有，用即体，虚不无，体乃用；体即用，接应而当体虚也；用即体，虽混而不变"[3]。梦庵用"用即体""体乃用"来解释僧肇所述般若有照用但无实体存在、般若虽空但仍有照用并非绝对虚无的观点，可以看出梦庵将僧肇所述般若与照用之间的关系直接归为"体用"这一范畴，且"体""用"之间是"体用相即""体用不二"的关系。

梦庵在对"体用不二"这一关系进行论述时，引用了宗密大师关于"正念"的

---

① 张春波校释《肇论校释》，第 407 页。
② 张春波校释《肇论校释》，第 403 页。
③ 张春波校释《肇论校释》，第 410 页。

说法，以对僧肇"般若无惑取知但有照用"的观点进行阐释。"圭山云：正念者，无念而知，若总无知，何明正念"①，梦庵用宗密"知"对"正念"的返照作用，来说明"体必具用"。梦庵亦运用"水与波""珠与光""摩尼珠本无色而现色"② 等范畴来说明般若体性与照用之间的"体用不二"。

在论述僧肇圣心应会亦是无取著的应会的观点时，梦庵引用《华严经》离世间品中"菩萨清凉月"一偈，以说明圣心的照用无所取著，应会亦无所取著。梦庵引此偈来说明"圣心"照用无所取著，与华严宗海印三昧中"因不执着一切有情的心行，而能了知一切有情的心行"③ 这一思想特色有异曲同工之妙，可见其对华严宗思想的吸收。梦庵亦通过对华严宗"理""事"等范畴的依用进行《肇论》的节释。

梦庵在论述"般若"与照用之间"体用不二""一体同观"之关系时，并非仅就二者关系展开论述。梦庵扭曲僧肇的"空观"立场，对如何得"般若"进行阐述，且在这一过程中就其禅宗立场有所突出。为照应其"心本体"立场，梦庵从证悟层面对如何得"般若智"、如何感知"自性"、如何体会"般若""真谛"之间"用寂一如""一体同观"的关系进行说明。若想体悟"自性"、得"般若智"、体会"般若""真谛"之间的"用寂一如"，则须"妙会"。"妙会"是外在的语言文字知识所不能达的，《坛经》亦提到自悟不假外求，"妙会"与禅宗所倡导的"不假文字""直指人心、见性成佛"的宗旨相符。

同时，梦庵就僧肇论中所述圣智本空无惑智可无的观点，引用仰山慧寂"如僧问仰山：今时人还假悟去否？仰云：悟即不无，争奈落第二头何"④ 这一公案。梦庵对该公案的解读为"此意大同小异。非具参学眼目，莫能知之。一向说妄即真，未免葛藤在。更未知有"⑤。梦庵认为此公案所表达的意思与僧肇原意大同小异，并对"说妄说真"这种执着于语言文字的做法进行批判。公案中的"悟即不无，争奈落第二头何"是对了悟到空性后，不落言筌、不再执着于语言文字上的"真"或"假"这一状态的说明。僧肇的观点在于说明圣智"无"与惑智"无"有所区别，且不关"悟"否。梦庵对公案的解读是基于"悟"的基础上泯灭了"真""妄"，来判别

---

① 张春波校释《肇论校释》，第 408 页。
② 张春波校释《肇论校释》，第 426 页。
③ 黄连忠：《华严海印三昧的思想特色与修证进路》，《华严学报》2011 年第 1 期。
④ 张春波校释《肇论校释》，第 432 页。
⑤ 张春波校释《肇论校释》，第 432 页。

"圣智""惑智"之区别，这是对僧肇原意的歪曲。梦庵通过公案的解读来表达其思想的做法，是对宋朝禅师们"颂古"风潮的追从。梦庵立足禅宗观点，还从世人对圣智认识悟惑程度不同而执着于"知"与"无知"之间的差别进行阐发。上述亦是梦庵疏相较于遵式疏的独特之处。

五 结语

梦庵对《般若无知论》的节释并不是对僧肇原论的复刻，亦没有立足于僧肇作论时从"空观"出发、否定"自性"或本体的观点，而是运用带有本体意味的"本觉真心""根本后得智"等立场去解读僧肇原论。梦庵从心本体立场出发去注解僧肇空观的做法，无法用简单的对或错进行评判。从空性到心本体立场的演变，是对佛所说"般若"的"方便说"，亦即随着时空的转换，佛教大师们对它做出的新阐释，是佛教中国化的典型案例。

梦庵作为禅宗弟子，在"禅教融合"观念指导下，从"心本体"立场对僧肇"空观"立场进行新的解读。梦庵运用禅宗悟入、自性、世人迷悟程度不同等观念对《般若无知论》进行延伸，还包括用禅僧们"绕路说禅"的语言风格对僧肇原论进行解读，对禅宗思想的发展做出了积极贡献。

通过对梦庵普信思想渊源、梦庵注《般若无知论》中体用关系的考察，可以了解到"禅教融合"这一思潮对宋朝佛教诸宗之间相互融合潮流的影响，及僧人们在"禅教融合"这一思想指导下所做出的实践。对我们了解宋朝禅师们在禅教融合潮流下对经典的阐释，以及宋代佛教诸宗不同观念之间的交流具有一定的参考价值。

杜朏撰《传法宝纪》再考[*]

通　然

【内容提要】　《传法宝纪》作为最具代表性的早期禅宗史书，对神会的《菩提达摩南宗定是非论》影响巨大，在解明早期禅宗史上具有非常重要的意义。但关于其成书情况，至今依然存在许多问题有待解决。本文主要通过"撰者杜朏"、"《传法宝纪》的祖统说"和"法如派与《传法宝纪》"三节的考察，试图阐明其成书的一端。

【关键词】　《传法宝纪》　杜朏　法如　元珪

【作　者】　通然，北京大学哲学系博雅博士后、助理研究员。

前　言

杜朏（生卒年不详）撰《传法宝纪》作为现存最古的禅宗灯史，对于早期禅宗影响巨大，具有非常重要的史料价值。特别是其书主张"菩提达摩—慧可—僧璨—道信—弘忍—法如—神秀"的祖统说，相比于普寂系（北宗）将"神秀"、荷泽系（南宗）将"慧能"作为禅宗六祖，其最大特色是将"法如"置于五祖弘忍之后。因此，该书被发现以来，[①] 穴山孝道、神田喜一郎、柳田圣

＊　本文系 2021 年度中国博士后科学基金第 70 批面上资助项目（2021M700266）的阶段性研究成果。

① 此文献最初是由矢吹庆辉发现，发表在《鸣沙余韵》（东京：岩波书店，1930），1932 年被收录入《大正新修大藏经》第八十五卷"古逸部·疑似部"。此大正藏本（P2634）在宇井伯寿的《禅宗史研究》（东京：岩波书店，1935）中也作为"北宗残简"的一部被介绍和录文。遗憾的是，此写本仅存卷首至《达摩章》中途的部分，不足本书全体的四分之一。此后，通过神田喜一郎完整异本（P3559）的发现，才得见（转下页注）

山等学者相继展开研究，成果丰硕。但关于本书的成书问题，至今依然存在探讨的余地。

这里首先回顾以往的研究，对存在的问题点进行说明。1933 年，穴山孝道在『「传法宝纪」に就いて』中指出，《传法宝纪》将法如置于弘忍和神秀之间而没有言及慧能，本书应属于北宗内尊奉法如和神秀一派的著作。又穴山根据严挺之撰《大智禅师碑铭》中义福在参谒法如和神秀以前，曾师事过洛阳大先寺朏法师的记载，认为杜朏即是朏法师。[①]1942 年，神田喜一郎发表『「传法宝记」の完帙に就いて』，在继承穴山观点的基础上，认为杜朏的"杜"为俗姓，"朏法师"应是在还俗后以杜朏之名撰述的《传法宝纪》。[②] 此后，约二十年间都没有关于本书的研究成果出现。直到1963 年以后，柳田圣山陆续发表了数篇论文。[③] 柳田同样以"杜朏＝朏法师"为前提，认为义福和普寂在成为神秀的法嗣以前曾师事过"朏法师"，进而推定《传法宝纪》的撰述是受到他们的委托。此观点之后得到很多学者的支持。[④] 虽然并非没有异议，[⑤] 但作为通说，一般认为《传法宝纪》是在义福和普寂影响下成书的北宗灯史。

（接上页注①）本书的全貌。神田将 P3559 卷首数行的照片刊载在《敦煌秘籍留真》（京都：小林写真制版所，1935），将全本的照片刊载在『「传法宝纪」の完帙に就いて』（野口信二编《积翠先生华甲寿记念论纂》，东京：同纪念会，1942）。翌年，白石虎月根据神田的照片对 P3559 进行了校订和录文，并作为《续禅宗编年史》的附录出版。另外，本书的异本尚有 P3858 和 S10484，分别由柳田圣山（『初期の禅史Ⅰ』，东京：筑摩书房，1971）和荣新江（《敦煌本禅宗灯史残卷拾遗》，白文化编《周绍良先生欣开九秩庆寿文集》，中华书局，1997）发现和介绍。但两者均为残欠本，P3858 存有《道信章》后半至《法如章》前半部分，S10484 仅存有《慧可章》的三行残片。

① 此论文的初出杂志现已不明，矢吹庆辉将其概要收录在《鸣沙余韵解说》（东京：岩波书店，1930，第 521～525 页），并作有解说。

② 参见神田喜一郎『「传法宝纪」の完帙に就いて』，第 145～152 页。

③ 柳田论及本书的文章，主要有其一，「伝法宝纪とその作者：ペリオ 3559 号文书をめぐる北宗禅研究资料の札记、その一」（《禅学研究》第 53 号，1963，第 45～71 页；『禅佛教の研究』，京都：法藏馆，1999，第 188～223 页）；其二，『「伝法宝纪」の成立』（『初期禅宗史书の研究』，京都：法藏馆，1967，第 47～58 页）；其三，『禅思想の形成：「伝法宝纪」と「楞伽师资记」』（『花园大学研究纪要』第 1 号，1970，第 257～308 页；『初期の禅史Ⅰ』，第 3～37 页）。

④ 椎名宏雄『北宗灯史の成立』、篠原寿雄、田中良昭编『敦煌佛典と禅』，东京：大东出版社，1980，第 55～64 页。

⑤ 例如，陈祚龙和斋藤智宽提出异议，认为"杜朏"与"朏法师"并非同一人（参见《杜朏应不是朏法师》，《中华佛教文化史散策》第四册，新文丰出版公司，1986，第 309～313 页；『「伝法宝纪」の精神』『集刊東洋学』第 85 号，2001，第 80～81 页）。另一方面，伊吹敦虽然认同"杜朏＝朏法师"的观点，但是认为《传法宝纪》的委托者仅为义福一人，而与普寂无关 [『东山法门の人々の传记について（上）』『东洋学论丛』第 34 号，2009，第 41～44 页]。

但是，这一问题并没有真正解决。笔者曾经指出，[①] 在近代禅宗史研究中对于"北宗"的定义和范围存在种种差异。事实上，很多学者都是在没有对此概念进行严格界定的情况下，笼统地将《传法宝纪》作为北宗的灯史。[②] 如后所述，《传法宝纪》的撰者杜朏与义福、普寂主张的祖统说存在很大的差异。尽管这种差异与本书的成书有着密切关系，却在以往的研究中完全被忽视。因此，本论为阐明《传法宝纪》在中国禅宗史上的地位，在充分探讨以往研究中存在问题点的基础上，试图对本书的成书及其特点等提出新的见解。

一　撰者"杜朏"

《传法宝纪》的撰者杜朏，在历代史书及僧传中均无记载。仅从本书标题后自署为"京兆杜朏字方明"可知是京兆（长安）人，余则不详。但据《传法宝纪》末尾记载：

> 夫吾亦素不此学，业非其流。敢为模揣，过亦甚矣。岂疲叟云：欲除王屋一杯之土，将塞孟津乎？昔尝有知音者，令修此传记。今将草润绝笔，辄为其后论矣……今大通门人，法栋无挠，伏膺何远，裹足宜行，勉哉学流，光阴不弃也。[③]

杜朏并非禅门之人，撰述《传法宝纪》则是受到昔日某位"知音"的嘱托，且似乎与大通神秀的门人有着密切关系。又从《传法宝纪》主张的祖统说来看，杜朏自身及其所言"知音"应是对神秀与法如的地位同等重视。因此，以往很多学者根据下引严挺之（673～742）撰《大智禅师碑》的记载，认为这里的知音应是指"义福"。

> 禅师讳义福，上党铜鞮人也……年甫十五，游于卫观艺于邺，虽在白衣已

---

① 例如，既有将"北宗"只作为神秀—普寂一系的情况，也有将慧能—神会系以外在中原地区传禅开法的弘忍弟子及其门人皆作为"北宗"的情况。另一方面，既有将"南宗"限定为慧能—神会一系的情况，也有将"牛头宗""洪州宗"包含在内的情况（参见拙稿『中国初期禅宗诸派の呼称について』，《印度学佛教学研究》2020 年第 68 卷第 2 号，第 759～763 页）。

② 这里为阐明《传法宝纪》的立场，相对于以往很多学者广义地理解"北宗"，而狭义地将"神秀—普寂系"称为"北宗"。

③ 柳田圣山『初期の禅史Ⅰ』，第 420～424 页。

奉持沙门清净律行，始为邺卫之松柏矣。乃远迹寻诣，探极冥搜，至汝南中流山灵泉寺读法华维摩等经，勤力不倦，时月遍诵，略无所遗。后于夜分端唱经偈，忽闻庭际若风雨声，视之乃空中落舍利数百粒。又于都福先寺师事朏法师，广习大乘经论，区析理义，多所通括，以为未臻玄极，深求典奥。时嵩岳大师法如演不思议要用，特生信重，夕惕不遑，既至而如公迁谢。怅然悲愤，追践经行者久之。载初岁，遂落发具戒，律行贞苦，自尔分卫，一食而已。闻荆州玉泉道场大通禅师以禅惠兼谓大师，率呈操业，一面尽敬，以为真吾师也。①

众所周知，义福（658~736）与普寂二人是神秀的重要弟子。但如碑铭所见，义福在咸亨三年（672）至永昌元年（689）参谒神秀以前，先是游学于卫邺，又至汝南的灵泉寺持诵《法华经》和《维摩经》等，之后在洛阳的大福先寺师事朏法师，广习大乘经论，正苦于未至玄极之时，得闻嵩岳大师法如在少林寺开法，便前往参谒，到达时恰逢法如圆寂而未果。② 同年（载初岁，689），在完成具戒后不久，即赴荆州的玉泉寺拜入神秀门下。从此经历来看，义福确实非常符合《传法宝纪》委托者的身份。

又《传法宝纪》（P3559）末尾附的《终南山归寺大通道秀和上塔文》，③ 也被看作《传法宝纪》是为义福而作的证据。④ 这里塔文所言"归寺"是"归义寺"的误写，此寺中也建有义福的塔铭。⑤ 据《大智禅师碑》记载：

> 神龙岁，自嵩山岳寺为群公所请邀至京师，游于终南化感寺。栖置法堂，滨际林水，外示离俗，内得安神，宴居寥廓廿年所。时有息心贞信之士，抗迹隐沦之辈，虽负才借贵，鸿名硕德，皆割弃爱欲，洗心清净。斋庄肃敬，供施

---

① 《全唐文》第280卷。
② 伊吹敦认为义福直接师事过法如，对其怀有深厚情感，不同于普寂与法如的关系［「东山法门の人々の传记について（上）」，第42~43頁］。但从塔铭中"夕惕不遑、既至而如公迁谢"来看，义福并未如愿。
③ 柳田圣山『初期の禅史Ⅰ』，第426~427頁。
④ 柳田圣山「伝法宝纪とその作者：ペリオ3559号文书をめぐる北宗禅研究资料の札记、その一」，第194~199頁。
⑤ 关于这一点，伊吹敦根据陈思（1225~1264）编《宝刻丛编》卷八"蓝田县"条中"归义寺大智禅师碑"（《石刻史料新编》第1辑第24册，新文丰出版公司，1977，第18238頁）的记载，指出神秀塔文所言并非"归寺"，而是"归义寺"（参见「东山法门と国家权力」『东洋学研究』第49号，2012，第162頁註14、21）。

无方，或请发菩提，或参扣禅契。有好慕而求进修者，有厌苦而求利益者，莫不恳誓专一，披露尘恼。禅师由是开演先师之业，懋宣至圣之教……开元十年，长安道俗请禅师住京城慈恩寺。十三年，皇帝东巡河洛，特令赴都居福先寺。十五年，放还京师。廿一年，恩旨复令入都至南龙兴寺。①

义福在神龙年间（705～707，或指神秀入寂的神龙二年）受群公所请，从同学普寂住持的嵩岳寺赴京师长安，并在终南山的感化寺广开禅法，获益者众。开元十年（722），又受长安道俗之请移住都城的慈恩寺。开元十三年，一时离开长安奉敕住洛阳的大福先寺。开元十五年，再次回到长安，经过六年的京师生活后奉敕住南阳的龙兴寺。也就是说，从神龙二年（706）至开元二十一年（733）年的数十年间，义福一直以长安的感化寺和慈恩寺为中心展开传禅开法的活动，可以想象其对长安佛教界有着巨大影响。② 因此，归义寺中建有神秀和义福的塔文，自然与义福在长安传禅开法的活动有一定关系。

如上所述，义福对法如和神秀双方都怀有崇敬之念，其塔铭中所言朏法师与杜朏的名字中也都有"朏"字；同时被认为是杜朏撰文的《大通道秀和上塔文》与《传法宝纪》连写也与义福有关。综合来看，似乎很难否定"杜朏＝朏法师"以及《传法宝纪》的撰述是受到义福委托的见解。但是，此见解中也存在一些问题。

首先，关于"杜朏＝朏法师"的问题。《大智禅师碑》中将义福和神秀以"禅师"、将朏以"法师"的称呼进行区分，以示两者间的差异。事实上，义福是在不满足于跟随朏法师研习经论的情况下，才转投于法如和神秀门下的。所以很难想象义福为了彰显法如和神秀等禅门的新老师，而委托曾经的老师撰述《传法宝纪》。③ 另一方面，据圆仁（793～864）的《求法目录》记载：

1. 《日本国承和五年入唐求法目录》
"南岳思禅师法门传二卷　卫尉丞杜朏撰"

---

① 《全唐文》第 280 卷。
② 另外，从《楞伽师资记》中"第八唐朝洛州嵩高山普寂禅师，嵩山敬贤禅师，长安兰山义福禅师，蓝田玉山惠福禅师，并同一师学，法侣应行，俱承大通和上后"（柳田圣山『初期の禅史Ⅰ』，第 320 頁）来看，当时除普寂和义福以外，活跃在洛阳·长安佛教界的神秀的弟子中还有景贤和惠福二人。
③ 参见斋藤智宽『「伝法宝纪」の精神』，第 80～81 頁。

2.《慈觉大师在唐送进录》

"南岳思禅师法门传一帖上下清信弟子卫尉丞杜朏撰"

3.《入唐新求圣教目录》

"南岳思禅师法门传二卷　卫尉承杜朏撰"①

　　《南岳思禅师法门传》的撰者也名为"杜朏"，且以"清信弟子"自居，并担任卫尉丞杜的职务。据《唐六典》卷十六《卫尉宗正寺》条记载，卫尉丞为掌管宫门卫屯兵和国家器械的次官，在唐代属从六品上的官员。② 另外，卫尉丞所属的卫尉寺还有"史书编纂"的职能。③ 因此，如果从卫尉丞杜朏和《传法宝纪》的作者杜朏都同样"擅长撰写传记"和同为"在家信者"来看，两者应为同一人。④

　　问题是，朏法师还俗后果真担任过卫尉丞这一官职吗？朏法师的生卒年及其事迹虽然不详，但从常识考虑他作为义福的老师应年长于义福。义福从咸亨三年（672）至永昌元年（689）约十七年间，先后修学于卫—邺—灵泉寺—大福先寺四处，假设一处修学的时间为四年，其参谒朏法师时应为二十七岁，即中宗在位的嗣圣元年（684）前后，当时朏法师或为三十七岁至四十七岁（10～20岁的年龄差）之间。如此推算，朏法师还俗最早也应是在法如入寂（689）数年即五十岁以后的事情。那么，多少有些不自然的是，朏法师究竟是因为什么而放弃长年的出家生活，在还俗后担任卫尉丞期间又撰述了《传法宝纪》呢？⑤ 另一方面，虽然也不排除朏法师是在出家前担任卫尉丞期间撰述《南岳思禅师法门传》、出家后撰述《传法宝纪》可能性，⑥ 但

----

① 《大正藏》第55册，第1075页中、1077页下、1086页下。
② 《唐六典》说："卫尉寺卿一人，少卿二人，丞二人，主簿二人，录事二人，府六人，史十一人，亭长四人，掌固六人……丞二人，从六品上……丞掌判寺事，凡器械出纳之数，大事则承制敕，小事则省司。"
③ 参见胡忠兵《唐代卫尉寺职能考述》，《艺术科技》2016年第10期，第401～402页。
④ 另外，末木文美士还从天台与达摩禅的密切关系进行考察，认为二者为同一人（参见「奈良时代の禅」『禅文化研究所纪要』第15号，1988，第552～554页）。
⑤ 《传法宝纪》的成书时期虽然不明，但从《神秀章》所见睿宗的庙号及《菩提达摩南宗定是非论》对《传法宝纪》的批判等记载来看，其成书应在睿宗死后的开元四年（716）至神会滑台宗论的开元十八年（730）之间（参见杨曾文《新版敦煌新本六祖坛经》，宗教文化出版社，2001，第186～187页）。
⑥ 从《唐六典》中"龙朔二年改为司卫寺正卿，咸亨中复旧，光宅元年又改为司卫寺卿，神龙元年复故"来看，若杜朏是在出家前担任卫尉丞的职务，《南岳思禅师法门传》的撰述应是在咸亨年间（670～674）至光宅元年（684）之间。

难点在于《传法宝纪》中自署了"杜胐"这一俗名。① 总之，因为在现阶段尚未出现解决这一问题的新材料，笔者对"杜胐"和"胐法师"为同一人的观点暂持保留意见。

其次，关于《传法宝纪》的委托者问题。笔者认为慧能的后继者荷泽神会（684～758）在开元十八年（730）至开元二十（732）年间，至少三次在滑台大云寺设立无遮大会，对神秀—普寂派进行激烈的批评。② 在其批判运动的记录《菩提达摩南宗定是非论》中有这样一节：

> 又今普寂禅师在嵩山竖碑铭，立七祖堂，修法宝纪，排七代数，不见著能禅师处。能禅师是得传授付嘱人，为人天师，盖国知闻，即不见著。如禅师是秀禅师同学，又非是传授付嘱人，不为人天师，天下不知闻，有何承禀，充为六代。普寂禅师为秀和上竖碑铭，立秀和尚为第六代，今修法宝纪，又立如禅师为第六代。未审此二大德各立为第六代，谁是谁非，请普寂禅师仔细自思量看。③

这里神会对普寂（651～739）在嵩山建立"碑铭"和"七祖堂"，以及《传法宝记》中不见慧能而立法如与神秀为禅宗六祖等进行了激烈的非难。关于"七祖堂"虽然不明，但"碑铭"应是指李邕（678～747）撰《嵩岳寺碑》（《全唐文》第263卷）。此碑文主张神秀为禅宗六祖、普寂为七祖。值得注意的是，这里神会是将普寂作为《传法宝纪》的委托者而非义福。对此，柳田圣山误认为普寂也曾师事过胐法师，并遵从其指示参谒过法如，认为义福和普寂两人共为《传法宝纪》的委托者，并解释说：

---

① 在中国佛教史上，出家后依然使用俗名的有华严宗的"杜顺"和洪州宗的"马祖"等祖师，但皆是他称，而非自称。

② 参见拙稿《神会的开法活动及其影响：以南阳龙兴寺时期和洛阳荷泽寺时期为中心》，《佛学研究》2019年第2期，第234～249页。

③ 杨曾文：《神会和尚禅话录》，中华书局，1996，第31～32页。另外，类似记载还有"今普寂禅师在嵩山竖碑铭，立七祖堂，修法宝纪，排七代数，以何为信。其付嘱佛法，传授代数，并不干秀禅师已下门徒事。何以故？为无传授，所以不许"（杨曾文：《神会和尚禅话录》，第29页）。

关于神会的攻击，未必与大通碑以神秀为六祖的主张相矛盾，也许是大通门人的义福和普寂为追忆昔日求道的过往，而嘱托清信弟子杜朏的私撰。[①]

从李邕撰《大照禅师碑铭》[②] 来看，普寂在拜入神秀门下以前确实曾仰慕法如，却未见有师事过朏法师的记载。又义福和普寂虽然在求道之初曾赴少林寺希望参谒法如，但都因法如入寂而未能如愿。此后，义福约十七年、普寂约七年在神秀座下学习禅法，最终得到神秀的印可。可以说，他们与神秀的亲密关系要远超于法如。如后所述，义福和普寂主张的祖统说与《传法宝纪》有着很大的差异，所以很难认为《传法宝纪》的撰述与他们有关。另一方面，即便《传法宝纪》的撰述是受到义福和普寂的委托，从杜朏所言"敢为模揣，过亦甚矣"可知，《传法宝纪》中有很多内容都是基于杜朏本人的见解，未必与义福和普寂的主张一致。

那么，究竟该如何考虑神会的批判？柳田曾认为"虽然神会有自己的主张，但他作为洛阳禅教的新参者，并未能正确理解前代法如的地位"[③]。但实际上，这里也不排除他只是为非难普寂而故意为之的可能。另外，在神会以前，长安、洛阳两京地区的禅宗各派大都认同神秀—普寂系的权威，[④] 神会为强调慧能的正统性地位，自然以他们作为批判的焦点，但也应包括了当时在中原地区活动的其他禅宗各派。从这一点来看，神会的批判并非没有道理。

二 《传法宝纪》的祖统说

关于禅宗祖统说的确立，现存最古的资料是《唐中岳沙门释法如禅师行状》（689 年前后，以下称《法如行状》）。撰者将分散在道宣（596～667）撰《续高僧传》中"达摩—慧可—僧璨"与"道信—弘忍"二系谱进行结合，首次提出了以菩

---

① 柳田圣山「伝法宝纪とその作者：ペリオ3559 号文书をめぐる北宗禅研究资料の札记、その一」，第 217～218 页。

② 碑铭中说："将寻少林法如禅师，未臻止居，已承往化，追攀不及，感绝无时。芥子相投，遇之莫遂，甘露一注，受之何阶。翌日，远诣玉泉大通和上，膜拜披露，涕祈咨禀"（《全唐文》第 262 卷）。

③ 柳田圣山「初期禅宗史书の研究」，第 51 页。

④ 例如，玄赜的法嗣净觉一系（参见伊吹敦：《净觉注般若波罗蜜多心经》，渡边章悟、高桥尚夫编《般若心经注释集成：中国·日本编》，东京：起心书房，2018，第 299～317 页）。

提达摩为初祖的禅宗六代系谱。^① 随后出现的灯史《传法宝纪》在继承这一系谱的基础上，对禅宗的相承进一步提出：

> 昔庐山远上人禅经序云：佛付阿难，阿难传末田地，末田地传舍那婆斯。则知尔后不坠于地，存乎其人，至矣……其有发迹天竺来到此土者，其菩提达摩软……唯东魏惠可以身命求之，大师传之而去。惠可传僧璨，僧璨传道信，道信传弘忍，弘忍传法如，法如及乎大通。^②

这里并没有明确说明天竺的祖师与达摩间的关系，只是将"如来—阿难—末田地—舍那婆斯"作为西天的祖统，将"达摩—慧可—僧璨—道信—弘忍—法如—大通"作为东土的祖统。另一方面，杜胐在言及东土的祖师时，相对于达摩至法如所用"～传～"字，法如与大通的关系则用作"～及乎～"。可以看出，这样的表达是杜胐有意区分的结果，以此传达神秀与法如同为弘忍的法嗣，而并非法如弟子的事实。

很明显，这一系谱只是在《法如行状》主张的祖统说后增加了"神秀"的名字。^③《法如行状》是以永昌元年（689）法如入寂为契机，纪念他在少林寺的开法活动而建立的，所以自然不会言及神秀。那么，"弘忍—法如—神秀"的系谱反映出杜胐何等意图呢？关于这一点，据《传法宝纪》的序言记载：

> 是故今修略纪，自达摩后相承传法者，著之于次，以为传宝纪一卷。维当缀其所见名迹，所化方处，耳目所取，书纪可明者。既而与无为泯合，而传记自简，至于觉证圣趣，靡得甄言也……自达摩之后至隋唐，其有高悟玄拔，深至圆顿者，亦何世无之。既非相传授，故别条列传，则昭此法门之多主也。^④

---

① 参见柳田圣山「灯史の系谱」『日本仏教学協会年報』第 19 号，1953，第 1～46 頁。

② 柳田圣山『初期の禅史 I』，第 336～337 頁。

③ 《法如行状》中说："故庐山远法师禅经序云：则是阿难曲承音诏，遇非其人，必藏之灵府，幽关莫辟，罕窥其庭。如来泥曰未久，阿难传末田地，末田地传舍那婆斯……别有宗明矣者，即南天竺三藏法师菩提达摩，绍隆此宗，武步东邻之国。传曰：神化幽赜，入魏传可，可传粲，粲传信，信传忍，忍传如"（柳田圣山『初期禅宗史书の研究』，第 487～488 頁）。

④ 柳田圣山『初期の禅史 I』，第 346 頁。

杜朏撰述《传法宝纪》是以"所见名迹""所化方处""耳目所取""书纪可明"为原则，按照世代顺序为自达摩以后相承传法者立传，而没有经过正式传授的人则不在此次立传的范围。也就是说，《传法宝纪》收录的祖师皆是作为达摩禅中师资相承的正嫡。如此来看，杜朏将法如置于弘忍和神秀之间明显有抬高法如地位的意味。实际上，杜朏为主张"弘忍—法如—神秀"的系谱，在下引三者的传记部分也花了功夫。

十余年间，道俗受学者，天下十八九。自东夏禅匠传化，乃莫之过。发言不意，以察机宜，响对无端，皆冥寂用。上元二年八月，数见衰相。十八日，<u>因弟子法如密有传，宣明一如所承</u>。[1]（《弘忍章》）

至永昌元年七月，乃令学人速尽问疑，因现以疾相。于一夜中，端坐树下，顾集门人，乃有遗训。因开明惠，如法传授。又曰：<u>而今已后，当往荆州玉泉寺秀禅师下谘禀</u>。[2]（《法如章》）

仪凤中，荆楚大德数十人共举度住当阳玉泉寺，及忍禅师临迁化。又曰：<u>先有付嘱，然十余年间，尚未传法。自如禅师灭后，学徒不远万里，归我法坛。</u>遂开善诱，随机弘济，天下志学，莫不望会。[3]（《神秀章》）

可以窥见，这里下线部分内容的前后呼应明显有刻意创作的痕迹。杜朏为确立法如在东山法门中的正统性地位，首先在《弘忍章》中说弘忍在入寂前的上元二年（675）仅付嘱法如一人；其次在《法如章》中说法如在永昌元年（689）时告诫弟子在其入寂后可往荆州玉泉寺参谒神秀；最后在《神秀章》中说神秀在法如入寂后才开始传禅开法。特别是从《神秀章》中"先有付嘱，然十余年间，尚未传法"一句可以看出，杜朏的创作意图是为强调东山法门指导者的地位，应是从法如至神秀的顺序进行传承的。另外，值得注意的是《传法宝纪》在七代祖师的目次中，列举了他们的名字及其所在寺院。

---

[1]　柳田圣山『初期の禅史Ⅰ』，第386頁。
[2]　柳田圣山『初期の禅史Ⅰ』，第390頁。
[3]　柳田圣山『初期の禅史Ⅰ』，第396頁。

1. 东魏嵩山少林寺释菩提达摩

2. 北齐嵩山少林寺释惠可

3. 随皖公山释僧璨

4. 唐双峰山东山寺释道信

5. 唐双峰山东山寺释弘忍

6. 唐嵩山少林寺释法如

7. 唐当阳王泉寺释神秀①

这里将少林寺作为法如居住的寺院确为史实，但达摩和慧可的情况则并非如此，②而是杜朏新的主张。为此，杜朏在《达摩章》中插入"故航海而至嵩山"③，在《慧可章》中插入"大师既示西还、后居少林寺"④等内容。其目的，毫无疑问是为了彰显少林寺作为法如弘法中心的重要地位。

如此来看，《传法宝纪》的撰述很明显是为了法如而并非神秀。杜朏对法如的态度基本上沿袭了《法如行状》，进而结合当时禅宗的动向在各章的祖师传记中加入新的内容，以此来巩固自己的主张。问题是，《传法宝纪》成书时法如在禅宗教团的地位如何？实际上，当时距离法如入寂已有三十余年，正值"神秀—普寂·义福系"的全盛期。⑤那么，在此时期撰述《传法宝纪》究竟具有怎样的意味？要想解决这一问题，首先需要确认义福和普寂主张的祖统说。关于义福的师承，据《大智禅师碑》记载：

> 禅师法轮始自天竺达摩，大教东派三百余年，独称东山学门也。自可璨信忍至大通，递相印属。大通之传付者，河东普寂与禅师二人，即东山继德，七代于兹矣。⑥

---

① 柳田圣山『初期の禅史Ⅰ』，第 353 页。

② 《续高僧传》中说："释僧可……年登四十，遇天竺沙门菩提达摩游化嵩洛。可怀宝知道，一见悦之，奉以为师"（《大正藏》第 50 册，第 551 页下至第 552 页上）。

③ 柳田圣山『初期の禅史Ⅰ』，第 355 页。

④ 柳田圣山『初期の禅史Ⅰ』，第 365 页。

⑤ 参见拙稿《北宗禅と唐代社会：普寂の活动とその影响を中心にして》，《驹泽大学禅研究所年报》第 30 号，2019，第 197～215 页。

⑥ 《全唐文》第 280 卷。

义福与普寂二人同为神秀的法嗣，为东山法门中的第七代祖师。这一主张在杜昱撰《大唐故大智禅师塔铭》①中也可窥见。另一方面，据《大照禅师塔铭》记载：

　　诲门人曰：吾受托先师，传兹密印。远自达摩菩萨导于可，可进于璨，璨钟于信，信传于忍，忍授于大通，大通贻于吾，今七叶矣。②

普寂在开元二十七年（739）入寂前向弟子们述说自己的师承，与义福同样自认为是神秀的弟子。这一系谱在普寂影响下建立的《嵩岳寺碑》中也可以得到确认。③

以上，从义福和普寂主张的祖统说可以看出，他们与杜胐对待法如的态度有着很大的不同。虽然在"达摩—慧可—僧璨"和"道信—弘忍"二系谱的结合方面，义福和普寂都继承和接受了《法如行状》和《传法宝纪》的主张，但在对待弘忍以后的祖师地位时两者的立场并不相同。笔者认为，义福和普寂在青年时随立志参谒法如，但在成为神秀的代表弟子后，则逐渐有了作为神秀后继者的自觉性。因此，在《传法宝纪》时代即便义福和普寂没有失去对法如的崇敬之念，也很难想象他们将法如的地位置于神秀之上。

三　法如派与《传法宝纪》

如上所述，杜胐与义福、普寂对待法如的态度有着很大的不同。如果认同这一点的话，就很难说《传法宝纪》的撰述与他们有关，而其应该是与杜胐有着同样立场的人。那么，杜胐所言的"知音"究竟是指谁呢？这里首先值得注目的是，当时活跃在嵩山地区的法如派的动向。

最初向中原地区传播东山法门的法如，从其开法到入寂虽然仅有三年的时间，但他传禅开法的活动却对后世影响很大。例如，受过法如言教的弟子们在其入寂后

① 塔铭中说："大通印可，密弘付嘱"（《唐文拾遗》第19卷）。
② 《全唐文》第262卷。
③ 碑文中说："若不以达摩菩萨传法于可，可付于璨，璨受于信，信恣于忍，忍遗于秀，秀钟于今和上寂，皆宴坐林间，福润寓内"（《全唐文》第263卷）。

开始强调自身与法如的关系，逐渐形成以法如为祖师的一派——法如派。① 更重要的是，法如弟子中的很多人在其入寂后遵从法如的遗言转投于神秀门下。② 由此，可以看出对于他们而言法如的地位固然不可动摇，但也并非一定要否定神秀的存在。根据现有的史料，作为法如的代表弟子存其名者仅有惠超（生卒年未详）和元珪（644~716）二人。

关于惠超，在裴璀撰《皇唐嵩岳少林寺碑》中仅存其名。据此碑文记载：

> 复有大师讳法如，为定门之首，传灯妙理。弟子惠超，妙思奇拔，远契元踪，文翰焕然，宗途易晓。景龙中，敕中岳少林寺置大德十人，数内有缺，寺中抽补，人不外假，座无虚授。③

少林寺在景龙年间（707~710）设置大德十人，若有空缺便会从同寺中抽选填补，而不会从他寺调入。此碑文建于开元十六年（728）前后，撰者裴璀将法如作为"定门之首"，对他在少林寺的开法活动给予高度评价的同时，还记录了其弟子惠超的名字。由此，可以看出当时的少林寺应被法如派所独占。④

另一方面，关于元珪的传记，可见于智严撰《大唐中岳东闲居寺故大德珪和尚纪德幢》（以下称《元珪纪德幢》）、仁素撰《大唐嵩岳闲居寺故大德珪禅师塔记》和《宋高僧传》卷十九等资料。据《元珪纪德幢》记载：

> 我尊和尚俗姓李，讳元珪，河南伊阙人也。幼而聪敏，性无戏论，年甫弱冠，以儒学见称，厌俗浮荣，归心释教。初禀业于灵泉泰禅师持诵法华经，克己忘倦，去家五里，竟不再归……上元中，孝敬皇帝升遐得度，便配兹寺。然以凤慕至道，遍览观门，每患心相未祛，翘祈胜友。后遇如大师于敬爱寺，勤请久之。大师虽未指授，告以三年，及期大师果住少林寺。和尚与都城大德同造少林，请开禅要，验之先说……永昌中，大师既没，暂之荆府，寻及嵩邱。

① 参见伊吹敦「法如派について」『印度学仏教学研究』第 40 卷第 1 号，1991，第 110~113 頁。
② 参见伊吹敦「东山法门の人々の传记について（上）」，第 32~35 頁。
③ 《全唐文》第 279 卷。
④ 但到了 8 世纪后半叶，随着法如派的衰微，少林寺已完全成为普寂系的道场（参见拙稿《北宗禅と唐代社会：普寂の活动とその影响を中心にして》，第 204 頁）。

自后缁素请益，山门继踵，谦让推德，必至再三。常钦味楞伽经，以为心境所居，润水不善。圣历中，忽有涌泉出于山侧，其味甘芳，常得汲用，虽众人奇之，而和尚不之异也。①

元珪初入佛门时先依泰禅师诵持《法华经》，上元年间（674～676）得度后被配住在闲居寺。之后在洛阳的大敬爱寺得遇法如请教禅法，法如告以三年。三年后，元珪与洛阳的大德慧端等人请其在少林寺开法。又从"永昌中，大师既没，暂之荆府，寻及嵩邱"一句来看，元珪在法如入寂后也曾一时赴荆州拜入神秀门下。但关于元珪的师承，据《元珪纪德幢》记载：

> 如来在昔密授阿难，自达摩入魏首传惠可，可传粲，粲传信，信传忍，忍传如至和尚凡历七代，皆为法主。②

这一系谱可以说是《法如行状》直接的延续，与义福和普寂主张的祖统说完全不同。元珪是最初注意到法如的存在，并且直接师过事法如的人，与参谒未果的义福和普寂相比自然对法如有着更深厚的情感。《元珪纪德幢》在弘忍之后仅列出法如而没有神秀，与《大智禅师碑》和《大照禅师塔铭》中仅列出"神秀"之名有着同样的意图。就是说，元珪晚年与义福和普寂作为神秀的后继者同样，有了作为法如的后继者的自觉性。

实际上，当时的嵩山与禅宗关系较深的寺院主要有少林寺、嵩岳寺、会善寺和闲居寺。相对于以神秀派的普寂和景贤为中心的嵩岳寺和会善寺，少林寺和闲居寺则为法如派的根据地。如此来看，以神秀后继者自居的义福、普寂和景贤，自然与杜胐主张的祖统说无关。另一方面，以惠超和元珪为中心的法如派则与杜胐有着共同的价值观，其主张的祖统说也与《传法宝纪》相同。关于这一点，从作为法如派著作的《导凡趣圣心决》中也可得到佐证。

---

① 《金石补正》第 53 卷。
② 《金石补正》第 53 卷。

初菩提达摩以此学传慧可，慧可传僧璨，僧璨传道信，道信传大师弘忍，弘忍传法如，法如传弟子道秀等。①

从此系谱可以看出，《导凡趣圣心决》的撰者将神秀作为法如的弟子明显带有一定的贬低之意，②但其将法如置于神秀之上的做法则与《传法宝纪》主张的祖统说相同。对此，伊吹敦以《导凡趣圣心决》的成书是在元珪的影响下为前提，认为《导凡趣圣心决》是元珪比较早期的著作。③伊吹敦认为，元珪在逐渐强调与法如的关系后，最终否定自身与神秀的关系，并制作了《修心要论》来对抗神秀—普寂系撰述的《观心论》。④确实，从"元珪与法如的深切关系"和"对神秀弟子的排斥"来看，笔者大体认同伊吹敦的观点。但是对于师事过法如和神秀双方的元珪来说，似乎也未必要将神秀贬低为法如的弟子。

另外，现存《导凡趣圣心决》的写本（P3559）不仅与《修心要论》和《传法宝纪》连写，⑤同时在《导凡趣圣心决》与《修心要论》之间还有一篇与神秀相关的短文，⑥这篇短文也被认为是直接师事过神秀的法如派门人所作。根据这些文献连写的情况，也可反映出其相互间具有一定的关联性。传持这样连写本的人，应该是对法如和神秀双方都具有崇敬之念。至少在杜朏和元珪时代，不会像《导凡趣圣心决》那样将神秀作为法如的弟子。由此来看，《导凡趣圣心决》的成书应该晚于《传法宝纪》。或许是后世法如派的门人忘却了"弘忍—法如—神秀"这一系谱的本意，又或许是元珪失去了对神秀的崇敬之念，最终导致对《传法宝纪》系谱的错误理解，将神秀作为了法如的弟子。总之，就《传法宝纪》和《导凡趣圣心决》的祖统说不见于其他文献，以及未知有与法如派持同样主张的他派存在的现阶段而言，笔者认为将《导凡趣圣心决》看作法如派中比较后期成书的作品

---

① 冉云华：《中国禅学研究论集》，台北东初出版社，1990，第169页。

② 这里所言"道秀"为神秀的别名，这在宋之问（656～712）撰《为洛下诸僧请法事迎秀禅师表》（《文苑英华》第605卷）中可见有同样的用例。

③ 参见伊吹敦『「观心论」と「修心要论」の成立とその影响』『禅学研究』第94号，2016，第15页。

④ 伊吹敦『「观心论」と「修心要论」の成立とその影响』『禅学研究』第94号，2016，第12～16页。

⑤ 此文献原本被认为只是《修心要论》付记，伊吹敦在『法派派について』中首次指出其应为独立的著作。需要订正的是，在伊吹的论文中误将"P3559"写为"P3664"。

⑥ 即"秀和上传，若见行人来问，只劝努力勤坐，坐为根本。能作三五年以来，得一口食塞饥疮，大小便痢，即闭门坐。莫读经论，莫共人语，能者久久堪用。此人难有，如猕猴取栗中心肉，食坐研取，此语部虚"。

似乎更加妥当。① 但由于缺乏更有力的资料作为依据，关于这一点则期待今后进一步的研究。

结　论

综上，通过对《传法宝纪》的再次考察可知，当时以嵩山为中心在中原地区展开的"神秀—普寂·义福系"和"法如—元珪·惠超系"两派，其各自主张的祖统说虽然有着明显差异，但是他们中的多数人对法如和神秀双方都持有崇敬的态度。开元年间（713～741），此二派分别在嵩山以嵩岳寺·会善寺和闲居寺·少林寺为中心展开传禅开法的活动，但最终神秀的弟子们逐渐成为主流。在这样的情况下，至少在神会以前没有人想过要否定"神秀—普寂系"的权威，《传法宝纪》为法如与神秀二人立传也正因为此。关于这一点，从同时期活跃的净觉（神秀同学玄赜的法嗣）在撰述《楞伽师资记》时甘愿自认为旁系也可窥见。

总之，《传法宝纪》既不属于后来神会所言的北宗，也不属于南宗，而是早期禅宗独自形成的法如派传持的著作。以此派为中心的杜朏、元珪和惠超，为纪念将东山法门传入中原地区的法如和神秀而撰述了《传法宝纪》，并将法如作为五祖弘忍的正嫡置于神秀之上的地位。法如的开法虽然不长，但作为在神秀以前最初向中原地区传播东山法门的人物，使众多人感铭于心。即便是普寂和义福将神秀作为弘忍正统的后继者，也未必有排斥法如地位的必要。另一方面，元珪入寂（716）以后，法如派逐渐走向衰落。《传法宝纪》主张的祖统说，随着时代的推移也被忘却了当初的意图，在《导凡趣圣心决》中误将神秀作为法如的弟子。再者，神会在批判"神秀—普寂系"时更是无视《传法宝纪》撰述背后法如派的存在，为贬低普寂而说《传法宝纪》为普寂所作。由此，也可以看出当时除神会以外的禅宗各派，还没有形成"一代只许一人"这样严格意味的祖统意识。随着神会的登场，这一局面才被打破，迎来"南北二宗"对立的时代。

---

① 元珪的弟子，主要有上述《元珪纪德幢》的撰者智严、《元珪塔记》的仁素和灵运等。据崔琪撰《唐少林寺灵运禅师塔碑》（750 年，《全唐文》第 303 卷）记载，灵运有弟子坚顺。从文献上来看，法如派至少存续至 8 世纪中叶。

《中国佛学》征稿说明

1. 《中国佛学》是中国佛学院主办的综合性佛学研究学术刊物（半年刊，国内外发行），其宗旨是以展现中国佛学院为主，兼顾与佛教学术研究相关的专家学者最新研究成果，促进教内外学术交流。

2. 本刊以汉传佛教教史、义理研究为主，同时也刊登南传佛教、藏传佛教以及与佛教文化相关的研究综述、动态等。

3. 来稿要求和注意事项。

（1）来稿要重点突出，条理分明，论据充分，资料翔实、可靠，图表清晰，文字简练。每篇字数（包括图、表）一般不超过12000字。

（2）来稿必须包括（按顺序）：题目、作者姓名、中文内容提要（200字左右）、关键词（3～5个）、作者简介、正文，并注明电话号码、E-mail地址等联系方式。

（3）来稿要一式两份打印稿并附软盘或用电子邮件（用word格式）发送至本刊编辑部（zhongguofoxue@126.com），要求用字规范，标点正确；物理单位和符号要符合国家标准和国际标准；外文字母及符号必须分清大、小写，正、斜体，黑、白体；上、下角的字母、数码、符号必须明显；各级标题层次一般可采用一、（一）、1、（1），不宜用①。

（4）所引用的文字内容和出处请务必认真查校。引文出处或者说明性注释，采用页脚注，具体格式为：

专著著录格式：作者、书名、卷册、出版社、出版年、页码。

期刊著录格式：作者、文章名、期刊名、卷号（期号）、页码。

论文集著录格式：作者、文章名、论文集名称、出版社（或会议地点）、出版年（或会议时间）、页码。

学位论文著录格式：作者、题目、类别、学术机构、产生年、页码。

译著著录格式：国籍、作者、书名、译者、出版社、出版年、页码。

网络电子文献著录格式：作者、题目、公开日期、引用网页。

4. 本刊刊登一定比例的校外稿，欢迎投稿。所刊用文章必须是作者的原创性研究成果，文责自负，不代表编辑部观点，不接受一稿数投。本刊有权压缩删改文章，作者如不同意删改请在来稿末声明。

5. 来稿一经刊登，按规定酌付稿酬，并寄赠样刊。

6. 本刊编辑部人员较少，恕不退稿，作者在三个月内未接到录用通知，可自行处理。

《中国佛学》编委会

图书在版编目（CIP）数据

中国佛学. 总第五十一期 /《中国佛学》编委会编
. -- 北京：社会科学文献出版社，2023.12
ISBN 978 - 7 - 5228 - 2283 - 9

Ⅰ. ①中…　Ⅱ. ①中…　Ⅲ. ①佛教 - 宗教文化 - 中国
- 文集　Ⅳ. ①B949. 2 - 53

中国国家版本馆 CIP 数据核字（2023）第 147836 号

中国佛学　总第五十一期

编　　　者 /《中国佛学》编委会

出 版 人 / 冀祥德
组稿编辑 / 袁清湘
责任编辑 / 杨　雪　张馨月
责任印制 / 王京美

出　　　版 / 社会科学文献出版社·联合出版中心（010）59367202
　　　　　　地址：北京市北三环中路甲 29 号院华龙大厦　邮编：100029
　　　　　　网址：www. ssap. com. cn
发　　　行 / 社会科学文献出版社（010）59367028
印　　　装 / 三河市龙林印务有限公司

规　　　格 / 开　本：787mm × 1092mm　1/16
　　　　　　印　张：17.5　字　数：302 千字
版　　　次 / 2023 年 12 月第 1 版　2023 年 12 月第 1 次印刷
书　　　号 / ISBN 978 - 7 - 5228 - 2283 - 9
定　　　价 / 98.00 元

读者服务电话：4008918866